José Ignacio López de Arriortúa
Du kannst es

José Ignacio López de Arriortúa
mit Javier de Juan y Peñalosa

Du kannst es
Memoiren eines Arbeiters

Aus dem Spanischen von Leo Linder

Econ

Titel der spanischen Originalausgabe:
Tú puedes. Memorias de un trabajador
Originalverlag: LID Editorial Empresarial y Ediciones 2010
Übersetzt von: Leo Linder
© 1997 by J. I. López de Arriortúa, J. de Juan

Die Deutsche Bibliothek – CIP-Einheitsaufnahme

López de Arriortúa, José Ignacio:
Du kannst es : Memoiren eines Arbeiters / José Ignacio López de
Arriortúa. Mit Javier de Juan y Peñalosa. Aus dem Span. von Leo
Linder. – Düsseldorf; München : Econ, 1998
Einheitssacht.: Tú puedes <dt.>
ISBN 3-430-16185-1

Der Econ Verlag ist ein Unternehmen
der Econ & List Verlagsgesellschaft.
© 1998 der deutschen Ausgabe by Econ Verlag GmbH,
Düsseldorf und München.
Alle Rechte der Verbreitung, auch durch Film, Funk und Fernsehen,
fotomechanische Wiedergabe, Tonträger jeder Art, auszugsweisen
Nachdruck oder Einspeicherung und Rückgewinnung in
Datenverarbeitungsanlagen aller Art, sind vorbehalten.
Lektorat: Ricarda Solms
Gesetzt aus der Melior, Linotype
Satz: LHF Satzstudio GmbH, Düsseldorf
Druck und Bindearbeiten: Grafischer Großbetrieb Pößneck
Printed in Germany
ISBN 3-430-16185-1

Den Arbeitern gewidmet

Mein Dank gilt

meinem Vater José, einem vorbildlichen Unternehmer und meiner Mutter Eugenia, einer unübertrefflichen Hausfrau

meiner Frau Margari, die mir ein Leben lang den Rücken gestärkt hat

meinen Töchtern Irene, Begoña und Mayte und meiner Schwester Maria Jesús, die mir immer liebevoll zur Seite gestanden haben

Inhalt

Vorwort 13
Zur Entstehungsgeschichte dieses Buches 17

1 Die Kindheit, Schule der Kreativität
Bescheidene Mittel und ihre wundersame Vermehrung . 28
»Zwei Jahre erst – und er liest schon?« 30
Amorebieta, Schule der Phantasie 32
Null Fehler 36
Erinnerung an eine platonische Liebe 39
Freunde, gestern und heute 41
Euzkadi, das Zauberwort 43
Uneingeschränktes Matriarchat 47
Kann ich nicht gibt es nicht 49

2 Ingenieur werden – koste es, was es wolle
Studium mit Hindernissen 53
Unser größter Schatz – die heutige Jugend 57
Keine Frauen – vorerst! 58
Margari 61
Ein besonderer Drechsler 63
Mein Bruder Josín 65

3 Mein Weg zu General Motors
Mein erstes Angebot 72
Zwei Turbogeneratoren für Vandellós 74

Firestone, gleich um die Ecke 78
Zaragoza – auf der Suche nach der totalen
Produktivität 84
Management ist Service 88
Die Kunst des Einkaufs 90
Ein Corsa wird zerlegt 95
Mit drei Töchtern nach Deutschland 100
Verhandlungen bei Opel 103
Besser als Kaizen 109
General Motors siegt über – General Motors 115
Ein Trojanisches Pferd aus Japan 120
Detroit, das Mekka des Automobils 124

4 Abenteuer in Amerika und Deutschland
»Menschen des Jahres« 129
Optimierung à la Fisher 133
Ein zerkratztes Armaturenbrett 139
Die Uhr am rechten Handgelenk 141
Kriegerdiät 142
Die Fabrik der Zwietracht 144
Ein schwieriger Rückzug 146
VW – die Nummer 1 in Europa 150
Das Ziel heißt Marktführung 153
Ferdinand Piëch – ein Genie des Automobilbaus 155
Die Eroberung ausländischer Märkte 156
Der Motor Europas 158
Abschied von Volkswagen 159
Die Pläne des baskischen Konsortiums 163
Erbitterte Feindschaft 165

5 Die Dritte Industrielle Revolution
Wohlstand für alle 174
Unser Paradigma schafft Arbeitsplätze 175
Japan – vom aggressiven Wettbewerb
zur Kooperation 177

Maastricht auf dem Prüfstand 178

Unternehmer gefragt 180

Harmonie mit der Natur 181

Globaler Wettbewerb und Intuition 183

Die nächste Herausforderung: ein spanisches Auto . . . 185

Der Kunde ist der alleinige Herrscher 186

Indien und Brasilien – die Staaten der Zukunft 188

Resende – die Fabrik der Zukunft 190

Das 21. Jahrhundert wird klüger sein als das 20. 192

Die Schöpfung vervollkommnen 195

Der Arbeiter ist die Hauptperson 196

Vortragsreisen rund um den Globus 198

6 Das Neue Paradigma

Das Neue Paradigma: der Kundenwert 202

Register 237

Vorwort

Verleger aus aller Welt haben mich wiederholt gebeten, ein Buch zu schreiben. Warum habe ich mich jetzt darauf eingelassen? Vielleicht, weil ich in meinem Leben viele berufliche und menschliche Erfahrungen gesammelt habe, über die ich sprechen und an denen ich alle, die diese Seiten aufschlagen, teilhaben lassen möchte.

Und dann würde ich gerne in aller Ruhe auf viele Fragen eingehen, die ich mir selbst stelle oder die von den Medien aufgeworfen werden. Ein weiterer Grund könnte sein, daß ich schon etliche Bäume, die ich im Garten unseres Hauses im baskischen Busturia gepflanzt habe, wachsen und groß werden sah. Irene, meine älteste Tochter, hat eben ein wunderschönes Enkelkind zur Welt gebracht und es Maria getauft – das alte spanische Lied. Von ihm lasse ich mich gern zu einem etwas persönlicheren Buch inspirieren.

Zu diesen persönlichen Beweggründen kommen andere, entscheidende Motive. Ich hoffe, daß dieses Buch von Nutzen ist, daß es dem Leser in persönlichen und beruflichen Dingen weiterhilft. Denn aus der Quintessenz meiner Erfahrungen, der Philosophie meines Lebens, lassen sich Lehren ziehen, die sowohl für die Organisation eines Haushalts oder einer Werkstatt als auch für ein großes Unternehmen von Nutzen sind. Meine Lehrjahre hatte ich auf dem Hof meiner Eltern. Durch die Art, wie sie lebten und arbeiteten, haben sie in mir die Kreativität geweckt, die in jedem steckt.

Das Buch ist in drei Abschnitte unterteilt: Ich beginne mit einigen Anekdoten aus meinem Leben, aus denen für den Leser ersichtlich wird: Das, was der geschafft hat, kann ich auch! Danach komme ich auf meine Erfahrungen in der Arbeitswelt zu sprechen. Diese Fälle, die überall vorkommen können, beweisen, daß es in jedermanns Macht liegt, Mutlosigkeit und Verzweiflung in beachtliche Erfolge auf persönlichem oder beruflichem Gebiet zu verwandeln.

Im dritten Teil gehe ich auf das sogenannte Neue Paradigma ein, jene Grundregel, die uns auf dem Weg in das 21. Jahrhundert die nötige Sicherheit geben wird. Nur schon soviel: Das Neue Paradigma basiert auf drei Säulen: *Aufgabe, Vorbild* und *Glauben.*

Die *Aufgabe,* der wir uns stellen müssen, ist eine zutiefst humanistische. Der Mensch ist der Mittelpunkt, um den sich alles drehen muß. Das *Vorbild* erinnert uns daran, die Kreativität aller Beteiligten stets auf ein einziges Ziel auszurichten: den Kunden für das Produkt zu begeistern. Und der *Glauben* gibt uns den Mut und die Kraft, die dafür nötig sind. Denn du kannst es, wenn du an dich glaubst.

Ich hoffe, daß dieser in vielen Jahren gesammelte Schatz an Erfahrungen und Einsichten, den ich nun der Öffentlichkeit zugänglich machen möchte, auf Interesse stößt. Obwohl in wenigen Monaten entstanden – wir hatten ja Termine einzuhalten –, ist ein halbes Arbeitsleben in dieses Buch eingeflossen.

Dankbar bin ich für die herzliche und erfolgreiche Zusammenarbeit mit Javier de Juan, der diesem Buch Form und Frische zu geben wußte, sowie mit Marcelino Elosúa und Ramón Tamames, die an seiner Konzeption und Entstehung entscheidend mitgewirkt haben. Dennoch hätten wir unser Ziel nicht erreicht ohne die unermüdlichen Anstrengungen von Mónica López, die die Arbeit koordinierte, von Carmen und Esther Domínguez, die meine Manuskripte und Tonbandaufzeichnungen bearbeitet haben, und Cheryl Duke, die für mich das Internet durchstöbert hat. Darüber hinaus möchte ich alle Freunde und Kollegen erwähnen, die ihre Meinungen und Ratschläge beigesteuert haben.

Ich überlasse den Leser jetzt den Lebenserinnerungen eines Arbeiters. Denn das bin ich – ein Mensch, der nichts anderes getan hat, als zu arbeiten, und zwar hart, weil dies seine Berufung und sein Schicksal ist. Auch wenn ich hier von meinen eigenen Erfahrungen spreche, so bin ich doch davon überzeugt – und werde diese Überzeugung bei jeder Gelegenheit wiederholen –, daß es die Erfahrungen meiner Leser sein könnten. Und jetzt ist es an der Zeit, offen auszusprechen, weshalb ich mich vor allem auf die Herausforderungen dieses Buchprojekts eingelassen habe: Weil ich etwas anbieten möchte, das einen echten Wert besitzt, zum Nutzen und als Anregung für andere. Ich hoffe und wünsche, daß mir dies gelungen ist.

José Ignacio López de Arriortúa

Zur Entstehungsgeschichte
dieses Buches

»Das muß ein umwerfendes Buch werden, was? Eins, von dem die Leute wirklich etwas haben. Es muß davon handeln, was ich gemacht habe oder noch vorhabe als Anregung für andere und Anreiz, mehr zu leisten, damit jeder etwas zur kontinuierlichen Verbesserung der Verhältnisse und zum Wohlergehen aller beisteuern kann. Gut. Ich werde also mit dem Dörfchen Amorebieta beginnen, wo mir mein Vater das Lesen beibrachte, während ich auf seinen Knien saß, gerade einmal zwei Jahre alt. Und mit den Erinnerungen an meine Mutter, die im Haus das Sagen hatte und für mich der Inbegriff der Kreativität war. Außerdem möchte ich mein Neues Paradigma für das 21. Jahrhundert erklären, mit dessen Hilfe man mit Erfolg an der Dritten Industriellen Revolution teilhaben kann. Ich möchte so dem Baskenland und ganz Spanien ermöglichen, auf diesen Zug aufzuspringen. Diese Gelegenheit dürfen wir uns nicht entgehen lassen. Und dann die Geschichte von General Motors und Volkswagen. Kurz: ein Buch, aus dem jeder wertvolle Erkenntnisse für seine Arbeit, sein Unternehmen und – warum nicht? – für sein Leben gewinnen kann. Einverstanden? Also los! Wann fangen wir an?«

Die ersten Sätze, die ich von Ignacio López zu hören bekam, sagten, so schlicht wie unmißverständlich, alles über dieses Buch. Meine Arbeit sollte darin bestehen, einen Rahmen für das Bild zu finden, das López auf seine eigene Weise zeichnen würde. Das hieß für mich, seine Erinnerungen Stück für Stück zu ordnen, ebenso seine Ansichten vom Leben und die Stationen seiner langen beruflichen Laufbahn und schließlich sein Neues Paradigma zu erklären.

Es war früher Nachmittag, als ich die Bekanntschaft des Mannes machte, um den sich die beiden größten Automobilhersteller der Welt gestritten haben. Er begrüßte mich mit knappen, aber herzlichen Worten – ein echter Baske, ein Weltbürger mit tiefen Wurzeln im Baskenland, mit der Kraft eines Konquistadoren und dem schütteren Haar, dem durchdringenden Blick eines Ignatius von Loyola*, mit dem er den leidenschaftlichen Glauben an seine Arbeit teilt. In Ignacio López' Neuem Paradigma ist der Glauben die wichtigste Substanz. Diese Grundregel begreift er als Quintessenz der Unternehmensführung, als seine Theorie, als eine auf den neusten Stand gebrachte »Straßenkarte« zur Orientierung in der Geschäftswelt. Das Neue Paradigma macht seiner Ansicht nach den Geist und die Kultur eines Unternehmens aus.

Zu unserem Treffen kam er allein, lediglich mit Notizbuch, Handy und seiner enormen Fähigkeit ausgestattet, sich auf das für ihn Wesentliche zu konzentrieren.

Das Geheimnis des Ignacio López besteht darin, aus der Berufserfahrung jedes beliebigen Arbeiters den größtmöglichen Nutzen für sich selbst zu ziehen. Hierin entfaltet sich seine Kreativität, also die Kunst, Ideen hervorzubringen und schöpferische Kräfte freizusetzen – der unverzichtbare Grundstoff für den Wettbewerb in einer globalen Wirtschaft. »Der Mensch«, so López, »ist das größte Kapital, das ein Unternehmen besitzt. Wer sich an dieses Prinzip hält, löst eine Revolution aus.« Überall, wo der Baske hinkommt, wendet er diese ebenso schlichte wie magische Formel an. Diese Revolution hat er überall ausgelöst, wo er beschäftigt war – erst bei Westinghouse, dann bei Firestone und General Motors

---

* Ignatius von Loyola, span. Ordensstifter, 1491–1556, heilig gesprochen.

und schließlich bei Volkswagen –, und den Unternehmen Einsparungen in Höhe von insgesamt 40 Milliarden DM beschert.

Nach kurzer Zeit waren wir uns darüber einig, worauf es in diesem Buch ankommt: Es sollte im wesentlichen in der ersten Person geschrieben sein, weil es darin um López' Lebenserinnerungen, seine Philosophie, seine Arbeitsmethoden geht. Und es sollte sich an Berufstätige im weitesten Sinne wenden – nicht nur an Unternehmer, sondern an jeden Menschen, der einer Arbeit nachgeht. An all jene also, von denen er grundsätzlich respektvoll als »verehrte Arbeiter« spricht, weil von ihnen der Erfolg jedes Unternehmens abhängt. »Die verehrten Arbeiter«, pflegt er zu sagen, »sind die wahren Künstler, sie sind die eigentlichen Eigentümer, sie sind das grundlegende Element, von dem jedes Unternehmenskonzept ausgehen sollte.« Unser erstes Gespräch endete gegen neun Uhr abends.

»Gut«, sagte er zum Abschied, »wir sehen uns am Mittwoch in meinem Haus in Busturia. Du weißt schon ... an der Straße von Guernica nach Bermeo. Ein einzigartiges Fleckchen Erde. Also, bis dann. Agur.«

Auf meinem Weg zum Engpaß von Pancorbo, wo das Gebiet von Burgos endet und das Baskenland beginnt, machte ich mir Gedanken darüber, wie man Ignacios Lebensweg im Buch nachzeichnen könnte – den Weg vom Mechanikersohn aus Amorebieta zum begehrtesten Manager der internationalen Automobilindustrie.

Sein Neues Paradigma, sein revolutionäres Produktionssystem, seine Arbeitsphilosophie, sein Stil – bis heute unterscheidet sich Ignacio López von anderen durch eine Methode, die er überall erklärt und die ihm bisher trotzdem noch keiner nachgemacht hat. Der Unterschied liegt vor allem in seiner Person begründet. Seine innere Kraft und seine umfassenden Kenntnisse des industriellen Prozesses, die er schon als Kind in den Werkstätten und Fabriken des Baskenlands gesammelt hat. »Aufgabe, Vorbild und Glauben« lautet sein immer aufs neue beschworenes Motto, die Botschaft, die er am liebsten in Stein hauen würde: »Mein System ist so einfach«, sagte er in einem Interview, »daß es jede Großmutter hätte erfinden können.«

Weltweit berühmt sind inzwischen seine Abkürzungen: Mit PROMIG fing es in Spanien an; PICOS (Purchased Input Concept Optimization with Suppliers*) hieß es zu seiner Zeit in Amerika und Deutschland; KVP^2 (Kontinuierlicher, potenzierter Verbesserungsprozeß) während der letzten Phase in Deutschland, in der er seine Unternehmensphilosophie um neue Entwicklungskonzepte bereicherte; und heute, in der Zeit seiner globalen Aktivitäten, LA, López de Arriortúa & Associates. Hinter jeder dieser Abkürzungen verbirgt sich ein System, mit dessen Hilfe die drei entscheidenden Faktoren eines Unternehmens – Qualität, Service und Herstellungskosten – verbessert werden sollen. Und jede der hier aufgeführten Entwicklungsphasen enthält Verbesserungen gegenüber ihrer Vorgängerin. »Man muß nicht unbedingt in High-Tech investieren«, sagte er vor einigen Jahren. »Um den Herausforderungen der Automobilindustrie der Zukunft erfolgreich gerecht zu werden, sollte man sich mehr auf Organisation und Kreativität als auf Maschinenparks und Automatisierung konzentrieren.«

Am Horizont tauchten die ersten grünen Hänge der Berge von Euzkadi (bask. für Baskenland) auf, dem verlorenen und wiedergefundenen Paradies von Ignacio López, der so viele Jahre fern seiner Heimat verbracht hatte. Es war ein Vorfrühlingstag; ich machte in der Ferne die kantabrische Küste und die Bucht von Urdaibai aus, Treffpunkt von Surfern und Reisenden, die das herrliche Naturschauspiel der rauhen Berge, der tosenden Brandung und der sanften, langgezogenen Buchten lieben. Hier lebt Ignacio López.

---

* Dt. Optimierung des Einkaufs bei Zulieferern.

Am frühen Nachmittag endet meine Reise vor seinem Privathaus in Axpe-Busturia, einem Herrensitz, den er in ein Landgut verwandelt hat.

»Hallo! Gute Reise gehabt? Komm, ich stell' dich meiner Familie vor...«

Während wir uns an die Arbeit machen, ist Ignacio López ständig in Bewegung: Hier räumt er Dinge aus dem Weg, dort baut er ein kleines Zeltdach im Garten auf, und zwischendurch telefoniert er immer wieder, um die Arbeitsabläufe der zwölf um den Erdball verteilten Niederlassungen seiner Unternehmensberatung zu koordinieren – und bei alldem bleibt ihm noch Zeit für sein Buch. Ohne Krawatte, entspannt lächelnd, macht er nicht den Eindruck eines berühmten Managers, auch nicht den eines Politikers oder Professors der Philosophie, ja nicht einmal den eines Ingenieurs aus Bilbao. Am ehesten wirkt er wie ein respektabler, baskischer Gutsbesitzer mit dem gütigen Ausdruck eines Hausarztes oder Dorfpfarrers und mit einem Selbstvertrauen, das vom ersten Augenblick an spürbar ist. Dasselbe Selbstvertrauen, das er auf seine Mitarbeiter überträgt und das in unerbittliche Hartnäckigkeit umschlägt, wenn es darum geht, an die Fundamente eines der größten Unternehmen Deutschlands oder Amerikas zu rühren, um ihm in weniger als einem Jahr schwarze Zahlen zu bescheren. In einem Zeitraum also, den andere Manager dafür benötigen, sich mit den Gegebenheiten eines Unternehmens erst einmal vertraut zu machen.

Ich hatte nun das Privileg, diesen intelligenten, charismatischen, herzlichen und herausragenden Mann kennenzulernen. Ich hatte die Ehre, in eine Familie aufgenommen zu werden, in der »Superlópez«, wie einige ihn nennen (später erfuhr ich, daß er das nicht mag), sich den Frauen unterordnet, die ihn umgeben – seiner Frau Margari Urquiza und seinen Töchtern Irene und Begoña (Mayte studiert noch in England) –, und dabei glücklich ist. López erwartete von mir zu entdecken, was er die »baskische Seele« nennt. Hierzu stellte er mich einigen seiner besten Freunde vor. Ich unterhielt mich lange mit seiner Mutter Eugenia Arriortúa und seiner Schwester Maria Jesús. Beide sprachen mit zärtlichen Worten und mit grenzenloser Bewunderung von ihrem Sohn und Bruder. Trotz des Verrats, den Ignacio López im Laufe seiner beruflichen Karriere erlebt hatte, haben sie einen tiefverwurzelten, unerschütterlichen Glauben an den Menschen.

Einige Tage zuvor hatte ich Informationen über diesen Mann eingeholt, der, wie alle, die gegen Tabus und eingefahrene Sitten zu Felde ziehen, auch seine Feinde hat. Ich machte mich im Internet auf die Suche nach dem Namen López de Arriortúa und stieß auf mehr als 30 000 Eintragungen; einige davon mit so vielsagenden Überschriften wie: »Der Papst der Produktivität«, »Der Heerführer in der Schlacht gegen die Japaner«, »López, der Hurrikan – ein Mann der Tat«, »Die PICOS kommen!« oder »Volkswagen opfert Superlópez«.

Aufs Geratewohl las ich Texte, die er verfaßt hatte und die mich neugierig machten. »Jeder Arbeiter hat mir seine Erfahrung, seine Weisheit mitgeteilt, und so habe ich gelernt, durch Osmose. Arbeiter haben mich stets mehr beeindruckt als jeder Firmendirektor. Mein Respekt für sie ist im Laufe der Zeit stetig gewachsen. Die Arbeiter waren meine besten Lehrer. Durch sie habe ich mehr gelernt als auf der Universität…« »Ich bin Ingenieur, aber ich träume von einem Landgut…« Oder dieser letzte Text: »Wenn du arm bist, arbeite. Wenn du glücklich bist, arbeite weiter… Arbeite unbeirrt und mit festem Glauben. Die Arbeit ist das wirksamste natürliche Heilmittel, das die Menschheit kennt.«

Ich hatte viele Fragen an diesen Ingenieur aus Amorebieta. Wie schafft man es, wenn man aus einer baskischen Kleinstadt kommt, mit einem so simplen Konzept wie »Aufgabe, Vorbild und Glauben« das Produktionssystem von General Motors zu verändern, immerhin eines der größten Unternehmen der USA, mit 700 000 Beschäftigten in 35 Ländern und einem Jahresumsatz von 125 Milliarden Dollar? Was muß

man tun, damit solch ein Unternehmen nach Verlusten in Milliardenhöhe wieder Gewinne macht, und das in einem Zeitraum von kaum zwölf Monaten? Wie hat er soviel Einfluß gewonnen, daß die Aktien von General Motors an der Wall Street um 20 Prozent stiegen, als sein Engagement in Detroit bekannt wurde, und daß sie um fast 5 Punkte fielen, als er das Unternehmen verließ? Warum folgen ihm seine Mitarbeiter bedingungslos, wohin er auch geht? Woher nimmt er die Kraft, morgens um sieben seine Arbeit aufzunehmen und bis in die Nacht durchzuarbeiten? Warum lehnte er ab, als sein Freund Jack Smith, Präsident von General Motors, ihm den zweiten Platz in der Hierarchie der symbolträchtigsten Firma Nordamerikas anbot, und warum weigerte er sich, einen millionenschweren Fünfjahresvertrag mit GM zu unterzeichnen? Und wieso verfolgte General Motors ihn sechs Jahre lang gnadenlos? Wenn die umstrittenen Unterlagen des geplanten Automobilwerks von Amorebieta dem baskischen Konsortium gehören, wie López versichert, mit welchen Argumenten reklamiert General Motors sie dann für sich? Wenn in seinem System der einstimmigen Entscheidung in einem Komitee, dem jeder Zulieferer angehört, Bestechung ausgeschlossen ist – und der VW-Vorstand in Wolfsburg bestätigt dies –, warum versucht man dann, sein Team in Mißkredit zu bringen?
Oder der Fall des VW-Werks in Resende, Brasilien, in dem nach dem neuen System dieses Ingenieurs gearbeitet wird. In sechs Monaten ist es dort gelungen, die Produktionskosten um 50 Prozent zu senken und die Qualität um 93 Prozent zu steigern. Und die Schlüsselfrage: Was für ein Mensch ist dieser José Ignacio López wirklich? Kennen Sie einen Basken, der keinen Wein anrührt und eine strikte Diät einhält, gleichzeitig aber ein gutes Essen in einem der Restaurants von Bermeo zu schätzen weiß; der sein Land abgöttisch liebt und immer mit einem Lächeln auf den Lippen herumläuft, weil ihm seine Arbeit, auf die er sich vom Aufgang der Sonne bis zu ihrem Untergang stürzt, Spaß macht? Haben Sie schon mal

von einem Manager gehört, der auch als Gärtner erfolgreich ist und sich um einen frisch gepflanzten Nußbaum in seinem Garten persönlich kümmert? Welcher Manager würde ein einfaches Bauernhemd anziehen, wenn er sonntags zur Messe geht; wer einfach darüber hinweggehen, wenn er zum »Mann des Jahres« der amerikanischen Automobilindustrie gewählt worden ist? Wußten Sie, daß er Texte von Sokrates, Gibrān* oder Machado** in seine Vorträge einfließen läßt? Wie schafft er es, 1 750 Unternehmer in Amsterdam trotz seines stockenden Englisch und seines baskischen Tonfalls so mitzureißen, daß sie anschließend alle wild entschlossen sind, ihre Unternehmen auf der Stelle zu reorganisieren, um es anschließend mit der ganzen Welt aufzunehmen? Was ist das Geheimnis seiner neuen Arbeitsmethoden? Wie müssen wir uns auf die Dritte Industrielle Revolution vorbereiten?

Ich hoffe, daß dieses Buch viele Fragen beantwortet. Es entstand in offenen Gesprächen und wurde im rasanten Arbeitstempo von Ignacio López ausgearbeitet – um das Ziel immer vor Augen zu behalten, trug er seine Uhr am rechten Handgelenk, bis der geplante Veröffentlichungstermin tatsächlich eingehalten war. Ich bin sicher, daß Sie es mit demselben Gewinn lesen werden, mit dem ich ihm in Busturia zugehört habe – dem Refugium eines Mannes, der heute sein eigenes Unternehmen hat und mit den Methoden eines Produktivitätsgurus zum »Wohlstand für alle« beiträgt.

Nun aber lassen wir Ignacio López selbst in seiner direkten und einfachen Art erzählen über seine Gedanken und Erfahrungen, von den Erfolgen, und über seine Vision von einer Arbeitswelt, die auf seinem Neuen Paradigma basiert.

Javier de Juan y Peñalosa

---

* Gibrān, libanesischer Schriftsteller, 1883 – 1931.
** Machado, Antonio, span. Lyriker, 1875 – 1939.

1 Die Kindheit, Schule der Kreativität

»Die Autos können ruhig im Freien übernachten«, sagte Ignacio López bei meiner Ankunft. »Wir bauen sie so, daß sie zehn Jahre lang keinen Rost ansetzen. Danach möchte man sowieso das Modell wechseln. Da ich also die alte Garage nicht brauche, habe ich mir hier meine Ecke eingerichtet.«

Das restaurierte Untergeschoß des Herrenhauses sieht aus wie die Kajüte eines Kapitäns – viele aus der Familie seiner Frau Margari fuhren zur See, ihr Vater, ebenso wie ihre Brüder Geraldo und Cirilo. Letzterer wird nur der »Große Kapitän« genannt, wegen seiner Berufserfahrung als Seemann. Von den vielen Erinnerungsstücken in diesem Raum fallen einige besonders ins Auge: ein Bild mit Seemannsknoten, eine Loggleine, wie man sie zur Geschwindigkeitsmessung an Bord braucht, verschiedene Schiffsmodelle, ein Sixtant, ein Steuerruder, zwei Schiffskompasse und ein Schiffstelegraph, von Ignacio López selbst zu einer Musikanlage umgebaut. Er segelt selbst und fischt gelegentlich in der Bucht von Busturialde, auf der Insel Izaro und im Landesinneren, in Mequinenza.

Das Haus, in dem es nach Meer und Eukalyptusbäumen riecht, hat López im Stil des elterlichen Hofs ausgebaut. Massiver Holzfußboden; ein runder Intarsientisch, an dem er arbeitet oder, am Wochenende, Karten spielt; ein weiterer Salon, »wo wir bei Familienfeiern gemeinsam die Mahlzeiten einnehmen«; und ein dritter Raum, in dem ein Fernseher steht.

»Hier sehe ich mir die Spiele meiner Mannschaft an, Athletic Bilbao. Auch die Spiele der Nationalmannschaft. Wenn Athletic Meister wird, zünde ich mir zur Feier des Tages sogar eine Zigarre an. Das ist schon lange nicht mehr vorgekommen. Aber ich gebe die Hoffnung nicht auf...«

Die Eltern, José Antonio López und Eugenia Arriortúa, kamen aus Etxano-Amorebieta, von einem Gehöft namens Nafarroa, in der Provinz Biskaya. Dort wurde José Ignacio am 18. Januar 1941 geboren.

Ein Blick in den Weinkeller: Hier lagern vor allem Weine aus der Region, nicht weit liegt das Weinbaugebiet der Rioja. Und eine große Baskenmütze mit rotgrünweißem Band erinnert daran, daß der Hausherr einen Wettbewerb im Musspielen, dem beliebtesten baskischen Kartenspiel, gewonnen hat.

»Schau dir diese Musikanlage an«, stolz zeigt er auf den umgebauten Schiffstelegraphen. »Auf dem Kompaßgehäuse habe ich Lautsprecher, Verstärker und Kassettenrecorder montiert.«

Er drückt eine Taste, und die Klänge einer Arie erfüllen die Kapitänskajüte. Während wir der Musik lauschen, lese ich noch einmal die Gesprächsnotizen von vor einigen Tagen durch. »Die zwei Großen in der Autoindustrie sind General Motors und Volkswagen, Amerika und Europa. Sie kämpfen um die Vorherrschaft auf dem internationalen Markt. Bei meiner Arbeit in den USA stand mir ein großartiges Team zur Seite, und gemeinsam waren wir sehr erfolgreich. Die Konsolidierung von General Motors war nicht zuletzt unser Werk! Als ich kam, machten sie Milliardenverluste; heute schreiben sie schwarze Zahlen. Ich bin glücklich, zur Genesung eines so mächtigen Unternehmens beigetragen zu haben.

Danach hatte ich den Eindruck, einen neuen Kurs einschlagen zu müssen, und ging zu Volkswagen, auch hier mit dem Ziel, diesen zweitwichtigsten Autohersteller der westlichen

Welt zu konsolidieren. Die Erfolgschancen unserer Gesellschaft sind größer, wenn wir zwei multinationale Unternehmen von Bedeutung haben. Und wir haben es geschafft, die Ertragslage der deutschen Firma ebenfalls entscheidend zu verbessern; heute ist sie die Nummer 1 in Europa. Darüber hinaus haben wir VW dazu gebracht, in Resende (Brasilien) das weltweit erste Werk zu eröffnen, wo nach der Modulbauweise produziert wird. Dieser Erfolg bedeutet einen großen Schritt in Richtung Zukunft des Automobilbaus.

Die Auseinandersetzung mit der Wirtschaftsmacht Japan haben wir gewonnen, nachdem wir in den 80er Jahren viele Schlachten verloren hatten. Ich habe nichts gegen die Japaner – ein kluges Volk, freundliche Leute und wohlerzogen. Die japanische Kultur ist Erbe einer großen Tradition, das Land hat enorme Verdienste, aber mir ist unser westlicher Lebensstil doch lieber.

Heute habe ich mein eigenes Unternehmen, wir sind an einer großen Zahl von Projekten beteiligt. Ich fühle mich verpflichtet, noch eine Weile auf See zu bleiben – und hoffentlich weiterhin auf einem verantwortungsvollen Posten –, bevor ich in den Hafen zurückkehre und Bauer werde. Ein einfacher Bauer, der sich um seinen Hof kümmert und damit zufrieden ist – hier, wo ich meine Wurzeln habe, im Baskenland. Warum Bauer? Weil niemand in größerer Harmonie mit der Schöpfung lebt als ein Landwirt.«

Die Musik ist zu Ende, wir schließen die Schiffsluken hinter uns, gehen zum Schreibtisch hinüber, und Ignacio López nimmt Kurs auf den Ozean seiner Erinnerungen.

»Also, wollen wir? Dann zurück, zum Anfang der Geschichte.«

Bescheidene Mittel
und ihre wundersame Vermehrung

Ich glaube, für jeden Menschen ist die Kindheit eine entscheidende Lebensphase. Für mich war sie das in besonderem Maße, denn ich hatte eine außergewöhnliche Kindheit. Der Bürgerkrieg war noch nicht lange vorbei. Wir hatten einige elende Jahre in diesem Land zu durchleben, und trotzdem machten wir uns daran, etwas aufzubauen. Eltern und Großeltern setzten ihre Kreativität ein, um voranzukommen.
Ich habe meine Kindheit als eine glückliche, herrliche Zeit in Erinnerung, obwohl sie sehr schwierig war. Meine Familie war sehr liebevoll. Vielleicht hat uns die Not um uns herum enger zusammengeschweißt. Heute ist das Leben viel leichter, aber es führt dazu, daß sich die Menschen voneinander entfernen. Ich hatte gewissermaßen das Glück, in dieser schrecklichen Zeit aufzuwachsen – paradox, nicht wahr? Wir hatten einen Krieg erlebt, Europa stand unter Waffen, und es fehlte praktisch an allem. Die Menschen kämpften ums Überleben. Der Zusammenhalt und die Zuneigung meiner Familie haben mich geprägt. Und ihre Kreativität.
Unser Haus war ein fröhlicher Ort. Mit meiner Mutter habe ich mehr gelacht als im Theater oder im Kino, mehr als in Charlie-Chaplin-Filmen. Unser Zuhause war ein regelrechtes Labor für neue Lebensformen. Mein Vater war ein kreativer Mensch und sehr intelligent. Und meine Mutter war die Seele der Familie.
Wir lebten in einem kleinen Weiler. Mein Vater arbeitete zu Hause und in der Fabrik von Izar. Jeder dort respektierte ihn, weil er ein guter Mechaniker war und ein exzellenter Arbeiter. Er hatte eine Ausbildung zum technischen Zeichner gemacht – damals studierte so gut wie niemand –, aber er arbeitete als Schlosser und brachte es zum Meister. Er war von einer unglaublichen Klugheit und Intuition. Er nahm die kompliziertesten Maschinen auseinander und reparierte sie,

selbst deutsche Fabrikate; er brachte das defekte Teil wieder in Ordnung und baute dann alles wieder zusammen. Ohne Anleitung, einfach nach seiner Eingebung. Mein Vater, meine Mutter, die Industrie und die Landwirtschaft – sie bildeten die Lehrstätten meiner Kindheit. Von ihnen habe ich fast alles gelernt; vor allem die Achtung vor jener Gabe, die ich im Leben und in der Arbeit für entscheidend halte: die Kreativität.

Zum Beispiel gab man damals Kranken Eierspeisen zu essen, damit sie wieder zu Kräften kamen. Aber es gab nicht viele Eier, weder in den Häusern noch auf dem Markt, und die wenigen, die unsere eigenen Hühner legten, wurden verkauft, um das Schulgeld bezahlen oder neue Schuhe für die Kinder kaufen zu können. Es gab noch keine Geflügelfarmen, sondern nur kleine Hühnerställe. Die warfen so wenig ab, daß ein Ei schon fast ein Wunder war – und obendrein sehr teuer. Also erfand meine Mutter eine Methode, mit der man aus einem Ei tausend machen konnte; etwas Ähnliches wie die wunderbare Vermehrung der Brote und Fische in der Bibel, aber mit einem anderen Produkt. Sie bereitete eine Tortilla aus Kartoffeln und Kürbis zu und gab ein in Milch aufgelöstes Ei hinzu. Köstliche Tortillas ... für vier Personen, von einem einzigen Ei. Und es blieb sogar noch etwas übrig. Das heißt: Dank ihres Einfallsreichtums hatte ich trotz der schweren Zeiten das Gefühl, im Überfluß zu leben.

In Zeiten, als nur die Reichen Kuchen aßen, erfand meine Mutter zwei Kuchen, zwei riesige Torten: eine Schokoladentorte und eine Vanilletorte. Aus etwas Schokolade und viel Phantasie machte sie ein Soufflé wie im Café de Paris. Ganz köstlich.

Diese Anekdoten sind nur Beispiele für das unerschöpfliche Potential der Kreativität. Jemand, der diese Fähigkeit besitzt, braucht nicht in Harvard zu studieren. Er besitzt eine große Gabe. Wenn er sie mit Glauben, mit Begeisterung und Freude pflegt und sich ihr ganz überläßt, kann er alles verändern, sein Unternehmen genauso wie etwa die Lebensbedingungen seiner Familie. Dies war die erste und beste Lektion, die meine Eltern mir erteilen konnten.

»Zwei Jahre erst – und er liest schon?«

Als ich zwei Jahre alt war, kaufte mein Vater täglich die Zeitung. Das kam damals, bei der allgemeinen Knappheit, selten vor, daß jemand für Zeitungen Geld ausgab. Viele kauften nur sonntags eine. Ich erinnere mich noch, wie er sich immer die Zeitung vornahm, abends, nach der Fabrik, vor dem Abendessen. Dann setzte ich mich zu seinen Füßen und fragte auf Baskisch, wie bei uns üblich:
»Au zer da?« (Was ist das?)
»Das ist ein L«, antwortete er.
»Zergaitik?« (Warum?)
»Weil es so einen kleinen Balken unten hat.«
»Au zer da?« fragte ich wieder.
Und er erklärte es mir mit unendlicher Geduld, wie sie Väter eben besitzen, wenn sie ihren kleinen Söhnen etwas erklären. Er kaufte die *Gazeta del Norte*, die in großen, gut lesbaren Buchstaben gedruckt war. Anhand dieser Zeitungsseiten brachte er mir das Lesen bei, auf Spanisch – auf Baskisch durfte ja gar nichts veröffentlicht werden. Aber es war wirklich so, daß meine Eltern noch nach dem Bürgerkrieg viel besser Baskisch verstanden als Spanisch. Noch heute verfällt meine Mutter ins Baskische, wenn sie sich dazu hinreißen läßt, eine Geschichte zu erzählen.
Ich meine mich an ein Bild erinnern zu können: Ich auf den Armen meiner Mutter in der Straßenbahn von Bilbao nach Lemona. In dieser Straßenbahn fiel mir ein Schild mit der Endstation auf. Ich hatte es kaum entdeckt, da machte ich mich ans Entziffern: »Le-mo-na.« Eine Dame wandte sich daraufhin an meine Mutter:

»Der wird doch wohl nicht lesen können?«

»Natürlich«, antwortete meine Mutter.

»Wie soll er denn lesen können, wenn er erst zwei Jahre alt ist?« beharrte die Dame.

»Er kann es eben. Er kann lesen, weil sein Vater es ihm beigebracht hat.«

Im Zusammenhang mit dieser Straßenbahn erinnere ich mich an eine andere kleine Geschichte. Ich war vier. Meine Großmutter wohnte in Yarre, einem wunderschönen Ort mit Blick über das Tal von Arratia. Sie kam häufiger nach Amorebieta zu meiner Mutter. Die Straßenbahn hatte eine Handkurbel für die Bremse – man drehte daran, um die Bremse anzuziehen und zu fixieren. Da wir diese Straßenbahn häufig benutzten, war ich nur durch Zuschauen dahintergekommen, wie diese Bremse funktionierte. Man mußte gegen eine bestimmte Stelle treten, dann sprang die Sperre heraus, und die Bremse löste sich.

Eines Tages war ich mit der Frau, die auf mich aufpaßte, unterwegs zu meiner Großmutter. Während sie dasaß und auf die Abfahrt wartete, ging ich im Waggon nach hinten und löste mit einem Tritt die Bremse. Normalerweise nahmen die Fahrer die beiden Starthebel in ihrer Tasche mit in die Kantine, wo sie ein Weinchen tranken, solange die Straßenbahn noch nicht voll war. Aber diesmal hatten sie es vergessen, und die Starter steckten im Armaturenbrett. Ich sah das, legte die beiden Starthebel um, und die Straßenbahn fuhr los … klink, klink, klink – vollbesetzt mit älteren Damen. Als die Fahrer das merkten, sprangen sie auf und liefen hinterher, aber es war kein Gedanke mehr daran, die Bahn noch aufzuhalten, weil sie schon ordentlich in Fahrt gekommen war. Da schrie einer der beiden: »Den Stromabnehmer runter!« Und Juan, der Friseur, der mir immer die Haare schnitt, zog an einer Schnur. So, ohne Strom, kam die Straßenbahn schließlich zum Stehen – einen Kilometer weiter! Die Ohrfeige, die mir der Fahrer verpaßte, vergesse ich nie.

Amorebieta, Schule der Phantasie

Während Ignacio von seiner Kindheit spricht, schreibt er gedankenverloren etwas auf einen Zettel. Aber die Schriftzüge eines Ingenieurs sind das nicht, viel eher die Kritzeleien eines Schuljungen. Zum ersten Mal meldet sich sein Handy, und wir legen eine Pause ein.

Ich nutze die Gelegenheit, um einen Blick in einen der Ordner zu werfen, in denen er seine Unterlagen aufbewahrt. »Es gibt kein größeres Verbrechen gegen die Gesellschaft, als unter seinen Möglichkeiten zu arbeiten. Damit vergehen wir uns ernsthaft gegen die unteren sozialen Schichten... Wir sind mitverantwortlich für die Tragödie der ins Abseits gedrängten Menschen, wenn wir eine Arbeit verrichten, die uns unterfordert.«

Nachdem er sein Telefonat beendet hat, sagt er:

»Möchtest du den Garten sehen, den ich hinterm Haus angelegt habe? Mein Garten Eden.«

Im Vorbeigehen zeigt er mir einen riesigen Anker und eine Schiffsschraube.

»Die hat mir ein Freund zu Weihnachten geschenkt. Sie gehörten zu einem Handelsschiff, das die Amerikaroute befuhr. Diese Schraube hat viele Basken auf der Suche nach Arbeit und Glück über den Atlantik befördert, und dieser Anker hat vor Feuerland auf dem Meeresboden gelegen.«

Im Garten steigen wir einen Hang voller Obstbäume hinauf.

»Alle diese Bäume habe ich letztes Jahr selbst gepflanzt. Äpfel, Kirschen, Birnen. Der Nußbaum hier scheint krank zu sein; ich muß mich um ihn kümmern, wahrscheinlich braucht er Dünger. Diese hier, die so schön gekommen sind, habe ich selbst gepfropft. Und jetzt schau dir die herrlichen Apfelsinen an und wie viele neue Blüten sie haben!«

Während er spricht, fährt er mit der Hand über einen kleinen Zweig und streichelt ihn.

»Kräuter wachsen hier besonders üppig. Wenn ich erschöpft

bin, säge ich Brennholz, und zwar ordentlich. Das ist die beste Erholung. Danach fühle ich mich wieder fabelhaft. So, die Pause ist vorbei. Kehren wir in die Vergangenheit zurück.«

Damals war Amorebieta ein Ferienort für die feinen Herrschaften aus Bilbao. Man sollte es kaum glauben, aber dieser Umstand hat mir sehr geholfen. Denn wenn du in der Abgeschiedenheit eines solchen Dorfes lebst und immer nur dieselben Leute siehst, kannst du dir irgendwann kein anderes Leben mehr vorstellen. In Amorebieta verbrachten fast vierzig Familien aus der Stadt ihre Ferien. Einige davon besaßen Autos und große Ferienhäuser. Sie hatten einen anderen Lebensstil, und ich dachte: Schau an, es gibt noch ganz andere Welten!

Eines Tages kam ich an einem dieser Ferienhäuser vorbei und blieb stehen, um den Kindern beim Essen zuzuschauen – ich wußte, daß ihr Großvater Armeegeneral war. Die Kinder der meisten Sommergäste hielten sich von uns fern, weil man ihnen sagte: »Spielt ja nicht mit denen aus dem Dorf, das sind Trottel.« Wieder daheim, sagte ich zu meiner Mutter: »Amá, die Kinder der Jáureguis essen wie die Kaninchen, mit geschlossenem Mund.« Und meine Mutter antwortete, daß die Gesetze der Stadt das von ihnen verlangen. Im Grunde hatte ich Glück, in einer Feriengegend zu wohnen.

Mit vier Jahren konnte ich bereits lesen, und man steckte mich in eine Schule, die von einer Lehrerin geleitet wurde. Wir waren vielleicht zwanzig Kinder in der Klasse. Dort lernte ich Addieren, Subtrahieren, Multiplizieren und Dividieren, bis ich sechs war. Als das vorbei war, kam ich in die staatliche Schule von Etxano.

Im allgemeinen hielt man einen Bauern für wenig gebildet. Er drückte sich auf Baskisch aus und sprach nur schlecht Spanisch. *Boronos* wurden sie genannt, so sagt man hier zu Maiskolben. Die Leute von Amorebieta hielten sich für fleißig und vornehm, die von Etxano galten als Hinterwäldler. Wir wohnten im Zentrum von Amorebieta, im Nafarroa-Viertel, das aus ganzen vier Häusern und zehn Familien bestand. Im 18. Jahrhundert hatte dieses Viertel zu Navarra gehört; später kam es dann zur Gemeinde Etxano, obwohl es mitten in Amorebieta lag. Deshalb ging ich nicht in die staatliche Schule von Amorebieta, sondern nach Etxano. Weil es aber in Etxano weniger Kinder gab, bestand die ganze Schule nur aus einem Klassenzimmer – wo sich dann alle zusammendrängten, die Vierjährigen genauso wie die Fünfzehnjährigen. Die Jungen im Erdgeschoß und die Mädchen eins darüber. Da ich schon lesen konnte und alle Rechenarten beherrschte, setzten sie mich zu den Fünfzehnjährigen, die Bruchrechnen und Dreisatz durchnahmen. Die älteren Kinder behandelten mich wie ihren jüngeren Bruder, die hatten ihren Spaß mit mir, weil ich noch so klein war. Das Bruchrechnen, das ich dort lernte, bildete die Grundlage für meine Berechnungen später bei Firestone, wo in Zoll gemessen wurde. Das spielte sich 1948 ab, aber es kommt mir vor, als stünde Don Marcelo Lamiquiz, der Lehrer, noch vor mir. Er hat uns den Stock spüren lassen, aber wir haben auch viel gelernt.

Mein Banknachbar war fünfundzwanzig, Víctor der Einarmige. Damals gab es in den Fabriken keine Motoren, sondern Antriebsbänder. Manchmal sprangen sie heraus. Es war zwar verboten, sie dann selbst wieder in Betrieb zu nehmen, aber Víctor war das egal. Bei einer solchen Gelegenheit hat ihm das Band dann den ganzen Arm ausgerissen. Da er nicht mehr arbeiten konnte, sollte er »recycelt« werden, und sie schickten ihn zur Verbesserung seiner Handschrift wieder in die Schule.

Wenn Don Marcelo uns etwas diktierte, durften wir keinen Fehler machen. Die »Fehlerquote Null«, die neueste Erfindung der Japaner, gehörte also schon vor einem halben Jahrhundert zum Repertoire von Don Marcelo. Wenn du nur ein Wort falsch schriebst, mußtest du alles neu schreiben; wenn du zehn Fehler machtest, mußtest du das ganze Diktat, das vielleicht eine halbe Seite lang war, zehnmal abschreiben. Als ich mit neun Jahren auf die höhere Schule kam, machte ich nicht einen einzigen Fehler. Die »Null-Fehler-Methode« von Don Marcelo hatte funktioniert.

In jener Schule in Etxano ließ man mir die Freiheit, meine Kreativität zu entwickeln. Wenn man mich in die Schule von Amorebieta geschickt hätte, wo es die üblichen Altersklassen und mehrere Lehrer gab, hätte ich mit Gleichaltrigen das lernen müssen, was ich schon konnte. Ich hätte mich gelangweilt und die Schule nur über mich ergehen lassen. Aber die Schule in Etxano, wo ein Lehrer jedem alles erklärte, war wunderbar, ein großes Glück. Wenn du als Sechsjähriger an der Welt der Sechzehnjährigen teilnimmst, empfindest du große Bewunderung. Sie waren sehr freundlich zu mir, und so lernte ich die Bedeutung des Respekts vor anderen. Vor jedem anderen.

Ich hatte aber auch Einzelunterricht. Lehrer verdienten seinerzeit wenig und gaben deshalb außerhalb der Schule jedem, der wollte, für ein geringes Entgelt Einzelunterricht.

Der Mensch muß lernen. Aus diesem Grund legte sich meine Mutter für meine Ausbildung ins Zeug. Das war nicht leicht, schon gar nicht auf dem Land. Wenn man mit neun nicht auf eine Privatschule kam, sondern auf der staatlichen Schule blieb, hatte man keine Chance, die Reifeprüfung abzulegen, und ohne Reifeprüfung wurde man an der Universität nicht zugelassen. Dann war man gezwungen, sich auf einer Berufsschule weiterzubilden. Oder als ungelernter Arbeiter in einer Werkstatt oder einem Sägewerk anzufangen. Und dann war man auf einen Arbeitsbereich festgelegt, von dem nur die wenigsten wieder loskamen. Das gelang nur den Überfliegern.

Überhaupt: Die Berufsschulen in unserem Land sollten jede nur erdenkliche Unterstützung erhalten. Sie brauchen angesehene Lehrer und müßten ihren Schülern jede Fortbildungsmöglichkeit bis hin zur Hochschulreife bieten. Ein gutes Beispiel hierfür ist die Eskola Politecnikoa der Kooperative von Mondragón. Deutschland ist ebenfalls ein Vorbild auf diesem Gebiet. Dieses Bildungssystem würde zur Senkung der Jugendarbeitslosigkeit beitragen und in Zukunft für wirklich qualifizierte Arbeitskräfte sorgen. Das nur hierzu.

Aber meine Mutter war nicht nur um unser geistiges Wohlergehen besorgt. Sie kochte großartig für uns. Selbst ein Ernährungswissenschaftler hätte es nicht besser machen können. Sie erriet, was wir brauchten: Proteine, Kohlehydrate usw. Alles intuitiv. Morgens gab es einen Becher heiße Milch zum Frühstück, der war nicht zu umgehen. Ich mochte keine Milch, und wenn Rahm drauf war, wäre ich am liebsten gestorben. Wir mußten davon einen ganzen Becher voll trinken, ohne Zucker. Wenn es irgend ging, stahl ich mich davon, ohne die Milch getrunken zu haben. Aber meine Mutter ließ nicht locker. Eines Tages saß ich in der Klasse, und in der ersten Stunde klopfte es an die Tür. Alle schauten auf, weil sonst niemand zu klopfen pflegte. Der Lehrer rief: »Herein!« Mari Carmen, das Mädchen, das meiner Mutter half, betrat die Klasse mit einem Becher Milch und sagte zum Lehrer: »José Ignacio hat heute vergessen zu frühstücken, und seine Mutter schickt mich, damit er es nachholt.« – »José Ignacio, stimmt das?« fragte mich Don Marcelo. Ich nickte – puterrot, weil mich alle anstarrten. »Also los, trinken«, befahl der Lehrer. Ich mußte aufstehen, zur Tür gehen und den Becher bis zum letzten Tropfen leeren. »Daß das nicht wieder vorkommt«, sagte er. »Setzen.«

Selbstverständlich kam es nicht wieder vor.

Null Fehler

Mit neun hatte ich alles gelernt, was Don Marcelo mir beibringen konnte. Ich machte keinen einzigen Rechtschreibfehler, beherrschte Bruchrechnen, Dreisatz, Quadratwurzelziehen, alles. »Der muß Karriere machen«, sagte sich meine Mutter. Ein Universitätsstudium war teuer, und was man hier ausgibt, muß man anderswo einsparen. Aber da sie das letzte Wort hatte, war es beschlossene Sache. Auch mein Vater hatte grundsätzlich nichts dagegen. »Erst soll er das Abitur machen, aber dann sollten wir uns Gedanken über ein Studium machen«, bestärkte ihn meine Mutter. Sie benachrichtigte den Lehrer, daß ich nach den Sommerferien auf die höhere Schule gehen würde.

Grau ist alle Theorie! Damals mußtest du, wenn du in Amorebieta wohntest, nach Bilbao oder Durango, um dich aufs Abitur vorzubereiten. Unmöglich, weil ein Zimmer in der Stadt eine enorme finanzielle Belastung bedeutet hätte. Zufällig war aber ein Jahr zuvor eine junge, sehr hübsche Frau nach Amorebieta gezogen, zweiundzwanzig Jahre alt; sie hatte einen Magister in Philosophie und Geisteswissenschaften und hieß Maria Angeles Larrea. Sie wollte eine höhere Schule in Amorebieta eröffnen, an der man das Abitur ablegen konnte. Heute ist Maria Angeles Professorin an der Universität von Deusto.

Als meine Mutter davon hörte, sagte sie zu meinem alten Lehrer:

»Don Marcelo, ich habe mich entschieden, den Jungen aus der Schule zu nehmen, weil er das Abitur machen soll.«

Don Marcelo, dem ein Kunde abhanden zu kommen drohte, antwortete:

»Bist du verrückt geworden? Meinst du, ihr seid alle dazu bestimmt, feine Leute zu werden? Und wer soll dann noch arbeiten? Besser, er bleibt bei mir, bis er vierzehn ist, und geht danach auf die Berufsschule, lernt einen ordentlichen Beruf und dann – an die Arbeit!«

Meine Mutter bestand auf ihrem Vorhaben: »Dafür ist immer noch Zeit. Jetzt will ich, daß er auf die höhere Schule geht und Abitur macht, wenn er's schafft.«

Diese Chance mußte sie ihrem Sohn bieten. Also meldete sie

mich auf dem Berriochoa-Gymnasium in Amorebieta an, wo Maria Angeles Larrea, die mit einem bekannten Arzt aus Bilbao verheiratet war, unterrichtete. Als ich sie kennenlernte, dachte ich: »Donnerwetter noch mal!« Ich hatte im Kino Filmstars gesehen, aber Maria Angeles erschien mir viel schöner als Ava Gardner und Rita Hayworth, die Filmgöttinnen jener Zeit. An ihre erste Unterrichtsstunde erinnere ich mich noch: »Die politischen Grenzen Spaniens«. Ich wußte bis dahin gar nicht, was »politische Grenzen« waren, aber als sie es erklärte, tat sich mir eine ganz neue Welt auf. Das Abitur war in greifbare Nähe gerückt!

Die Aufnahmeprüfung war ein Kinderspiel, weil ich die Orthographie beherrschte und die Prüfung aus Aufsatz und Diktat bestand. Mehr als einen Fehler durfte man nicht machen. Bei zwei Fehlern war man durchgefallen. Ich machte keinen. Dann wurden noch einige Rechenaufgaben gestellt, die ich im Kopf lösen konnte. Als ich die Aufnahmeprüfung bestanden hatte, platzte meine Großmutter beinahe vor Stolz und posaunte es im ganzen Dorf aus. Mein erstes Jahr auf dem Gymnasium war ein Spaziergang, ich machte alles mit Eins. Es funktionierte.

Im dritten Jahr hieß es, man wolle das Berriochoa-Gymnasium schließen. Ein Ausweg bestand darin, als Internatsschüler nach Vitoria auf das Kolleg der Missionsbrüder Mariä zu gehen.

Meine Mutter besprach sich mit meinem Vater, schnappte mich, und alle drei fuhren wir nach Vitoria. Ich fand das Kolleggebäude kolossal, wirklich beeindruckend. Wir wurden vom Direktor empfangen; der ganze Trubel verschreckte mich ziemlich.

»Er geht in die dritte Klasse«, sagte meine Mutter, »und weil das Berriochoa-Gymnasium jetzt geschlossen wird, haben wir uns für das Kolleg entschieden.«

»Aha, großartig«, sagte der Pater, »hier gibt es viele Jungen aus Amorebieta.«

Und zum Schluß fragt meine Mutter dann:

»Gut, und wieviel kostet es?«

Ich erinnere mich genau, daß er 2 000 Peseten im Monat verlangte. Also einschließlich Unterbringung im Internat, Verköstigung und eigenes Zimmer. Mein Vater verdiente als Schlosser 2 000 Peseten monatlich – damals war er noch nicht Chef der Wartungsabteilung. Die Internatsschule von Vitoria sollte also genausoviel kosten, wie mein Vater verdiente.

»Abgemacht«, antwortet meine Mutter mit fester Stimme, als wäre es das Selbstverständlichste von der Welt. »Wir zahlen 2 000 Peseten.«

Ich war wie vom Donner gerührt. Mit meinen zwölf Jahren fragte ich:

»Du willst dafür alles ausgeben, was der Vater verdient?«

»Keine Sorge«, sagte sie. »Und wenn ich Wunder tun muß. Du sollst studieren.«

Und tatsächlich, das Berriochoa-Gymnasium sollte im September zumachen. Wir hatten Hochsommer. Da beschlossen Don Fermín, der einen Magister in Philosophie und Geisteswissenschaften hatte, und seine Schwester Josefina, das Gymnasium weiterzuführen. Im September riefen sie alle Schüler zusammen und gaben bekannt, den Unterricht fortsetzen zu wollen. Ich sagte meiner Mutter: Warum dann nach Vitoria gehen? Ich würde lieber in Amorebieta bleiben. Und so ging ich dort weiterhin zur Schule, bis ich sechzehn war. Und jedes Jahr einmal fuhren wir zur Abschlußprüfung nach Bilbao.

Erinnerung an eine platonische Liebe

Im Nafarroa-Viertel lebten etwa zehn Familien, die zusammen wieder eine große Familie bildeten. Darunter eine wunderschöne Frau, blond, der Zsa-Zsa-Gabor-Typ. Sie arbeitete bei einem Radiosender und hatte eine Tochter, Mayte; die wohnte gleich neben uns und war ein bildhübsches Mädchen. Mit sechs trug sie bezaubernde Ohrringe, die wie zwei rote Schmetterlinge aussahen. Aber ihre Mutter nahm Mayte mit in die USA, wo sie in zweiter Ehe einen General namens Harrison heiratete, der später zum Gouverneur der Philippinen ernannt wurde. Auf diese Weise wurde Mayte zur Tochter des letzten amerikanischen Gouverneurs der Philippinen. Obwohl ich damals noch jung war, war die Geschichte dieses Mädchens damit für mich nicht zu Ende, vielmehr blieb sie die platonische Liebe meiner Kindheit. Wenn ich mit anderen Mädchen ausging, dachte ich an Mayte und träumte von dem Tag, an dem sie zurückkommen würde.

Sie kam tatsächlich zurück, und zwar, als ich im Studium war. Da ich mir vorgenommen hatte, bis zum erfolgreichen Abschluß meines Studiums keine feste Freundin zu haben, kam nun der Moment, in dem ich mich entscheiden mußte. Die Entscheidung fiel mir nicht leicht. So viele Jahre lang war Mayte mein Ideal gewesen ... Ich war neunzehn und sie siebzehn; es war der heikelste Augenblick meines Studiums: Wenn ich nur eine von zwei Prüfungen nicht bestand, hätte ich das Studium abbrechen müssen. Ich mußte sie meinem Studium opfern. Dieses Geheimnis habe ich weder ihr noch sonst jemandem je erzählt.

Als Mayte zurückkam, war sie überwältigend schön. Sie hatte bei allen unglaublichen Erfolg. Außerdem war sie in den USA gewesen – was für uns gleichbedeutend mit einer unbekannten Galaxie oder einem fremden Planetensystem war. Mayte war das einzige Mädchen, das einen eigenen Wagen fuhr. Ihre Eltern kauften sich ein prächtiges Ferienhaus mit einem riesigen Garten mitten in Amorebieta. Alle Jungen waren hinter ihr her; nicht nur die aus dem Dorf, sondern sogar welche aus Bilbao. Mayte behandelte alle mit äußerster Liebenswürdigkeit. Aber dann kam der Tag, an dem sie sich für einen entscheiden mußte. Und sie entschied sich, bevor ich mein Ingenieurstudium abgeschlossen hatte. Da war nichts zu machen – zunächst mußte ich das erreichen, was ich mir in den Kopf gesetzt hatte, also mein Studium beenden.

Freunde, gestern und heute

Immer wenn von seinen Freunden die Rede ist, kommt Ignacio López ins Schwärmen. In einem Interview mit der *Bildzeitung* sagte er kürzlich: »Meine Arbeit bei Volkswagen als Erfolg zu bezeichnen wäre falsch – es war ein überwältigender Erfolg. Ich durfte mit Genies wie Ferdinand Piëch zusammenarbeiten. Und gemeinsam haben wir die besten Autos der Welt gebaut.« Wenn er auf seinen alten Chef Jack Smith zu sprechen kommt, den Präsidenten von General Motors, versichert er stets: »Ein Phänomen, dieser Mann – ich mag ihn immer noch sehr, obwohl wir nun geraume Zeit nicht mehr miteinander gesprochen haben.«
Wenn seine Freunde über ihn reden, sind sie voller Respekt und Warmherzigkeit. »Die Leute sollten die Wahrheit über diesen Mann kennen«, findet sein Freund und Mitarbeiter Benito Herrera. »Was mich am meisten an ihm beeindruckt, ist seine Menschlichkeit, seine einfache, direkte Art. Manchmal frage ich mich, wie es nach seinem Abschied von General Motors zu dieser Erbitterung gegen ihn kommen konnte. Die Wut eines Jack Smith ist aber verständlich, wenn man bedenkt, daß ihm mit Ignacio, mit dessen Kraft und Intelligenz, die Seele seines Unternehmens abhanden gekommen ist. Man sollte daran erinnern, daß General Motors in einer tiefen Krise steckte, als Ignacio anfing, und daß sie Gewinne machten, als er ging. Ich bin sicher, daß er mit General Motors brach, weil er sein Land unendlich liebt und weil er die Fabrik von Amorebieta unbedingt bauen wollte. Als Baske ist er dickköpfig, und als die Amerikaner keine Anstalten machten, sich an ihre Versprechen zu halten, da hat er sich eben ver-

abschiedet. Am Ende kam es zu einer Übereinkunft zwischen dem amerikanischen und dem deutschen Unternehmen. Der Preis war der Rücktritt von López, von ihm selbst vorgeschlagen, um Schaden von dem deutschen Hersteller abzuwenden. Alle Anschuldigungen gegen ihn sind unwahr. Wenn jemand kreativ ist, hat er es doch gar nicht nötig, Dokumente mitzunehmen, aus dem einfachen Grund, weil er alles unter seiner Hirnschale hat. Wie kann jemand auf die Idee kommen, er habe sich etwas unrechtmäßig aneignen wollen? Die Sicherheitsabteilung von General Motors ist die beste, die ich kenne; sie haben einen eigenen Datenschutzdienst. Zu bestimmten Unterlagen haben nur ganz wenige Zugang. Es ist so gut wie unmöglich, etwas mitzunehmen, was dir nicht gehört. Ich kenne die Sicherheitsmaßnahmen bei Seat gut, und schon dort ist es schwierig, ein Dokument mitgehen zu lassen. Bei General Motors gibt es drei Kontrollen, und für jedes Schriftstück, das die Firma verläßt, braucht man eine Genehmigung. Und schließlich, das ganze Projekt einer Fabrik in Amorebieta ist Eigentum des baskischen Konsortiums. Die Idee, die Konzeption, jede Einzelheit stammt von Ignacio López selbst. Dieser Mann weiß doch, daß der Schlüssel zum Erfolg nicht in Aktenordnern steckt, sondern in der Kreativität jedes Arbeiters. Wenn mich jemand fragen würde, worin seine Größe besteht, würde ich antworten: In seiner Bescheidenheit. Was er in Brasilien aufgezogen hat, mit der Fabrik in Resende, ist ein Wunderwerk, das selbst Präsident Cardoso nicht unbeeindruckt gelassen hat. Es war Ignacio López, der dieses neue Werk propagiert und entwickelt hat – seine Modulbauweise ist bereits eine Antwort auf die Dritte Industrielle Revolution.«

Wenn Ignacio López auf seine ersten Freunde aus der Schulzeit zu sprechen kommt, dann sind seine Worte voller Zuneigung:

»In der Schule in Etxano war es verboten, Baskisch zu sprechen. Wir hatten aber natürlich alle einen baskischen Akzent,

den ich im übrigen bezaubernd finde. Dort habe ich Kameraden gehabt, die mir ans Herz gewachsen sind und die ich
mein Leben lang lieben werde. Ich erinnere mich an viele,
mit denen mich mehr als nur freundschaftliche Gefühle verbinden: Grego Bilbao, Eduar Larrucea, José Mari Eriz, Jonchu
Idígoras, die Brüder Zugazabeitia... alles wunderbare Menschen.

Nie vergessen werde ich einen Jungen von fünfzehn Jahren,
den wir Don Sebas nannten, weil er wie unser Dorfpfarrer
aussah. Wenn man ihn gelassen hätte, er wäre ein zweiter
Rubens geworden. Samstags, wenn wir Biblische Geschichte
hatten, zeichnete Don Sebas mit Kreide großartige Bilder
auf die Tafel, frei erfunden, aber immer im Zusammenhang mit dem jeweiligen Unterrichtsstoff. Auch Leonardo da
Vinci war ein Don Sebas, bis die Päpste ihm seine Chance
gaben.

Im Berriochoa-Gymnasium gehörte ich zu einer Clique. Da
war Javichu Rentería, ein As in Chemie und der beste Auf-
satzschreiber von uns allen, Sohn des großen Malers Rentería
aus Amorebieta; sein Bruder Iñaki; Semita, ein begabter Mu-
siker und Fußballspieler mit viel Humor; Bego Inchausti, das
einzige Mädchen der Gruppe, ein wunderbarer Mensch und
eine gute Freundin; Sasua, der Fotograf; Emilín, Besitzer
eines Kahns, mit dem wir ›die Meere‹ unserer Bucht über-
querten – und viele andere.«

Euzkadi, das Zauberwort

»Du mußt dieses Volk in seinem tiefsten Wesen kennenler-
nen. Versuche zu verstehen, warum wir unser Land so lieben.
Laß uns mit ein paar Freunden essen gehen, mit Jesús Ormazábal und seiner Frau Leo, und danach eine Partie Mus spielen. Versuche, der Sache auf den Grund zu gehen. Wenn du
das verstehst, kommen wir der Lösung viel näher.«

Wenn Ignacio López von Euzkadi spricht, sprudelt er regelrecht über vor Lebensenergie.

»Komm, wir haben für heute genug gearbeitet«, sagte er, als es gerade Mittag wurde, und ruft euphorisch: »Jon! Hol den Wagen!«

Jon ist ein junger Mann aus Navarra, Karatemeister. Er umklammert das Lenkrad, als säße er im Cockpit eines Formel-1-Rennwagens. Wir nehmen Kurs auf den Hof der Freunde – nicht nur, um die baskische Seele zu entdecken, sondern auch, um der baskischen Kochkunst zu huldigen.

Hinter dem Paß von Urkiola öffnet sich unter uns eine Ebene mit einem alleinstehenden Gutshof – unser Ziel. An diesem Nachmittag lerne ich die Freunde aus seiner engsten Umgebung kennen und komme in den Genuß einer Mahlzeit, so köstlich und opulent, wie sie nur baskische Gastgeber zustande bringen. In diesem Haus werden die köstlichste Paprika, der beste Seehecht und die saftigsten Koteletts der ganzen Region zubereitet.

Anschließend, bei einem Glas Whisky oder Pacharán, teilen wir uns für die Muspartie, die jetzt nach altem Brauch fällig ist, in Paare auf. Das Spielergebnis wird im Besucherbuch des Gutshofs von Abadiano festgehalten. Gemeinsam tafeln – eine Möglichkeit, mit der herzlichen Seite dieses Volkes in Berührung zu kommen, dieser Leute, die sich im besten Fall als beides verstehen: als Basken und als Weltbürger.

Auf einem Spaziergang über die Felder frage ich Jesús Ormazábal nach seiner Meinung über seinen Freund Ignacio. »Vor allem«, antwortet er, »gehört Ignacio zu der Art Freunde, die jederzeit bereit sind, dir einen Gefallen zu tun. Auf einer Wallfahrt z. B. übernahm er einmal die Nachtschicht am Grab des Heiligen, vor der sich alle anderen drückten. Er setzte sich mit seinen Büchern neben das Grab und studierte und arbeitete während der Wache. Für jedes seiner Vorhaben setzt er sich einen bestimmten Termin, und stets erreicht er sein Ziel auf dem einfachsten Weg. Er strahlt Vertrauen aus, und er hat tatsächlich Vertrauen in sein Team. Stets heißt es: ›Das kannst du‹, und dann schaffst du's tatsächlich. Ich erinnere mich, daß wir auf einer Reise nach São Paulo um Mitternacht in unser Hotel kamen. Als wir die Besprechung für den nächsten Tag planten, setzte er sie auf sieben Uhr morgens an, und zwar mit solcher Bestimmtheit, daß niemand zu widersprechen wagte. Er versteht, ein Team zu führen. Wenn dir etwas mißlingt, muntert er dich auf und sagt: ›Das kannst du besser.‹ Er schläft kaum. Wenn du glaubst, früh aufgestanden zu sein, dann ist Ignacio mit Sicherheit schon seit zwei Stunden auf den Beinen.«

Beim Abschied von den Freunden in Otxandiano war ich sicher, irgendwann zurückzukommen. Wir fuhren nach Busturia zurück, um unsere Arbeit fortzusetzen. Von unserer Kapitänskajüte aus begaben wir uns wieder auf die Reise in die Vergangenheit.

Wo war ich heute morgen stehengeblieben? Ja, ich erinnere mich. Ich sprach vom Baskenland.

Amorebieta bedeutete für mich alles. Dieses Dorf war für mich der Erdball, das Baskenland das Universum. Mein Sonnensystem bestand aus Amorebieta und Euzkadi. Wenn man mir einen Bleistift oder einen Kugelschreiber schenkte, probierte ich ihn aus, indem ich »Amorebieta« schrieb – ein Zauberwort. Ich liebe dieses Land abgöttisch. Heute fühle ich mich noch genauso als Hiesiger wie damals. Ich bin stolz, aus dieser Gegend zu stammen, und meine Zuneigung zu diesen Menschen hier ist grenzenlos.

In einem Punkt waren alle meine Klassenkameraden auf einen gemeinsamen Nenner zu bringen: Alle liebten wir unser Volk. Aber damals war es verboten, das Wort »Euzkadi« auch nur auszusprechen. Das konnte dich ins Gefängnis bringen.

Als ich mich auf die Universität vorbereitete, machte ich meine erste größere Reise, nach Barcelona. Später zog ich nach Valencia um. Für mich war es ein Schock, dieses geliebte Land verlassen zu müssen. Ich war wie versteinert angesichts der Ebenen von Monegros; die Landschaft kam mir vertrocknet vor und alle Häuser grau. Welch ein Unterschied zum Baskenland! Gut, wir hatten damals einen sehr heißen Sommer, und die Felder waren verdorrt. Noch kannte ich den zauberhaften Frühling dieser Gegend nicht. Aber wenn man für diese Liebe zu meiner Heimat kein Verständnis hat, ist jedes Gespräch sinnlos. Ich spreche von Gefühlen. Wer die nicht versteht, der wird auch sonst nicht viel verstehen.

Unser Hang zur Universalität rührt von der Armut dieses Landes her. Hier ist es gebirgig wie in Machu-Picchu*. Bevor sich die Industrie hier ansiedelte, lebten alle von der Landwirtschaft, und alle waren arm. Bei uns gab es ein altes, weises Gesetz aus dem 18. oder 19. Jahrhundert. Es verbot, die Höfe zu teilen. Die Ländereien waren von Natur aus klein – wer drei Hektar besaß, durfte sich schon als König fühlen. Hätte man diese Höfe aufgeteilt, wären alle verhungert. Deshalb wurden die Höfe stets dem ältesten Sohn vererbt. Unter diesen Umständen waren alle nachfolgenden Söhne gezwungen, ihr Glück anderswo zu suchen. Eine Möglichkeit war, Priester zu werden. Oder aber man machte ein Sägewerk auf oder gründete einen kleinen Industriebetrieb. Oder man wanderte aus. Aber das Heimweh treibt dich immer wieder zurück.

Ich kenne einen außergewöhnlichen Mann, der heute bei einer großen Genossenschaft arbeitet. Er erzählte mir, daß er in den harten Zeiten, als viele auswanderten, von Palencia ins baskische Mondragón gezogen ist. Hier lernte er zwei verschiedene Welten kennen: die Welt der Basken und die der Zugezogenen. Zwei Kreise, die keinerlei Berührung miteinander hatten.

Bevor er nun andere beschuldigte, setzte er alles daran, sich

---

* Inkastadt im peruanischen Hochland.

selbst anzupassen und unsere Lebensweise zu verstehen. Er nahm sich vor, die unsichtbare Barriere zu durchbrechen und einer von uns zu werden. Er ging in die Bars der Arbeitervereine, lernte Baskisch und machte sich mit der Welt der Arbeiter vertraut. Heute ist er ein im ganzen Baskenland anerkannter Mann, und niemand würde ihm die Ehre streitig machen, sich als Baske fühlen zu dürfen. Dieser Mann hat mir die Lösung eines Problems offenbart: Oft ist es besser, anstelle von Logik und Dialektik auf Verständnis und gegenseitigen Respekt zu setzen.

Uneingeschränktes Matriarchat

In jenen Zeiten herrschte in dieser Gegend das Matriarchat. Zu Hause hatte die Mutter das Sagen, und so ist es bis heute geblieben. Aber gleichzeitig legte sie das Fundament für das Ansehen ihres Mannes. Für meine Mutter war der Mann das Wichtigste im Haus. Aber sie bestimmte den Alltag zu Hause so vollständig, daß sie sogar die Unterschriftsvollmacht besaß, obwohl das nach baskischem Recht illegal war.

Im Bürgerkrieg ist Amorebieta genauso bombardiert worden wie Guernica, aber es gab keinen Picasso, der die Katastrophe meines Dorfes gemalt hätte. Die Legion Condor hat es fast vollständig zerstört. Meine Mutter, die wußte, daß es eines Tages wieder aufgebaut würde, entdeckte, daß es gegenüber dem Rathaus ein schönes Haus gab, nicht weniger zerstört als die meisten anderen. Als das Grundstück zum Verkauf angeboten wurde, entschloß sie sich zum Kauf, weil es die beste Lage im ganzen Dorf hatte. Aber sie hatte kein Geld. Grundstück und Haus sollten 10 000 Peseten kosten – ein Vermögen in jenen Tagen. Aber sie, weder faul noch dumm, fuhr trotzdem nach Bilbao.

Damals nach Bilbao zu fahren war etwa so wie heute von Busturia nach Washington. Sie sprach mit den Schwestern meines Vaters, und alle zusammen suchten sie den Hausbesitzer auf. Als der Eigentümer zu erkennen gab, daß ein weiterer Käufer dieselbe Summe geboten hatte, zückte meine Mutter 1 000 Peseten – ihre gesamten Ersparnisse – und legte sie auf den Tisch.

»Hier ist die Anzahlung.«

»Wenn Sie eine Anzahlung machen, bekommen Sie das Haus«, sagte der Besitzer. Und der Kaufvertrag wurde unterzeichnet. Auf dem Rückweg redeten ihr die Schwestern ins Gewissen:

»Wie kannst du dich auf einen solchen Wahnsinn einlassen? Das ganze Geld rauszuwerfen! 10 000 Peseten sind ein Vermögen!«

Und daheim sagten sie zu meinem Vater:

»Du glaubst nicht, was deine Frau gemacht hat. Sie hat sich verpflichtet, für ein Haus 10 000 Peseten zu zahlen!«

»Eine gute Entscheidung«, sagte mein Vater. »Weil es das beste Haus von ganz Amorebieta ist.«

Da waren sie still. Von nun an arbeiteten meine Eltern Tag und Nacht, um dieses Haus wiederherzustellen. Im Erdgeschoß eröffneten sie eine Bar; sie bedienten die Gäste und kümmerten sich gleichzeitig um den Hof, bis sie genug Geld für die nächsten Stockwerke hatten. Am Ende waren es fünf!

Mit so vielen Stockwerken war man ganz obenauf. Meine Mutter vermietete sie, damit sie ihren Kindern etwas vererben konnte. Sie kassierte die Miete, und sie unterschrieb die Quittungen. »150 Peseten Miete«, notierte sie und setzte dann darunter: »Der Besitzer, José Antonio López Aurrecoechea«. Aber die Unterschrift war ihre. Ein echtes Matriarchat, aber verbunden mit einer großen Achtung vor dem Mann.

Kann ich nicht gibt es nicht

»Heute nachmittag kommen meine Mutter und meine Schwester Maria Jesús.«

Mehr verriet er nicht. Er wollte, daß ich durch sie einen Einblick in jene vierte Dimension bekäme, die sich in der Vergangenheit jedes Menschen verbirgt. Das Gesicht der Mutter von Ignacio López strahlte Zuversicht und Weisheit aus, ein Ausdruck, der alle baskischen Frauen auszeichnet. Als die Rede auf ihren Sohn kam, brach sie ihr anfängliches Schweigen.

»Wir hatten einen schönen Hof. Dort sind meine beiden Kinder aufgewachsen, zusammen mit ihren Großeltern und zwei ledigen Tanten, Schwestern meines Mannes. Der Junge war schon immer so, wie er ist. Dann kam, fünf Jahre später, Maria Jesús. Weil seine Schwester seinen Namen nicht richtig aussprechen konnte, nannte sie ihren Bruder Josín.

Heute mache ich mir ein wenig Sorgen um meinen Sohn. Unser Gemeindepfarrer sagte mir kürzlich: ›Beruhige dich. Dein Sohn wird vorankommen, weil er Glauben besitzt und Gott ihn beschützt.‹

Nun gut, alles wird schon irgendwie gutgehen. Er wird seine Geschäfte weiterführen. Für Arbeit und Maschinen hat er ja immer geschwärmt. Von klein auf hat ihm sein Vater von seinem Chef erzählt, dem Ingenieur von Izar, dem hat er wohl nachgeeifert. Als er zum Kommunionsunterricht ging, war der Pfarrer von ihm so beeindruckt, daß er eines Tages sagte: ›Den nehme ich mit nach Durango zu den Jesuiten, damit sie was aus ihm machen.‹ Mit neun ist er dann auf die höhere Schule gekommen, und der Direktor des Jesuitenkollegs schrieb an unseren Pfarrer: ›Sag seinen Eltern, daß sie uns den Jungen schicken, und wir bereiten ihn hier in Durango aufs Abitur vor.‹ Wir waren gerade im Garten bei der Arbeit, Großmutter und ich, da kam der Pfarrer, um zu sehen, ob wir den Jungen zu den Jesuiten geben würden. Bevor ich etwas sagen konnte, antwortete Großmutter: ›Kommt gar nicht in Frage. Wir lieben unseren Jungen. Wenn er achtzehn ist, geben wir ihn frei, aber bis dahin bleibt er zu Hause. Den werdet ihr uns nicht entführen mit seinen sechs Jahren.‹

Als er sein Ingenieurstudium beendet hatte, war Don Sebastián, der Pfarrer, der erste, der zu uns auf den Hof kam. Er sagte zu José: ›Du hast viel geleistet, aber deine Eltern und Großeltern genauso. Vergiß nicht, wieviel sie für dich gearbeitet haben.‹ Und er hat uns tatsächlich nie vergessen.

Wenn jemand zu seinem Vater kam und ihm sagte, dies und das sei unmöglich, antwortete der: ›Kann ich nicht gibt es nicht.‹ Er legte sich unter die Maschine, reparierte sie, setzte sie in Betrieb und sagte: ›Da siehst du, wie man kann.‹ Damals gab es noch keine Traktoren, und sein Vater wollte dreijährige Kühe zur Arbeit auf den Feldern einsetzen. Ich versuchte ihm klarzumachen, daß sie zu jung für die Feldarbeit seien. ›Kann man nicht gibt es nicht‹, sagte er – und er gab der Dreijährigen eine ausgewachsene Kuh zur Seite, gewissermaßen als Lehrerin. Und er hatte recht, so ging es.«

Nachdem sie diese Geschichten erzählt hatte, schaute sie ihren Sohn unverwandt an, wie hypnotisiert, als errate sie instinktiv, welchen Gefahren er ausgesetzt war und sein wird.

»Es gäbe noch mehr über Ignacio zu berichten. Aber das soll er besser alles selbst erzählen«, sagte sie beim Abschied.

2 Ingenieur werden – koste es, was es wolle

Am 14. April 1992 wird der einundfünfzigjährige José Ignacio López zum Vizepräsidenten von General Motors weltweit ernannt, verantwortlich für alle Einkäufe des Firmenimperiums, und verfügt damit über ein Jahresbudget von 55 Milliarden Dollar. Sein Freund Jack Smith war einige Jahre zuvor durch seine Erfolge auf ihn aufmerksam geworden, die im General-Motors-Werk von Figueruelas (Zaragoza) begonnen und sich bei Opel in Rüsselsheim fortgesetzt hatten.

Die nordamerikanische Presse reagierte überrascht auf diese Nachricht. Ein »baskischer Bauer«, wie ihn ein Journalist aus Detroit nannte, sollte den zweitwichtigsten Posten des größten US-Unternehmens bekleiden. Die letzten Geschäftsergebnisse von General Motors waren alles andere als gut gewesen – jetzt brauchte man jemanden, der das Steuer herumreißen konnte.

Die Zeitschrift *Automotive News* veröffentlichte einige Fakten aus dem Berufsleben dieses Ingenieurs, der da soeben auf dem heißen Pflaster der Autohauptstadt Detroit gelandet war. »López und sein Team haben bei der Firma Siemens eine Montagestraße für Klimaanlagen unter die Lupe genommen und ein System entwickelt, das zu einer 86prozentigen Steigerung der Produktivität, einer 86prozentigen Reduzierung der Produktionszeit und einer 20prozentigen Senkung der Gesamtkosten geführt hat.« Weiter im Text nannte das Blatt ähnliche Beispiele aus anderen Unternehmen, so etwa der

Fall Bosch, wo es López gelungen war, die Produktivität um 36 Prozent zu steigern.

Einige nannten ihn »López den Schrecklichen«. Aber die Medien hoben vor allem die neue Philosophie dieses Absolventen der *Escuela de Industriales* in Bilbao hervor. »López setzt auf enge und dauerhafte Beziehungen zu den Zulieferern. Leicht austricksen läßt er sich nicht. Er legt Wert darauf, daß Beschlüsse umgesetzt werden, und vor allem, daß sie so gut wie möglich umgesetzt werden.«

Ich erinnere mich an seine Bemerkung einem amerikanischen Journalisten gegenüber. Er erklärte, daß ihn »Theorien über Unternehmensorganisation, die auf Instituten oder an Universitäten gelehrt werden, ebensowenig interessieren wie billige Erfolgsphilosophien. Ich bin mir bewußt, daß man von mir vom ersten Tag an Ergebnisse erwartet. Bei anderen Gelegenheiten habe ich sie bereits geliefert, aber diesmal handelt es sich um das Hauptquartier von General Motors in Detroit. Ich glaube, daß ich eine wichtige Aufgabe habe: das größte Unternehmen dieses Landes zu retten und, ganz nebenbei, die westliche Zivilisation davor zu bewahren, ihre industrielle Basis einzubüßen.«

Sechsundzwanzig Jahre bevor er nach Detroit kam, hatte er sein Ingenieurstudium abgeschlossen, nachdem er jahrelang zwei Stunden Zugfahrt von Amorebieta nach Bilbao und zurück auf sich genommen hatte, um auch während seines Studiums in seinem Heimatdorf wohnen zu können.

»Kennst du die Geschichte von der Gazelle und dem Löwen?« fragte er mich einmal. »Beide wachen morgens im Dschungel auf und wissen: Wenn sie überleben wollen, müssen sie rennen. Die Gazelle muß versuchen, dem Löwen zu entkommen, sonst wird sie gerissen, und der Löwe muß die Gazelle jagen, sonst muß er verhungern. Es ist also egal, ob du Gazelle oder Löwe bist – sobald die Sonne aufgeht, mußt du losrennen, andernfalls bekommst du Probleme ... Nun gut, ich stehe tatsächlich jeden Tag in aller Frühe auf, um mich so bald wie möglich an die Arbeit zu machen. Schon damals, als ich den Zug nach Bilbao nehmen mußte, war ich immer vor Sonnenaufgang auf den Beinen.«

Studium mit Hindernissen

Die Vorbereitungskurse auf das Studium absolvierte ich in Bilbao. Mein Dorf verlassen, um in die Provinzhauptstadt zu gehen – das bedeutete für mich, in eine andere Welt einzutauchen. Aber mich erwartete ja die Ingenieurschule. Der Wunsch, Ingenieur zu werden, hatte mich während meiner ganzen Jugend beflügelt. Nichts wünschte ich mir sehnlicher!

Mich erwarteten zwei Vorbereitungsjahre und fünf Jahre Studium. Insgesamt also sieben Jahre, wenn nichts schiefging. Wer in einem der beiden Vorbereitungskurse versagte, wurde der Schule verwiesen. Ich lernte wie ein Besessener.

Im ersten Vorbereitungsjahr wurden wir jedes Trimester in allen fünf Fächern geprüft: Mathematik, Physik, Chemie, Geologie und Biologie. Ich konzentrierte mich dermaßen auf meine Arbeit, daß mir schließlich das Wunder gelang: Ein Junge vom Dorf studierte in Bilbao an der technischen Hochschule! Und das trotz der zwei Stunden Zugfahrt täglich, die ich dazu nutzte, meine Aufzeichnungen noch einmal durchzugehen – allerdings bei einer Beleuchtung, die diesen Namen nicht verdiente. Ich bestand alle Trimesterprüfungen in allen Fächern. Wenn man das schaffte, wurde einem das Jahresabschlußexamen erlassen. Das schafften gewöhnlich nur fünf oder sechs von sechzig.

Mir wird immer klarer, zu welchen Leistungen man sich aufschwingen kann, wenn man sein ganzes Interesse auf ein Ziel richtet. Mit neunzehn Jahren spielt jeder gern Fußball oder trifft sich mit Mädchen oder geht tanzen. Aber ich brauchte alle Zeit für mein Studium. Es hat mich unsägliche Überwindung gekostet, standhaft zu bleiben, wenn meine Freunde loszogen. Wenn ich mir tatsächlich einmal erlaubte, ins Kino zu gehen, wurde Fußball gestrichen. Außerdem hatte ich auch an den Samstagen Kurse belegt. Sonntags ging ich schon um sieben zur Messe, um mir die Hauptmesse um halb elf zu ersparen – die dauerte länger. Meine Eltern gingen sogar früher zur Messe, um sechs.

Mein Ingenieurstudium entwickelte sich zu einem mühsamen Hürdenlauf. Meine Entschlossenheit half mir zwar, gegen den Strom zu schwimmen und durchzuhalten, aber in dieser Art Studium steckte kein Funke Kreativität, so wie ich es früher in meiner Familie erlebt hatte, in der Schule von Etxano oder Berriochoa oder auch während meines Praktikums in der Fabrik von Izar.

Mein Mathematikprofessor immerhin war ein hervorragender Lehrer, bei ihm studierten wir auch Unternehmensorganisation. Trotzdem – ich litt wie ein Hund; dabei sollte die Universität doch ein Training sein, eine Schule der Kreativität, eine Motivation. Nicht wenige Professoren waren der Überzeugung, daß es ihrem Ruf förderlich sei, so viele Studenten wie möglich durchfallen zu lassen. Einige dieser Lehrkräfte waren in der Industrie gescheitert und an die Universität geflüchtet. Sie hatten keine Ahnung davon, wie man Inhalte anregend vermittelt.

Ich habe das Studium vor allem deshalb erfolgreich abgeschlossen, weil ich es als persönliche Herausforderung ansah. Wenn ich das nicht geschafft hätte, wäre ich mir als Versager vorgekommen, ich wäre vor Scham gestorben. Also studierte ich trotz der Verhältnisse, die an der Ingenieurschule herrschten, und nahm alle Hürden. Aber oft habe ich gedacht: Ist das die Mühe wert?

Ja, sie ist es wert. Schwierigkeiten bereiten dich aufs Leben vor. Natürlich – man hätte das Studium intelligenter aufziehen können, unseren Horizont erweitern, unsere Kreativität wecken, uns in unserer Motivation bestärken können, uns

Praktika in Werkstätten und Labors anbieten können, statt nur mit dem Stock zu drohen. Dennoch – man hat uns so zumindest auf die Härte des Lebens vorbereitet und an Opfer gewöhnt; auch daran, Ungerechtigkeit zu ertragen. Einige Professoren rühmten sich, 80 bis 90 Prozent der Studenten durchfallen zu lassen. Im zweiten Kurs bestanden nur vier von sechzig die Prüfungen in Mathematik, zwei, die den Kurs wiederholten, und zwei Neulinge. Wenn ich Rektor dieser Universität gewesen wäre, hätte ich diesen Professor verwarnt.

Der Professor für Geometrie hielt überhaupt keine Lehrveranstaltungen ab, null. Er brüstete sich damit, sein Beruf bestehe aus Golfspielen. Seine Prüfungsfragen aber waren extrem schwierig. Wir waren gezwungen, Einzelunterricht zu nehmen, wenn wir überhaupt nur Grundkenntnisse in diesem Fach erwerben wollten. Ich bestand, aber die Prüfung war ein Hammer: Zeichnen Sie die Schnittfläche eines parabolischen Hyperboloiden mit der Uneigentlichen Ebene. Ich mußte jeden Punkt der Kurve dieser Schnittfläche des Hyperboloiden mit der Uneigentlichen Ebene grafisch nachzeichnen, Punkt für Punkt, und jeder Punkt kostete mich eine halbe Stunde – eine Arbeit von vier oder fünf Stunden. Natürlich hatte dieser Professor uns vorher nicht gezeigt, wie man das macht. Ein Kampf war das, eine Qual – und dabei hätte das Studium auch eine glückliche Zeit sein können, genau wie die Kindheit. Eine arbeitsreiche Zeit, sicherlich, aber eben eine Zeit kreativer Arbeit, wenn man sokratisch vorgegangen wäre und das Studium mit praktischen Erfahrungen, mit der industriellen Wirklichkeit, mit dem Leben in Verbindung gebracht hätte.

Die Vorbereitungskurse haben mich abgehärtet, haben mich auf das anschließende Studium vorbereitet, auf die stundenlange – und wenn es sein mußte auch tagelange – Beschäftigung mit einem Thema. Aber meine Kreativität haben sie nicht geweckt. Weder Regeln noch Methoden ließen sich daraus gewinnen, nur Härte gegen sich selbst hat man dort gelernt.

Wenn heute meine Töchter von ihrem Studium sprechen, habe ich den Eindruck, daß das eine großartige Sache ist. Zum Beispiel das IESE in Barcelona: Dort wird man auf die Universität vorbereitet, indem die kreative Phantasie angeregt und das Verantwortungsgefühl gestärkt wird, indem die Lust auf Herausforderungen geweckt wird. Man müßte Studenten die Augen dafür öffnen, daß wir alle über die unerschöpfliche Fähigkeit verfügen, mit jedem beliebigen Problem fertig zu werden, daß wir alle genügend Energie besitzen, um die Welt zu verändern. Also ihnen Sicherheit geben, sie bestärken, unterstützen und loben.

Meine Töchter Irene und Begoña haben in den USA studiert, Mayte in der Schweiz und in England und dort gelernt, was Kreativität ist. Das Studium müßte eigentlich eine Zeit sein, in der man sein Potential entdeckt – und nicht das Gegenteil davon, wie zu meiner Zeit, als die Lehrer sich in diktatorische Methoden flüchteten und sich in ihrem Sadismus sonnten.

Ich erinnere mich an den ersten Streik in der Ingenieurschule von Bilbao. Im dritten Trimester hatten wir den Studentenvertreter erstmals demokratisch gewählt. Es hatte sich um eine geheime Wahl gehandelt, aber der Rektor wollte sie nicht anerkennen und annullierte sie. Wir verstanden das als Kriegserklärung und beschlossen zu streiken. Um zwei Uhr mittags schlossen wir uns in der Aula ein. Nach ein paar Stunden trafen die Kleinbusse der Guardia Civil ein. Sie umzingelten, bewaffnet mit ihren Karabinern, das Schulgebäude und ließen niemanden hinaus. Um halb neun kam ein Hauptmann von der Guardia Civil herein und drohte uns damit, jeden ins Gefängnis zu werfen, der sich weigerte, das Gebäude zu verlassen. Unser frischgewählter Vertreter meinte schließlich, daß wir es immerhin versucht hätten – und daß wir uns jetzt besser aus dem Staub machen sollten.

Die heutigen Universitäten sind mit dem, was wir kennengelernt haben, gar nicht zu vergleichen, und die Jugend von
heute sollte das Beste aus ihrer Studienzeit machen.

Unser größter Schatz –
die heutige Jugend

»Schauen wir uns die Nachrichten an.«
Es war kurz vor neun. Ignacio López warf einen Blick auf
seine Uhr, die er immer noch am rechten Handgelenk trug.
Ein Zeichen. Welche aktuelle Herausforderung wartete wohl
darauf, termingerecht und präzise erledigt zu werden? War
es, daß seine Firma López de Arriortúa & Associates mit Niederlassungen in Frankfurt, Hannover, Bilbao, Madrid, Barcelona, Málaga, Rio de Janeiro und São Paulo zum Motor der
Dritten Industriellen Revolution werden sollte? Oder ging es
um die Durchsetzung seines Neuen Paradigmas? Zur Schaffung neuer Grundlagen und zur Umstrukturierung der spanischen Industrie? Oder alles gleichzeitig?
Was auch immer sein derzeitiges Projekt sein mag, er arbeitet
in einem atemberaubenden Rhythmus. Um sieben Uhr morgens findet gewöhnlich die erste Besprechung statt. Zwei
Stunden später machen wir uns an unser Buchprojekt und arbeiten durch bis zum Einbruch der Nacht, ohne Pause. Bis
auf die vielen Telefonate, die er im Laufe des Tages mit seinen Mitarbeitern rund um den Globus führt. Vor dem Abendessen will er sich noch über das aktuelle Weltgeschehen in-
formieren. Seine Familie ist daran gewöhnt, mit dem Abendessen auf ihn zu warten.
Das erste Programm beginnt mit einer Kurzfassung der wichtigsten Ereignisse. López schaut schweigend zu. Streiks, Verhandlungen, Zusammenstöße im Baskenland und in Alba-
nien, Gewalt, Friedensverhandlungen, wachsende Arbeitslosigkeit...

»Siehst du«, sagt er, »wir brauchen erfolgreiche Unternehmen. Am Wohlstand müssen alle beteiligt werden. Die wichtigste Voraussetzung dafür ist, daß die Jugend Zugang zur Arbeitswelt hat.«

Ohne den Blick vom Bildschirm abzuwenden, fährt er fort: »Ich glaube hundertprozentig an die heutige Jugend. Sie ist unendlich viel besser dran als wir zu unserer Zeit. Sie ist besser vorbereitet, sie ist kreativer, sie will arbeiten und ist mit wacher Intelligenz und mit dem Herzen dabei. Die Jugend ist der größte Schatz dieses Landes. Sie ist großzügig und kreativ. Wir dürfen nur nicht den Fehler begehen, sie von der Arbeit auszuschließen. Wenn die Gesellschaft jungen Menschen nichts als Arbeitslosigkeit zu bieten hat, dann müssen sie selbst die Zügel in die Hand nehmen und eigene Unternehmen gründen. Drei oder vier tun sich zusammen und gründen ihre eigene Gesellschaft. Wenn sie das tun, werden sie Erfolg haben...«

Keine Frauen – vorerst!

Die Besessenheit, mit der ich Ingenieur werden wollte, hat mich zu vielen persönlichen Opfern gezwungen, weil ich die meiste Zeit mit Arbeit verbrachte. Einige meiner Kommilitonen waren sehr intelligent, und es gab eine Art versteckten Numerus clausus: 80 Prozent ließ man prinzipiell durchfallen. Ließ ein Professor mehr als 20 Prozent bestehen, galt sein Fach als Kinderspiel.

Meine Mutter hatte mir unterschwellig eingeredet, daß alle, die mit Mädchen ausgingen, früher oder später ihr Studium abbrechen würden. Sie erzählte mir eine Geschichte nach der anderen von Leuten, die ihr Studium aufgegeben hätten.

Ich war daher so wild entschlossen, mein Studium zu beenden, daß ich mir schwor, bis zum erfolgreichen Abschluß auf eine feste Freundin zu verzichten. Wenn ich zwischen Fuß-

ball und Tanzengehen zu wählen hatte, entschied ich mich
für Fußball. Meine Freundinnen fragten sich: Was haben wir
dem bloß getan?, weil sie mich kaum zu Gesicht bekamen.
Nicht, daß die Mädchen von Amorebieta mir nicht gefallen
hätten. Sie waren sehr gutaussehend, auch sehr nett, aber ich
hatte mir vorgenommen: Hände weg, solange du studierst.
Wir hatten einen jungen Pfarrer, Don Pedro Berrioategortúa,
der die Gemeindejugend und die Acción Católica organisier-
te. Ich ging zum Beichten zu ihm. Wir waren gut befreundet.
Einmal sagte er mir:
»Hör mal, wieso machst du dir eigentlich nichts aus
Mädchen? Komm schon, geh mit ihnen aus.«
»Mensch, Don Pedro«, habe ich ihm gesagt, »ich muß studieren. Ich habe mir geschworen, keine feste Freundin zu haben,
bis ich fertig bin.«
Einige waren mit zwanzig schon verlobt. Ich mit meinen vier-
undzwanzig hatte nicht einmal eine Freundin. Es hätte mir
schon gefallen, aber – es ging eben nicht.
Ich beendete mein Studium einen Tag vor San Pedro*. Es
stand nur noch die Prüfung in Turbinentechnik aus. Um
sechs Uhr abends sollte es losgehen, und um fünf waren wir
alle versammelt. Nach einer Stunde kommt der erste heraus
und sagt niedergeschlagen:
»Durchgefallen.«
Ach du grüne Neune, der arme Kerl! Ich bekomme das Zit-
tern. Der nächste bleibt anderthalb Stunden drin und kommt
dann herausgehüpft:
»Bestanden!«
So geht das weiter, bestanden, durchgefallen, bestanden,
durchgefallen – ich bin mit den Nerven am Ende. Das nennt
man Psychoterror. Als ich an die Reihe komme, denke ich:
Jetzt geht's um die Wurst. Wenn ich durchfalle, sterbe ich. Ich

---

* San Pedro, Feiertag Ende Juni zu Ehren des heiligen Petrus.

gehe also hinein, und Aspiazu, einer der besseren Professoren, sagt:

»Sind Sie genauso gut vorbereitet wie in der Prüfung über Motortechnik?«

»Jawohl«, sage ich.

Er liest das Prüfungsthema vor: Berechnung des B-Flügels. Ich schreibe die ganze Tafel mit Formeln voll, und nach einer Weile kommt er auf mich zu und fragt:

»Wie sind sie zu diesem Schluß gekommen?«

»Na ja, ich habe den Differentialquotienten errechnet, dann den Bereich gewechselt, und dann...«

»In Ordnung«, unterbricht er mich, »sehr gut, Sie haben bestanden. Mit Zwei.«

In diesem Fach eine Zwei – das war der helle Wahnsinn. Ich stürzte hinaus – die Welt lag mir zu Füßen! Meine Freunde daheim wußten, daß sich mein Schicksal an diesem Abend entschied. Sie erwarteten mich in einer Bar in Amorebieta. Als ich eintrat, fragten mich zwanzig Freunde im Chor: »Na – und?«

»Bestanden!« brüllte ich.

Es wurde mit Champagner gefeiert. Ich habe nie Wein angerührt, weil meine Mutter mir eingeredet hatte, daß Wein für Kinder schädlich sei; auch beim Kochen verwendete sie keinen Wein. Noch heute kann ich keinen Wein trinken. Nun gut, höchstens wenn ich mich mit einer Flasche Rioja in einer Wüste verirrt hätte und kurz vor dem Verdursten wäre. Niemand ist vollkommen. Ich bin jedenfalls die ganze Nacht durch die Bars gezogen und habe das erfolgreiche Ende meines Studiums mit Orangensaft begossen. Es war ein umwerfendes Fest. Der Junge aus Amorebieta hatte es zum Ingenieur gebracht!

Margari

Das Studium war vorbei. Es war der Schlüssel zu einer neuen Welt, und kaum hatte ich sie betreten, wurde ich für alle Anstrengungen und Opfer mit dem Hauptgewinn entschädigt: Margari. Ich kannte Margari vom Sehen. Sie war bildschön und gebildet. Sie hatte Englisch in London und Französisch in Paris studiert. Wir bewunderten sie alle. Also los, sagte ich mir. Es war Ende Juni, der Tag des San-Pedro-Festes, und wir machten einen Ausflug zum Strand von Laida.

»Hör mal«, sagten die Freunde aus meiner Clique zu mir, »komm uns heute abend nicht wieder mit der Geschichte, daß du nichts mit Mädchen zu tun haben willst.«

Zu unserer Gruppe gehörte auch Margari. Ein Freund machte uns miteinander bekannt:

»Das ist José Ignacio. Das ist Margari.«

»Hallo, Margari, wie geht's?« sagte ich.

»Hallo, López, alles klar?« gab sie zurück.

Und mit diesem »López« traf sie mich ins Herz. Das war wie eine Geheimbotschaft. Von nun an sprachen wir häufiger miteinander, gingen zusammen aus und verliebten uns ineinander.

Am 20. Dezember 1966 mußte ich zum Militär, und zwar als Fähnrich zur Artilleriekaserne in Getafe bei Madrid. Der Oberst dort hieß Gutiérrez Mellado, er wurde später Generalleutnant und Vizepräsident der Regierung.

Aber Weihnachten stand vor der Tür, und ich konnte mich unmöglich davonmachen. Ich wollte zu Hause feiern und beschloß, in Amorebieta bei meiner Familie zu bleiben, so daß ich erst am 28. einrückte. Als ich in Getafe ankam, waren sie kurz davor, mich als fahnenflüchtig zu melden. Meine Freunde waren furchtbar aufgeregt: »Wo warst du? Was hast du gemacht? Der Oberst wird dir einheizen, das gibt Arrest.« Am nächsten Tag stelle ich mich beim Oberst vor:

»Zu Befehl, Herr Oberst, Fähnrich López. Eingetroffen!«

Und dieser Mensch sagt zu mir:

»Sag mal, Junge, wo hast du bloß gesteckt? Ich dachte schon, du hättest dich verdrückt. Was hast du denn gemacht?«

»Herr Oberst, meine Schwester hat geheiratet, und außerdem war es die letzte Gelegenheit, gemeinsam Weihnachten zu feiern. Ich konnte meine Eltern nicht allein lassen.«

»Gut«, sagt er, »aber diese acht Tage hängst du hinten dran!« Und damit ließ er mich laufen – kein Arrest, kein Gefängnis. Ich wurde zum Wachdienst eingeteilt. Die Offiziere fuhren in Ferien, und ich feierte mit meinen Kameraden Silvester.

Am Tag der Heiligen Drei Könige wird in dem schönen Kasino von Bermeo, einem Nachbarort von Amorebieta, eine Fiesta gefeiert, auf der die ganze Nacht durchgetanzt wird. Das ist einer der Höhepunkte im Festkalender der ganzen Region. Margari ging hin, das stand fest. Ich dachte: Margari ist in Bermeo, und ich sitze hier auf glühenden Kohlen; ich werde auch hinfahren. Nun war ich aber Wachoffizier und gleichzeitig Offizier vom Dienst der Artilleriekaserne von Getafe. Also ging ich zum Feldwebel und sagte ihm:

»Paß auf, ich muß weg, weil ich eine Verabredung habe. Wenn etwas vorfällt, rufst du mich an, aber ich kann mir nicht vorstellen, daß was passiert...«

Der Feldwebel sah mich erschrocken an, da ich aber sein Freund und Vorgesetzter war, erklärte er sich einverstanden. Für den Fall, daß doch etwas Unvorhergesehenes eintrat, sollte er sagen, ich sei krank gemeldet. Am 5. Januar nahm ich den Talgo nach Bilbao, fuhr weiter nach Bermeo und tanzte die ganze Nacht mit Margari im Kasino. Im Morgengrauen trennten wir uns, jeder ging seiner Wege. Ich wieder zum Zug, und am 7. Januar um Viertel vor neun melde ich mich in der Kaserne zurück. Ich frage den Feldwebel, ob irgend etwas vorgefallen sei. Nichts, sagt er. Um neun trifft der Oberst ein. Ich salutiere:

»Keine besonderen Vorkommnisse in der Kaserne!«

»Wie war der Jahreswechsel?« fragt Gutiérrez Mellado.

»Wunderbar, Herr Oberst, alles in bester Ordnung.«

Am nächsten Tag schneite es in Madrid. Ich war im Offiziersflügel der Kaserne untergebracht, aber meine Kameraden, die anderen Fähnriche, wohnten in Madrid. Wegen des Schnees kam ihr Bus mit einer Viertelstunde Verspätung. Ich war auf meinem Posten, als mich ein Hauptmann fragt:

»Wo ist denn Fähnrich Soundso?«

»Ist noch nicht eingetroffen, Herr Hauptmann. Die Straßen sind so verschneit...«

Er ordnete an, der Gesuchte solle sich gleich nach der Ankunft in seinem Büro melden. Als er eintraf, erinnerte ihn der Hauptmann an die militärische Disziplin, machte ihm die Hölle heiß, verdonnerte ihn zu zwei Wochen Arrest und stellte mich obendrein als Paradebeispiel für soldatische Gesinnung hin.

Zufällig forderte die Kaserne von Cerro Muriano in dieser Zeit einen zusätzlichen Offizier an, weil einer durch Krankheit ausgefallen war. Obwohl es eigentlich mich hätte treffen müssen, schickte der Hauptmann diesen armen Burschen, der gerade den Arrest hinter sich hatte. Pech. Denn Cerro Muriano stand im Ruf, ein hartes Pflaster zu sein, kaum Trinkwasser, katastrophale Zustände. Man erzählte sich hinterher, es sei ihm ziemlich dreckig ergangen.

So also hat es mit Margari angefangen. Bermeo war der Prüfstein gewesen, und die Beziehung entwickelte sich sehr gut.

Ein besonderer Drechsler

Im Laufe meines Lebens habe ich von Arbeitern viel gelernt, habe von ihrer Berufserfahrung und ihrer Kreativität profitiert. Später habe ich dieses Wissen dann angewandt, neue Methoden daraus entwickelt und dem industriellen Fertigungsprozeß in den verschiedenen Fabriken angepaßt, in denen ich gearbeitet habe. Ich erinnere mich, daß mir einmal ein Füllfederhalter kaputtging, an dem mir sehr lag, weil er ein Geschenk meines Vaters war. Die Drehkappe zum Einfüllen der Tinte war durch den ständigen Gebrauch ausgeleiert. Ich kannte einen Drechsler – er war etwa sechzig – und fragte ihn:

»Hör mal, könntest du mir einen Federhalter reparieren?«

Der Mann schaute über seinen Brillenrand und sagte:

»Ja, das kriegen wir schon hin.«

Er ging in sein Lager, nahm sich ein Stückchen Metall und sagte:

»Schau her, wie man das macht.«

Er zeigte mir ein rechteckiges Bronzeplättchen. Er setzte einen Bohrer an, machte ein Loch, feilte dann so lange daran, bis es eine Stärke von 2/10 mm hatte, und rollte es zu einem ganz feinen Röhrchen zusammen. Dann nahm er die Kappe, bastelte noch ein Röhrchen und steckte es hinein, nachdem er Maß genommen hatte. Schließlich setzte er alles zusammen, und zwar ohne einen Tropfen Klebstoff, nur vom Druck zusammengehalten. Alles paßte perfekt. Ich war voller Bewunderung. Dieser Mann, der im Trainingsanzug herumlief und so unscheinbar war, verfügte über ein gewaltiges Wissen, über einen enormen Erfahrungsschatz. Auf diese Weise entstand meine Theorie. Neben der Kreativität meiner Mutter und dem Einfallsreichtum meines Vaters haben mich solche Beobachtungen auf das Neue Paradigma gebracht, in dessen Zentrum die Achtung des Arbeiters steht. So lernte ich dazu, von der harmlosen Mechanik kleiner Maschinen über das technische Zeichnen bis hin zu den komplizierteren technischen Bereichen. Ich war viel mit meinem Vater zusammen, der unermüdlich versuchte, mir etwas beizubringen, mir neue Wege zu zeigen; und ich war stolz darauf, daß ich bei ihm sein durfte.

Die Ingenieurschule dagegen bedeutete, zu einer Elite zu gehören. Da trugen alle den Kopf in den Wolken und hielten sich für die Spitze des Eisbergs. An der Universität wäre niemand auf die Idee gekommen, dir den Rat zu geben, in einer Werkstatt praktische Erfahrung zu sammeln. Mein Vater ist es gewesen, der mich dorthin mitnahm, in seine Fabrik in Izar. Der Geruch einer Fabrik nach Schmiermittel, nach Bohröl, nach Hobelspänen und Lötfett – dieser Geruch ist für mich das köstlichste Aroma der Welt. Eine Fabrik besuchen und überall herumlaufen, das war für mich das reine Vergnügen. Und das ist es bis heute geblieben.

Mein Bruder Josín

Wenn Maria Jesús López von ihrem Bruder spricht, kommt sie ins Schwärmen. Sie teilt mit ihrem Bruder nicht nur die Kindheitserinnerungen, sondern auch den Glauben, das Vertrauen zu den Menschen, die herzliche Verbundenheit mit ihrer Familie, die Liebe zu ihrer Heimat und die Überzeugung, daß man andere am eigenen Glück teilhaben lassen soll.

»Mein Bruder ist ein wunderbarer Mensch, der fest an seine Mitmenschen glaubt. Wenn du ihm sein Wort gibst, ist ihm das genausoviel wert wie jeder Vertrag.

Manchmal bekamen wir für eine kleine Arbeit von den Eltern Geld. Josín überlegte sich dann: ›Was machen wir mit dem Geld?‹ – und schickte es einem Wohltätigkeitsprogramm von Radio Bilbao, das *Von Herz zu Herz* hieß. Dazu schrieben wir, es sei eine Spende von Kindern aus Amorebieta, und später hörten wir uns die Sendung gemeinsam im Radio an.

Josín hat mich Großzügigkeit gelehrt, und Sparsamkeit. Mein Bruder ist andern gegenüber sehr großzügig, aber selbst ziemlich bescheiden. Mir machte es Spaß, Geld auszugeben, ins Kino zu gehen, aber er bestand darauf: ›Maria Jesús, dieses Geld wird ans Radio geschickt.‹ Er war immer sehr solidarisch. Was er auch unternimmt, stets verfolgt er das Ziel, Arbeitsplätze im Baskenland zu schaffen, weil die Lage hier zur

Zeit sehr schwierig ist. Mit der Fabrik von Amorebieta verbindet er die große Hoffnung, der Jugend hier Arbeit geben zu können. José Ignacio ist der beste Freund seiner Freunde, egal, wie sie politisch oder gesellschaftlich eingestellt sind. Wie sollte ich auf solch einen Bruder nicht stolz sein?

Unsere Eltern hatten es nicht leicht. Aber sie haben uns alle Liebe dieser Welt geschenkt, und die sollte man weitergeben, ist es nicht so? Niemals hat es uns an etwas gefehlt. Wir haben von unserer Familie so viel bekommen, daß ich mich frage, ob wir selbst heute wirklich großzügig genug sind. In dieser Welt lassen sich die meisten Probleme mit Liebe lösen; dadurch, daß man miteinander spricht und sich in die Augen sieht.

Als Amorebieta bombardiert wurde, einige Tage bevor es Guernica traf, flüchteten sich meine Eltern in die Kirche. Unsere Großmutter besaß eine sehr schöne Tagesdecke, die ihre Mutter bestickt hatte. Vom Kirchturm aus beobachteten sie, wie das Dorf in Flammen aufging, auch unser Haus. Als es vorbei war, gingen sie hinaus und halfen den Verletzten. In diese Tagesdecke, die wir immer noch hoch in Ehren halten, haben sie Schwerverletzte und Sterbende eingewickelt.

Wir haben uns unseren Glauben nie nehmen lassen. Im Glauben kann man alles erreichen. Wir glauben, daß die, die aus unserer Familie gestorben sind, im Herrn weiterleben und daß auch wir eines Tages auferstehen werden. Unser Vater konnte es nicht hören, wenn jemand sagte: In dieser Welt gibt es für alles eine Lösung, nur nicht für den Tod. Unser Vater sagte dann: ›Falsch! Im Tod erleben wir die Glückseligkeit der anderen Welt.‹

Ich verstehe nicht, daß es Leute gibt, die meinem Bruder schaden wollen. Er hat gearbeitet, ohne sich Ruhe zu gönnen, erst um General Motors auf die Beine zu bringen, dann VW und letztlich, damit es allen bessergeht. Das ist der Kern seiner Regel. Und neben seiner Unermüdlichkeit besitzt José

Ignacio Charisma, eine innere Kraft, die auf alle in seiner Umgebung ausstrahlt.

Es ist sicher nicht leicht, mit einem Menschen zusammenzuleben, der so voller Schaffenskraft und innerer Unruhe ist wie er. Josín hat das große Glück gehabt, jemanden wie Margari kennengelernt zu haben. Sie ist die ideale Frau für meinen Bruder.«

3 Mein Weg zu General Motors

Wie gelangt man von einer Schlosserwerkstatt im baskischen Izar nach Detroit zu General Motors? Wenn man Ignacio López glauben darf, durch Arbeit – und eine Lebensauffassung, die er so beschreibt: »Ich bin Arbeiter, und das einzige, was ich gemacht habe, war arbeiten und noch einmal arbeiten. Wenn man mir große Verantwortung übertragen hat, dann deshalb, weil meine Arbeit erfolgreich war. Das Prinzip, an dem sich unsere Arbeit zu orientieren hat, heißt: Den Kunden voll und ganz zufriedenstellen. Die herkömmlichen Arbeitssysteme erlauben keine wesentlichen Verbesserungen, und in keinem Fall unterscheiden sie sich von denen unserer Konkurrenten. In ihrer Art sind sie alle rein bürokratische Systeme.

In Detroit durfte ich mir einen Dienstwagen aussuchen, und ich entschied mich für den ›Cadillac Seville‹, weil er etwas Spanisches hatte. Ein Traumauto. Das beste, was ich bis dahin gefahren hatte. Bei anbrechender Dunkelheit schaltete ein Sensor die Scheinwerfer ein. Und dabei kostete er nicht einmal 50 000 DM. Es ist uns gelungen, das Denken in diesem Unternehmen zu verändern; hier ist die Arbeit bereits voll auf die Zufriedenstellung des Käufers ausgerichtet.

Für die Planung der Arbeitsschritte in einer Fabrik ist der Kunde von zentraler Bedeutung. Alle Aufgaben eines Unternehmens müssen unter diesem Aspekt überdacht, weiterentwickelt oder völlig neu definiert werden. Wenn man zum Beispiel den Prototyp eines neuen Autos entwickelt und es geht, sagen wir, um die Kofferraumhaube, dann haben die Ingenieure bisher das Vorgängermodell lediglich insoweit verbessert, als der Prototyp möglichst kostensparend der neuen Linie angepaßt wurde. Und wie machen wir das heute? Wir fragen den Kunden nach seinen Vorstellungen und erhalten zum Beispiel als Antwort: ›Der Kofferraumdeckel sollte sich spielend leicht öffnen und schließen lassen.‹ Technisch kein Problem, den Kraftaufwand beim Öffnen oder Schließen auf ein halbes Kilo zu reduzieren, so daß man den Kofferraum endlich auch dann schließen kann, wenn man beide Hände voll hat.«

Ignacio López' Theorien haben sich aus der Praxis ergeben, aus der Zusammenarbeit mit seinem Vater und den Arbeitern in Izar, bei Westinghouse und Firestone. Auch nachdem er in die höchsten Etagen aufgestiegen war, vergaß er nie, worauf sich der Erfolg eines Unternehmens stützte: auf die Arbeiter. »Mein Büro ist mit Papieren vollgestopft, aber Papiere bringen einen überhaupt nicht weiter. Deshalb versuche ich, sowenig Zeit wie möglich in meinem Büro zu verbringen. Ich glaube, daß mein Platz an der Seite des Arbeiters ist, wo ich ihm das Wie und Warum jedes Arbeitsschrittes erklären kann.«

Gary Becker, Professor der Universität von Chicago, hat sich in einem Interview mit der Zeitschrift *Cinco Días* zur These von Ignacio López geäußert, die Zukunft der Unternehmen liege in den Händen der Arbeiter, nicht in denen der Führungskader. Der Kommentar des Wirtschaftsnobelpreisträgers lautete: »Ich stimme hundertprozentig mit ihm überein. Meiner Meinung nach liegt der Grund für den wirtschaftlichen Aufstieg asiatischer Staaten darin, daß die menschliche Arbeitskraft dort besser zum Zuge kommt. Das ist in Taiwan genauso der Fall wie in Singapur oder Japan. Die Angestellten der dortigen Unternehmen arbeiten besser und werden von ihren Unternehmen auch besser auf die Arbeit vorbereitet... Ich teile also den Standpunkt von Herrn López und glaube, daß es ein Unglück für die USA und ganz besonders für General Motors ist, daß er nicht mehr in Detroit arbeitet.«

Das Augenmerk auf den Kunden richten, dem Arbeiter die Wertschätzung zukommen lassen, die er verdient, und außerdem die Kosten reduzieren, um den Preisvorstellungen des Käufers entgegenzukommen – darum geht es. Laut *Financial Times* hatte General Motors sein Geschäftsjahr bei der Ankunft von López mit einem Verlust von mehr als 22 Milliarden DM abgeschlossen. Sieben Monate nachdem er als Chefeinkäufer in dieses Unternehmen eingetreten war, war es ihm gelungen, Kosten in einer Höhe von 2,5 Milliarden DM einzusparen. López war der erste Ausländer, der in das Strategiekomitee von General Motors aufgenommen wurde. Zuvor hatte er als Einkaufschef bei Opel in Europa seiner Firma bereits eine Kostensenkung von 8,5 Milliarden Dollar beschert. Als die Nachricht von seinem Rücktritt bekannt wurde, fielen die General-Motors-Aktien um 5 Prozent.

Bei Volkswagen unterzeichnete er einen Fünfjahresvertrag als Verantwortlicher für Produktionsoptimierung und Beschaffung. Dr. Ferdinand Piëch, der ihn abgeworben hatte, versicherte: »Auf seinem Gebiet ist er ungeschlagen.«

»Die Spekulationen über mein Gehalt, die in der Öffentlichkeit angestellt wurden«, bemerkt López, »waren abwegig. Ich habe ein Zehntel von dem verdient, was notorische Verleumder in diversen Blättern behaupteten. In einem Interview mit *El Correo Español* habe ich darauf hingewiesen, daß die Summe, die in Spanien kursierte, immer noch doppelt so hoch war wie die tatsächliche. In den USA hätte ich mehr verdient als bei Volkswagen, weil dort die Steuern niedriger gewesen wären.«

Die VW-Aktie kostete 1993, als er in Wolfsburg anfing, 245 DM. Als er VW nach dreieinhalb Jahren verließ, war sie auf 900 DM gestiegen.

Wie hat sich diese fulminante Karriere entwickelt?

Mein erstes Angebot

Einen Tag nach dem bestandenen Examen fing ich an zu arbeiten. Gleich nach der Fiesta von San Pedro bekam ich das erste Angebot, und zwar von der Baskischen Eisenbahngesellschaft, mit deren Zügen ich täglich nach Bilbao gefahren war. Ausgerechnet die boten mir die erste Arbeitsstelle an! Ich fragte einen Freund, der die Baskische Eisenbahngesellschaft sehr gut kannte, nach seiner Meinung:
»Geh nicht hin«, sagte er. »Da stehen sie mit der Peitsche hinter dir.«
Mein erstes Angebot schlug ich also aus. Kurze Zeit später traf ich auf der Fiesta von Amorebieta zufällig einen Ingenieur der Firma Idom, einem Ingenieurbüro, das Fabrikanlagen baute. Er schlug mir vor, bei ihnen einzusteigen. Ich erzählte meinem Vater davon.
»Da wirst du viel lernen«, sagte er. »Jedes Jahr eine neue Fabrikanlage, und irgendwann kennst du dich mit jeder Technik aus.«
Auch mich reizte es, völlig neue Fabriken zu entwerfen – also ging ich auf seinen Vorschlag ein. Wir bauten das Kaltwalzwerk von Echévarri, mit modernster Technik. So weit, so gut. Bis es eines Tages hieß: Pack deine Koffer, wir setzen dich beim Bau der Autobahn Barcelona – La Junquera ein. Das war mir zu weit weg von zu Hause. Nach Echévarri fuhr ich jeden Tag 13 km, und selbst das war mir schon zu weit von Amorebieta entfernt.
Ich beschloß, mir einen Monat Urlaub zu gönnen und in der Nähe von Amorebieta Arbeit zu suchen. So kam ich zu Westinghouse. Das Werk lag in Erandio, etwa 23 km von Amorebieta entfernt, dort wurden Wechselstromerzeuger und Elektrogeneratoren gebaut. Ich wurde Chef der schwierigsten

Abteilung im ganzen Werk: der Schmiede und Schweißerei. Dort bauten wir u. a. Maschinen von 20 m Länge und 10 m Durchmesser. Erst wurde der Stahl geformt und danach zusammengeschweißt. Am ersten Tag hatte ich das Gefühl, in der Hölle gelandet zu sein. Funkenregen aus jeder Ecke und alles düster und dreckig. Der Lärm der Maschinen, die den Stahl bearbeiteten, war ohrenbetäubend. Ein Schweißer, der mit seinem Schweißbrenner im ersten Stock arbeitete, deckte mich von oben mit einem Funkenregen ein. »Wo bin ich da hingeraten?« fragte ich mich. Die Arbeiter hier galten als die härtesten, rauhesten und schwierigsten im ganzen Werk. Aber ich war versessen darauf, eine Abteilung zu leiten und mit den Arbeitern direkt zusammenzuarbeiten. Hier gab es viel zu tun, wenn man Fortschritte machen wollte. Tatsächlich habe ich dort gern gearbeitet und mich sehr wohl gefühlt.

Ich war immer in der Werkshalle, nie im Büro, weil ich intuitiv wußte, wer über das entscheidende Wissen verfügte. Bisher waren von der Schmiede die Streiks ausgegangen, aber allmählich wurden wir ein fabelhaftes Team. Wenn wenig Arbeit anfiel, gab ich den Arbeitern Unterricht, und mit der Zeit wurden regelrechte Schulungskurse daraus, mit Mathematik- und Physikstunden und Unterricht in technischem Zeichnen. Den Satz des Pythagoras fanden meine Schüler großartig. Diese Erfahrungen brachten uns einander wirklich näher. Jedesmal, wenn eine Maschine fertig war, wurde mit ein paar Gläschen Wein und Schinken, Käse und Paprikawurst gefeiert. Als Team sprengten wir alle Rekorde in puncto Kostensenkung und Zeitersparnis. Ich schlug sogar innerbetriebliche Prüfungen für Schweißer vor, um ihnen die Möglichkeit zu geben, beruflich aufzusteigen. Ich sorgte dafür, daß die Firmenleitung an alle ordentliche Arbeitskleidung austeilte. Das war eine schöne Zeit, voller positiver Erfahrungen. Bei Westinghouse gab es seinerzeit nur zwei Vorstandsebenen. Das war bereits *Lean Management* – obwohl es natürlich damals noch niemand so nannte.

Es ist von grundlegender Bedeutung, am Arbeitsalltag der Arbeiter teilzunehmen. Erfahrungen wie jene mit dem Drechsler, der sich bei der Reparatur meines Federhalters als wahrer Künstler erwiesen hatte, haben mich dazu gebracht, die Idee der engen Zusammenarbeit mit Arbeitern in alle Welt zu exportieren... Stell dir vor, welche Weisheit in seinem Kopf und in seinen Händen steckt, begegne ihm mit Hochachtung, mach dir klar, daß es keinen Erfolg geben kann ohne ihn. Sei sicher: Wenn du ihm etwas gibst, bekommst du viel mehr zurück. Durch eigene Erfahrung bin ich zu dieser Überzeugung gelangt, und ich werde nicht müde, sie überall zum Ausdruck zu bringen. »Management ist Service.« Ein Manager sollte sich in erster Linie als Dienstleister verstehen. Oder anders ausgedrückt: Diene, wenn du selbst bedient werden möchtest.

Zwei Turbogeneratoren für Vandellós

Die Mitarbeiter der Schmiede von Westinghouse verstanden sich nach einer Weile als ein integriertes Team mit zwei Führungsebenen: die Arbeiter, zwei Meister und ich als Abteilungsleiter. Gemeinsam hatten wir neue Schweißverfahren entwickelt, und durch die Beförderungen im Anschluß an die erwähnten Prüfungen hatte sich die Motivation der Schweißer deutlich verbessert – wir waren der »perfekten Firma« also schon sehr nahe gekommen. So standen die Dinge im Jahr 1968.
Und dann kam die große Bewährungsprobe. Wir sollten den Bau von zwei Turbogeneratoren für das Kernkraftwerk von Vandellós übernehmen. Das war eine echte Herausforderung, weil wir Qualitätsanforderungen von einer ganz neuen Dimension gerecht werden mußten. Kernkraftwerkstechnik bedeutet extreme Präzision. Dennoch – wir nahmen die Herausforderung an.

Als erstes gingen wir an den Bau der Gehäuse, riesiger Rohre aus geschweißtem Stahl von den Ausmaßen eines Wohnhauses. Das hieß zunächst, sämtliche Rippen und Verstrebungen zu schweißen, also die tragenden Teile für die Statorwicklung und den Rotor. Für Produkte dieser Dimension gab es auf dem Markt gar keine Maschinen, nichts, womit man etwa die Herstellung der Halterung für die Rotorachse hätte mechanisieren können, zumal die Toleranzen minimal waren. Bei einer Länge von 10 m durfte das Gehäuse in der geometrischen Achse nur Abweichungen von höchstens 8 mm aufweisen. Diese Auflage raubte mir den Schlaf, weil beim Schweißen der vielen verschiedenen Teile sowie der inneren und äußeren Verstrebungen des Gehäuses Spannungen auftreten mußten, die zwangsläufig zu einer Abweichung der Achse führen würden. 8 mm auf 10 m – das war bei kleineren Werkstücken kein Problem, das ließ sich hinterher mechanisch korrigieren, aber in diesem Fall waren nachträgliche Korrekturen unmöglich, weil die Größe des Gehäuses die Möglichkeiten unserer Maschinen bei weitem überstieg.

Wären wir gescheitert, hätten wir das ganze Gehäuse im Wert von etlichen hundert Millionen Peseten verschrotten können. Ich sprach mit den Meistern. Ich sprach mit den Schmieden – alles Künstler auf ihrem Gebiet –, ich sprach mit den Schweißern – alles Leute mit großer Berufserfahrung. Und nachdem wir jede mögliche Vorgehensweise in Erwägung gezogen hatten, sagte einer der Meister im Brustton der Überzeugung zu mir:

»Das bekommen wir hin.«

Das ganze Team stimmte ihm zu. Da habe ich gesagt:

»Selbstverständlich machen wir das. Los geht's! Wenn wir's hinter uns haben, lade ich euch zu einer Feier ein, die ihr nie vergessen werdet!«

Wir wollten gerade anfangen, da entschied sich die Firmenleitung dafür, eins der beiden Gehäuse in der Westinghouse-Filiale in Jeumont, Frankreich, bauen zu lassen, weil man dort bereits für Kernkraftwerke gearbeitet hatte. Wir in Erandio sollten das zweite bauen. Ich interpretierte diesen Beschluß als Mißtrauensbeweis und empfand ihn als Schlag in die Magengrube. Aber ich wollte diesem Gefühl nicht nachgeben. Also betrachtete ich diese Entscheidung als Herausforderung im Rahmen eines gesunden Wettbewerbs. Ich rief das Team zusammen und legte die Strategie fest:

»Wir haben jetzt Gelegenheit zu beweisen, daß wir besser als die französischen Techniker sind. Jetzt zeigt mal, daß sich das alles gelohnt hat – eure Ausbildung und die Einführung der neuen Arbeitsmethoden und die Prüfungen, die ihr absolviert habt. Nutzen wir die Gelegenheit, um klarzumachen, wer hier das bessere Team ist. Aber ihr müßt wirklich euer Letztes geben – die Franzosen haben uns die größere Erfahrung voraus, außerdem sind sie Kämpfer. Und vergeßt nicht, daß das Damoklesschwert der 8 mm über uns hängt. Wenn wir das nicht hinkriegen, dann schneiden sie uns die Ohren ab – im besten Fall. Also – traut ihr euch das zu?«

Die einstimmige Antwort: »Rückzieher machen wir nicht, schon gar nicht vor den Franzosen. Denen werden wir's zeigen!«

Bevor es losging, setzten wir uns zusammen und zerbrachen uns die Köpfe darüber, wie wir den Alptraum mit den 8 mm in den Griff bekommen könnten. Nach der herkömmlichen Methode hätten wir die Abweichung gar nicht unter Kontrolle bringen können. Daraus hätten leicht 20 mm werden können, womit das Gehäuse reif für den Schrottplatz gewesen wäre – und wir ebenfalls.

Wir schlossen uns ein und dachten zusammen nach (der Ausdruck »Brainstorming« war noch nicht erfunden). Auf das umfassende Wissen der versammelten Schmiede, Schweißer und Meister gestützt und mit meinen Kenntnissen der Physik im Hinterkopf, kamen wir zu folgender Lösung: Wir müssen versuchen, die Kräfte und Spannungen, die beim gleichzeitigen Schweißen an unterschiedlichen Stellen auftreten und zu geometrischen Abweichungen führen, auszubalancieren.

Die Schweißer bildeten Gruppen, die sich jeweils symmetrisch zu der Achse aufstellten, deren Stabilität gewährleistet sein mußte. Diese Gruppen begannen gleichzeitig zu schweißen und arbeiteten sich synchron in symmetrischen Arbeitsschritten vor. Auf diese Weise ließen sich die Spannungen, die durch das Schweißen ausgelöst wurden, ausgleichen, wodurch die geometrische Stabilität gewahrt blieb.

Wir legten los. Die Franzosen mit ihrem Gehäuse und wir mit unserem. Was von uns erwartet wurde, war die Präzision einer Schweizer Uhr und die Perfektion eines russischen Ballettensembles. Täglich wurden die Abweichungen gemessen und gegebenenfalls durch weitere Schweißarbeiten auf der Seite, die der Abweichung gegenüberlag, wieder ausgeglichen.

Ich lief herum und rief: »Sechs Millimeter nach rechts! Gib auf deiner Seite noch was zu, das ist zuwenig!«

Ich war immer mittendrin, schluckte Qualm und schützte meine Augen mit einer Schweißerbrille vor Bindehautentzündung. Schulter an Schulter gingen wir ans Werk. Und noch vor dem geplanten Termin war unser Gehäuse fertig. Das der Franzosen allerdings auch. Dann wurden die Abweichungen gemessen. Die Franzosen lagen bei 5 mm, also innerhalb der Toleranz. Sie hatten die Prüfung bestanden.

Dann maßen wir bei uns die Abweichung von der Achse und wiederholten die Messung, um ganz sicher zu sein. Nur 3 mm! Wir hatten die Franzosen geschlagen!

Kreativität, Zusammenarbeit, genaueste Abstimmung untereinander und Glauben – das alles zusammen ist ausschlaggebend dafür gewesen, daß wir im ehrlichen Zweikampf Sieger wurden.

Firestone, gleich um die Ecke

Jeden Tag fuhr ich mit dem Wagen von Amorebieta zu Westinghouse, was mich eine Stunde Fahrzeit kostete. Immer wenn ich nach einer Viertelstunde auf meinem Weg an der Firestone-Fabrik vorbeikam, dachte ich: Würdest du hier arbeiten, wärst du jetzt schon da. Bis ich mich schließlich bei Firestone bewarb. Hinter mir lagen vier Jahre bei Westinghouse, an die ich gern zurückdachte.

In den zehn Jahren, die ich bei Firestone beschäftigt war, eignete ich mir vor allem ein großes Wissen über die Methoden der Arbeitsorganisation an. Nachdem ich eine Weile in der Produktionsabteilung und der Qualitätssicherung gearbeitet hatte, bot man mir die Leitung der Organisationsabteilung an. Bis zu meiner Einstellung hatte man sich des Bedaux-Systems* bedient, das im wesentlichen darin besteht, die Arbeitsvorgänge zeitlich zu bemessen. Wir erarbeiteten dann erstmalig eine Studie über die Arbeitsmethoden, d. h., wir analysierten die Arbeitsabläufe unter wissenschaftlichen Aspekten. Meine Untersuchungen schlossen mit einem Kursus in MTM (Methods Time Measurement) ab, der von Rafael Amores angeboten worden war, einem hervorragenden Ingenieur und späteren Mitarbeiter von mir. Diese Technik erlaubt es, anhand der Analyse von acht bis neun Einzelbewegungen die optimale Arbeitsmethode zu entwickeln.

Bei Firestone machte ich die Bekanntschaft eines großartigen Menschen, Maria Carmen Moreno. Sie kam aus einer sehr bekannten Familie. Sie war eine kluge, gebildete und engagierte Frau und verstand sich hervorragend mit den Arbeitern. In jenen schwierigen Zeiten vor dem Übergang zur Demokratie war sie die Vertreterin der Comisiones Obreras (Gewerk-

---

* Bedaux-System, ein Arbeits-, Zeitstudien- und Lohnsystem, eingeführt von C. Bedaux 1916 in den USA. Die Arbeit, die eine durchschnittlich geeignete Person in der Minute leistet (Pausen berücksichtigt), entspricht als Maßeinheit einem *Bedaux*.

schaft). Nun gab es ein Problem, das mit einer Tradition des Hauses zusammenhing, dem Prämiensystem: Wer die Soll-Stückzahl übertraf, erhielt eine Prämie. Wenn etwa die Soll-Stückzahl 100 betrug und jemand schaffte 120, dem wurden 20 Prozent mehr bezahlt. Ich hielt dieses System für falsch. Tatsächlich rief dann auch eine Abteilung von Firestone – die, in der die Reifendecken hergestellt wurden, also das Herzstück der ganzen Firma – zum Streik auf, um zu erreichen, daß niemand mehr als das geforderte Minimum produzierte; wenn 100 gefordert waren, sollte jeder auch nur 100 herstellen. Sie hatten nämlich die Erfahrung gemacht, daß die Soll-Zahl in gewissen Abständen heraufgesetzt wurde, sobald einige den Beweis erbracht hatten, daß das Soll zu übertreffen war. Die Arbeiter hatten das Vertrauen in dieses System verloren und machten nun Dienst nach Vorschrift.

Maria Carmen und ich einigten uns darauf, die Soll-Zahl unter keinen Umständen heraufzusetzen, und versprachen allen eine gerechte Handhabung des Systems. Die Arbeiter glaubten uns – und eine lange Streikserie fand ein Ende. Dies war bis dahin mein größter persönlicher Erfolg.

Bei Firestone hatte ich das Glück, auf Juan Luis Bergareche zu treffen, ein exzellenter Ingenieur, wunderbarer Mensch und ein Kollege, wie man ihn sich nur wünschen kann. Wir arbeiteten im Technikerbüro von Firestone in Basauri zusammen und tauften es »die Straßenbahn«, weil es ein schlauchartiger Raum war mit Schreibtischen an den Wänden, einer hinter dem anderen, wie Sitzbänke in einer Straßenbahn.

Weil es nicht genügend Schreibtische gab, teilte ich mir einen mit Juan Luis. Mein Freund streckte die Beine in den Mittelgang, und ich schlang meine Beine irgendwie um die Schubladen. Dabei blieb es, bis Juan Luis Chef der Einkaufsabteilung wurde. Endlich hatte ich einen eigenen Schreibtisch!

Die erste wichtige Aufgabe, die mir übertragen wurde, war die Entwicklung eines Reifens für den neuen »Seat 127«, der den 850 ablösen sollte. Ich vertiefte mich in den gesamten

Entwicklungsprozeß dieses Reifens, von den ersten Berechnungen über den Entwurf bis hin zu den Testfahrten, bei denen täglich in drei Schichten 2 400 km zurückgelegt wurden.

Ich ging mit großem Engagement ans Werk. Ich saß neben den Fahrern, die ein ums andere Mal die Strecke Basauri–Burgos und zurück abfuhren, und notierte ihre Kommentare: Wie verhielten sich die verschiedenen Reifentypen? Welche waren die Vor- und Nachteile jedes einzelnen? Bis zum Schluß zwei Reifentypen übrigblieben, die uns am ehesten geeignet erschienen. Im Hinblick auf ihre innere Struktur waren beide völlig unterschiedlich. Jetzt mußten wir den besten herausfinden.

Zu diesem Zweck entwickelten wir ein Meßverfahren für alle möglichen Reifeneigenschaften, angefangen beim Kurvenverhalten über die Eigenschaften auf nasser Fahrbahn und während des Bremsvorgangs bis zum Abrollverhalten. Die Abnutzung maßen wir täglich in den drei Zonen, in denen der Reifen Kontakt mit der Straße hat: in der Mitte und an den beiden Außenkanten.

Ausgehend von der inneren Struktur der Reifen und versehen mit all den Informationen, die uns von den Fahrern geliefert wurden, gelang es uns, das Abrollverhalten beider Reifentypen zu verbessern. Aber im Hinblick auf die Abnutzung unterschieden sie sich grundlegend: Der erste zeigte deutliche Abnutzungsspuren an den Schultern, während er sich in der Mitte als außerordentlich widerstandsfähig erwies, wohingegen der zweite, der an den Außenkanten so gut wie keinen Verschleiß zeigte, sich in der Mitte stärker abnutzte.

Ich hielt es für das beste, einen neuen, dritten Reifen zu entwickeln, der die positiven Eigenschaften beider Reifen in sich vereinigte. Ich analysierte in beiden Fällen die Struktur des Reifenmantels im Bereich der Lauffläche und stellte fest, daß der erste unter dem Gummi eine stabilisierende Schicht aus Textilfaser besaß, der andere eine aus Metallgeflecht.

Wenn es uns gelang, einen Prototyp als Kreuzung aus beiden zu entwickeln, mit einer kombinierten Schicht aus Textil und Metall, mußten wir zu einer wesentlichen Verbesserung im Hinblick auf Abnutzung und Lebensdauer kommen.

Ich entwickelte den neuen Reifentyp in Zusammenarbeit mit den Leitern der Produktionsabteilung, war bei der Herstellung aller Teile dabei und baute sie schließlich selbst zusammen. Den Rohling unseres Reifens brachte ich selbst zum Vulkanisieren. Nach wenigen Minuten öffnete sich die Vulkanisiermaschine, und umhüllt von Qualm kam ein nagelneuer Reifen zum Vorschein.

Nachdem wir ihn genau angesehen, abgetastet und geröntgt hatten, unterzogen wir ihn einer Testserie. Jetzt mußte sich zeigen, ob er wirklich so perfekt war, wie ich hoffte. Als erstes wurde er auf seine Gleichförmigkeit hin untersucht und die Fliehkräfte gemessen. Aufgrund seiner Struktur erzeugt jeder Reifen solche Kräfte, die mit der Geschwindigkeit zunehmen. Die Reduzierung dieser Kräfte, vor allem der seitlichen, war eine der Voraussetzungen für ein Produkt von hoher Qualität.

Wir gingen also daran, die Gleichförmigkeit und die Fliehkraft zu messen, und das Prüfgerät lieferte uns die Werte in Form einer grafischen Darstellung. Die Jungs vom Labor und ich, alle starrten wir gebannt auf diese Grafik, weil sie uns die wichtigsten Informationen über die innere Qualität dieser Neuentwicklung liefern würde. War die seitliche Kraft höher als normal, taugte der Reifen nichts. War sie geringer, ließ sich etwas damit anfangen.

Als wir uns die Grafik genauer anschauten, glaubten wir, das Prüfgerät sei ausgefallen. Denn der Grafik nach zu urteilen, trat überhaupt keine Fliehkraft auf. Das war gegen jede Theorie, also funktionierte das Testgerät nicht. Wir nahmen den neuen Reifen herunter und setzten einen vom alten Typ ein – und siehe da: Das Gerät funktionierte!

Also setzten wir, vor Nervosität zitternd, wieder den neuen

Reifen ein, und erneut zeigte das Gerät keinerlei Fliehkraft
an. Alle Techniker aus dem Labor in ihren weißen Kitteln,
allen voran ihr Chef Alfredo, umarmten mich freundschaftlich. Ich ließ das Ergebnis auch den Fahrern ausrichten, weil
dieser Prototyp in Zusammenarbeit mit allen zustande gekommen war. Vor uns hatten wir den ersten Reifen mit einem
Fliehkraftquotienten Null. Wir waren überglücklich. Für uns
hatte sich die Geschichte des Alexander Fleming wiederholt,
der das Penicillin durch Zufall entdeckt hatte – auch wenn
unser Erfolg nicht ganz so weltbewegend war wie seiner.
Nachdem sich unsere Begeisterung etwas gelegt hatte, ging
ich zu meinem Chef, dem Direktor der Entwicklungsabteilung von Firestone, um ihm von unserer Entdeckung zu berichten. Ich erzählte ihm alles bis ins kleinste Detail, und er
hörte mir ohne das kleinste Anzeichen einer Gemütsbewe-
gung zu. Dieser Mann, nicht mehr der Jüngste, hatte niemals
auch nur das Geringste zum technischen Fortschritt beigetragen. Das war jemand, für den alles immer so weiterlaufen
mußte, wie es war, der gerne Schwierigkeiten machte und mit
Vorliebe auf die negativen Aspekte einer Sache hinwies.
Nicht nur, daß er niemals zu einer Lösung beitrug – er selbst
war Teil des Problems. Er schüchterte uns ein, und wir redeten so selten wie möglich mit ihm. Diesmal, so hoffte ich,
würde er sich aber wohl anders verhalten, schließlich kam
ich mit einer guten Nachricht zu ihm.
Er hörte mir bis zum Schluß zu, ohne mit der Wimper zu
zucken, ohne eine Miene seines versteinerten Gesichts zu
verziehen. Als ich fertig war, erwartete ich wenigstens ein
»Gut gemacht«. Statt dessen sagte er:
»Und wer hat Ihnen die Erlaubnis gegeben, einen völlig
neuen Reifen zu entwickeln?«
Ich traute meinen Ohren nicht. Ich hatte das Gefühl, von
einem Lastwagen überfahren zu werden. Dieser Mensch riß
mich aus allen Träumen. Zum ersten Mal erfuhr ich am eigenen Leib, wie sehr Enttäuschung schmerzt. Als erstes kam

mir in den Sinn: heulen und alles hinwerfen – oder diesen Kerl, der seinem Unternehmen nie von irgendeinem Nutzen gewesen war, anbrüllen. Aber ich beherrschte mich. Ich sagte nur:

»Verzeihen Sie, aber Don José (der Generaldirektor – ein harter Mann, aber positiv eingestellt und schöpferisch) hat mir die Verantwortung für die Entwicklung des neuen Reifens für den ›Seat 127‹ übertragen, und unsere Arbeit hat zu diesem Ergebnis geführt. Wenn Sie das nicht interessiert, werde ich den Direktor persönlich davon in Kenntnis setzen.«

Weil er sich mit Don José nicht verstand und eine gewisse Ehrfurcht vor ihm empfand, sagte er gar nichts dazu. Ich nutzte diesen Augenblick des Schweigens, um sein Büro zu verlassen. Ich war zwar traurig, aber entschlossen, weiterzumachen.

Ich erklärte den Sachverhalt dann dem Direktor – der mich nicht nur beglückwünschte, sondern auch den Vorschlag machte, den neuen Typ patentieren zu lassen. Das änderte alles. Ich vergaß sogar die kurz zuvor erlittene Demütigung. Gemeinsam mit der ganzen Gruppe setzten wir die Untersuchung des Reifens fort und meldeten ihn beim Patentamt in Bilbao an. Es war das erste Patent für einen in Spanien entwickelten Reifen. Ich war neunundzwanzig Jahre alt und überglücklich.

Am selben Tag, an dem wir die Patenturkunde ausgehändigt bekamen, schickte ich Don José einen Dankesbrief und fügte hinzu, daß ich meine Rechte an dem neuen Reifen der Firma Firestone übertragen würde. Und die taufte den Reifen dann »Arri-belt« (nach meinem zweiten Nachnamen Arriortúa).

In diesem Entwicklungsprozeß hatten wir viel Arbeit, Intuition, Kreativität, Kameradschaft und Ehrgeiz investiert. Zwar hatte man uns auch Steine in den Weg gelegt. Aber unser Glaube war größer gewesen, so daß schließlich alles ein glückliches Ende fand.

Zaragoza – auf der Suche nach der totalen Produktivität

Bei Firestone setzte ich das MTM-Verfahren ein. Als ich zu General Motors ging, machten wir einen großen Schritt nach vorn, indem wir von einem System der Zeitmessungen zu einer wissenschaftlichen Arbeitsmethode auf der Basis von MTM übergingen. Das war mein erster Sieg, weil es einen Bruch mit dem bisherigen Verfahren bedeutete und einige Techniker bei Opel jede Änderung zunächst strikt abgelehnt hatten.

Was die Arbeitsorganisation anging, war General Motors in Zaragoza das Ebenbild von Opel in Deutschland. Ich kam mit einem neuen Konzept. Mir erschien es notwendig, alle unproduktiven Bewegungen aus dem Arbeitsablauf zu eliminieren, alle, die für das Produkt keine Bedeutung hatten. Also innovative und kreative Arbeitsmethoden zu erfinden. Das Wesentliche waren die Methoden, nicht die Zeit. In den ersten Auseinandersetzungen ging es um diesen Punkt.

Bei Opel argumentierte man, daß MTM in einer Autofabrik nicht praktikabel sei; das sei vielleicht in der Elektronikindustrie sinnvoll, wo auf kleinstem Raum gearbeitet wurde. Ich hingegen war überzeugt, daß es bei jeder Art von Arbeit einsetzbar ist.

Ein Vergleichstest gab uns recht. Wir wählten jenen Abschnitt im Montagewerk, wo die Seitenelemente der Karosserie hergestellt wurden und es viel zu schweißen gab. Zunächst entwarfen die Verantwortlichen von Opel eine Montagestraße für Seitenteile und machten konkrete Angaben zu Zeiten und Personenzahl. Demnach hätte man 16 Arbeiter benötigt. Dann versammelte ich mein Team, und zusammen mit Rafael Amores, Mario Correa und Félix Canales entwarfen wir nun dieselbe Montagestraße unter den Bedingungen von MTM, wobei wir ganz neue Arbeitsmethoden entwickelten.

Auf einer Sitzung in Deutschland stellten wir dann unsere

Strategie vor, die von derjenigen der internen Planungsabteilung erheblich abwich. Als uns die Opel-Mitarbeiter sahen, hieß es: »Da sind ja die von Industrial Engineering mit ihrem Anführer López. Jetzt dürfen wir uns wieder Klagen darüber anhören, daß wir zu wenige Leute an die Montagestraßen stellen.« Zu ihrer großen Verblüffung bekamen sie von uns jedoch zu hören, daß sie zuviel Personal dafür abgestellt hatten. »Wie, zu viele Leute?« war die erstaunte Reaktion. Wir erklärten also, wie wir aufgrund neuer Arbeitsmethoden von 16 auf 6 Mann gekommen waren. Sie waren überzeugt, daß wir damit scheitern müßten, und hielten an dem Refa-System* fest, das mit Bedaux nahe verwandt ist. Wir wußten, was auf dem Spiel stand, deshalb arbeiteten wir intensiv und stets in Gruppen. So funktioniert es eigentlich immer. Als dann der Fertigungsabschnitt, den wir nach unseren Vorstellungen gebaut hatten, in Betrieb ging, da lief alles wie geplant, und zwar mit der von uns errechneten Zahl von Arbeitern. Von da an hörte man auf uns.

Vor drei Jahren hat ein japanisches Institut eine Studie über die Unternehmen seines Landes erarbeitet und alle in drei Kategorien eingeteilt: gut, durchschnittlich und schlecht. Unter anderem wurden die Unternehmen daraufhin untersucht, wie viele der ausgeführten Bewegungen tatsächlich zum eigentlichen Produktionsprozeß beitrugen, wie viele den Wert des Produkts für den Kunden vergrößerten und wie viele gar nichts dazu beitrugen. Die Untersuchung gelangte zu folgendem Ergebnis: Beim Spitzenreiter kamen auf eine Bewegung, die den Wert des Produkts steigerte, gegenüber zweihundert, die das nicht taten. In einem als durchschnittlich bewerteten Unternehmen kamen tausend für das Produkt wertlose auf eine zielgerichtete Bewegung. Und diese Studie

---

wurde in der Zeit höchster Produktivität in Japan durchgeführt.

In jedem Unternehmen, in jeder Behörde, an jedem Ort, wo Aktivitäten entfaltet werden, tut sich eine Welt von Ineffizienz auf, an die wir uns gewöhnt haben und die wir für unabänderlich halten. Die wissenschaftliche Erforschung der Arbeitsmethoden ermöglicht es, diese Ineffizienz in Produktivität umzuwandeln. Bei Westinghouse und Firestone hatte ich angefangen, diese Frage wissenschaftlich zu untersuchen, und im Zuge dieser Arbeit wuchs mein Respekt für die Arbeiter stetig.

Im Endstadium meiner Untersuchungen galt mein besonderes Interesse einer vergleichenden Analyse der wechselseitigen Abhängigkeit von Kaufkraft, Lebensstandard und Produktivität. In Arbeitsstunden eines durchschnittlichen Arbeiters gemessen, wurde untersucht, wieviel Arbeitszeit und Geld ein bestimmtes Produkt oder eine bestimmte Dienstleistung kostete, sagen wir: ein Fahrrad und ein Haarschnitt. 1950 mußte man für einen Haarschnitt 2 Stunden arbeiten, 1960 2,1 und 1970 2,2. Da hat sich praktisch nichts geändert, da gab es keine Steigerung der Kaufkraft. Für ein Fahrrad mußte man 1950 300 Stunden arbeiten, 1960 200, 1970 100 und 1990 nur noch 30 Stunden. Hier also war es zu einer beträchtlichen Kaufkraftsteigerung gekommen und damit zu einer deutlichen Verbesserung des Lebensstandards. Der Grund dafür war, daß sich im Fall des Haarschnitts im untersuchten Zeitraum an der Produktivität nichts geändert hatte, während sie im Fall des Fahrrads zur selben Zeit eine außerordentliche Steigerung erfahren hatte. Je höher die Produktivität, desto größer die Kaufkraft und desto höher der Lebensstandard und der allgemeine Wohlstand.

Hier drängte sich mir die Frage nach der totalen Produktivität auf. Die Arbeitsmethoden eines Friseurs waren früher mehr oder weniger dieselben wie heute, und ein Haarschnitt dauerte früher etwa genausolange wie heute. In den Preisschwankungen für einen Haarschnitt schlagen sich also nur die steigenden Gehälter der Friseure und der Kunden nieder. Ein Fahrrad hingegen kann heute sehr viel schneller hergestellt werden als früher, weil die Produktionsverfahren immer fortschrittlicher und die Maschinen immer besser geworden sind. Bei der Definition von Produktivität muß man also von diesem Gesichtspunkt ausgehen: Produktionsverfahren und -bedingungen verbessern heißt, unsere Kaufkraft zu vergrößern, heißt, für eine Verbesserung des Lebensstandards zu sorgen, heißt letztendlich, zum Wohlergehen aller beizutragen.

Bei General Motors in Zaragoza erzielten wir große Erfolge bei der Ablaufoptimierung durch ein System, das ich entwickelt und eingeführt hatte und dem ich die Bezeichnung PROMIG gab – eine perfekte Verbindung der Idee, daß der Arbeiter im Mittelpunkt stehen muß, mit den Ergebnissen der wissenschaftlichen Analyse der Arbeitsschritte. Dasselbe Konzept der totalen Produktivität wurde später in Detroit auch in der Einkaufsabteilung umgesetzt. Dort hieß es PICOS (Purchased Input Concept with Suppliers), war aber nichts anderes als eine Weiterentwicklung von PROMIG, um einen neuen Faktor ergänzt: nämlich die Einbeziehung aller Beteiligten. Abgesehen von der Optimierung der Arbeitsmethoden, soll es jede Abteilung dazu ermutigen, neue Ideen zu entwickeln, und zwar wirklich jede Abteilung: die Finanzabteilung genauso wie die Personalabteilung oder die Werkssicherheit. Wenn dieses System einmal gegriffen hat, verändert es ein Unternehmen und führt garantiert zu seiner Konsolidierung.

In jüngster Zeit haben wir einen dritten Faktor einbezogen: den Arbeiter als Eigentümer des Arbeitsprozesses. Daraus entstand das neue Konzept des »Kundenwerts«, an dem sich heute unsere Firma López de Arriortúa & Associates orientiert. Dieses Programm nennen wir LA-5.

Wenn man weiß, daß es an einem bestimmten Ort Erdöl gibt,

dann kommt es darauf an, die Hindernisse zwischen dem Vorkommen und dem Ort, wo dieses Erdöl gebraucht wird, zu beseitigen. In diesem Fall bedeutet das, daß man lediglich ein Loch in die Erde zu bohren braucht, schon schießt das Erdöl heraus. Nicht anders bei Menschen. 6 Milliarden Erdbewohner sind wie 6 Milliarden Erdölfelder: Jeder einzelne verfügt durch seine Kreativität über ein gewaltiges Potential – und dieses Potential will entdeckt und zum Sprudeln gebracht werden und ist, anders als Erdöl, unerschöpflich.

Management ist Service

Die Kreativität ist die Kraft der Seele, und die Seele ist nach dem Abbild Gottes geschaffen. Deshalb ist das kreative Potential, nach menschlichem Ermessen, unendlich. Führungskräfte auf die Grundregel »Management ist Service« zu verpflichten heißt, alle Barrieren niederzureißen, die den Menschen in der Geschichte immer wieder daran gehindert haben, seine Kreativität zu entfalten. Kaum öffnet sich irgendwo ein Spalt, durch den ein bißchen Kreativität sickert, schon wird von Genialität gesprochen. Zum allgemeinen Wohlstand werden wir Führungskräfte oder Manager nur beitragen können, wenn es uns gelingt, alles zu beseitigen, was die Kreativität unterdrückt.

Es ist ein Irrtum und eine Vergeudung von Kräften, zu behaupten, daß die Handlungen eines einzelnen isolierte Aktionen sind. Ganz im Gegenteil. Wenn man alle in seiner Umgebung dazu bringen kann zusammenzuarbeiten, erreicht man mit derselben Kraftanstrengung ein besseres Resultat. Dies ist die Aufgabe eines Managers, der, vor allem anderen, eine Führungskraft sein sollte.

Kürzlich sah ich im Fernsehen ein Interview mit einem Spieler von Atlético Madrid. Als die Rede auf seinen Trainer Javier Clemente kam, sprach dieser Spieler einfach von Javi.

Das ist bezeichnend, denn Javier Clemente ist ein Chef, der Barrieren niederreißt, der seine Spieler in den Mittelpunkt stellt. Ein leitender Angestellter sollte ein Trainer dieses Typs sein, ein Trainer, der das Beste aus anderen herausholt – zu ihrem eigenen Vorteil und zum Vorteil der Gemeinschaft.

Qualität, Service und Preis sind die drei entscheidenden Faktoren in jedem industriellen Prozeß. Wenn man die Kreativität – das Erdöl – einmal entdeckt hat, muß man sie in die richtigen Bahnen lenken. Bei der Kreativität besteht das Raffinieren darin, sie auf das Ziel der besten Qualität, des besten Service und der günstigsten Kosten auszurichten, was wiederum zum besten Preis führen wird. Wenn das Erdöl, das aus dem Bohrloch schießt, statt in die Raffinerie ins Meer geleitet wird, dann gibt es eine Katastrophe. Wenn sich die Kreativität eines Menschen ins Meer eines falschen Ziels ergießt, kann sie ebenfalls eine Katastrophe auslösen. Für sich genommen führt Kreativität noch nicht zum Erfolg – man muß sie auch in die richtigen Bahnen zu lenken wissen. Die zweite Aufgabe einer Führungskraft besteht also darin, Kreativität in Qualität, Service und Preis umzuwandeln, jene drei Faktoren, aus denen sich der Wert eines Produkts oder einer Dienstleistung ableitet. Sie sind die drei Säulen, auf denen das System steht – fehlt eine, so bricht das ganze System zusammen. Warum? Weil ein Produkt, das diesen Wert besitzt, den Käufer nicht nur zufriedenstellt, sondern ihn sogar begeistert. Und diese Begeisterung ist für den Erfolg eines Unternehmens genauso ausschlaggebend wie für das allgemeine Wohlergehen. Von diesen Überlegungen ausgehend, habe ich das Neue Paradigma entwickelt. Solange Kreativität nur auf Gewinn abzielt, leitet man Erdöl ins Meer – dies wäre eine ökologische und jenes eine menschliche Katastrophe.

Die Kunst des Einkaufs

Von 1980 bis 1986 war ich Leiter der Abteilung für industrielle Organisation bei General Motors in Zaragoza. In dieser Zeit erreichte die Anwendung von MTM ihren Höhepunkt. Darüber hinaus wurden ergonomische Studien durchgeführt, die die Abstimmung zwischen Mensch und Arbeitsplatz zum Ziel hatten. Anfangs regte sich Widerstand gegen unsere neuen Verfahren. Bis ich die Unternehmensleitung davon überzeugen konnte, daß sie, statt lediglich mit der Stoppuhr in der Hand die Zeiten zu messen, die Arbeitsabläufe selbst untersuchen und verbessern müßte. Mit der Unterstützung meiner Mitarbeiter konnte ich sie von den Vorteilen dieses Verfahrens überzeugen.

Für meine Demonstration wählte ich jenen Produktionsabschnitt, wo die Karosseriebleche geschweißt wurden – und prompt schoß die Produktivität in die Höhe. Im ersten Jahr wurden in Figueruelas 30 000 Fahrzeuge mehr gebaut als geplant. Damit war unsere Fabrik im Hinblick auf Qualität und Produktivität jedem anderen Werk von General Motors überlegen.

Allerdings – dieser Erfolg betraf einen Bereich, dessen Kosten lediglich 7 oder 8 Prozent der Gesamtkosten ausmachten. Material und Zubehör fielen hingegen mit einem Anteil von 70 bis 80 Prozent am Endpreis ins Gewicht. Die Einkäufer bedienten sich keiner wissenschaftlichen Methode, sie gingen rein bürokratisch vor. Ich erwähnte das gegenüber dem Präsidenten der Gesellschaft. Wir hatten damals ein Strategieproblem, und General Motors in Zaragoza machte deshalb große Verluste. Die Finanzabteilung in den USA sah keine Möglichkeit, diese Verluste zu mindern, und beabsichtigte daher, das Werk zu verkaufen. Verhandlungen mit Fiat waren bereits weit fortgeschritten.

Der Präsident von General Motors International, Jim MacDonalds, hatte das Werk in Zaragoza eröffnet. Er wollte unbedingt verhindern, daß es in seiner Amtszeit auch wieder geschlossen würde. Aber wir wußten, daß uns nur noch ein Jahr blieb, da MacDonalds dann in Pension ging. In dieser Situation bat mich der Präsident von General Motors Spanien, der Deutsche Hans Hüskes, um meine Meinung. Ich sagte ihm: »Wir müssen folgende Dinge in Angriff nehmen: erstens sicherstellen, daß das Gros der Kosten nicht in der Produktion anfällt, weder auf der Personalseite noch auf seiten des Einkaufs. Zweitens müssen wir die Einkaufsstrategie verbessern – und das ist mit dem bisherigen bürokratischen System nicht zu schaffen, niemals. Wir müssen das Konzept ändern. Und vor allem: Dieses Werk produziert jährlich 250 000 Fahrzeuge, was angesichts der hohen Investitionen viel zuwenig ist. Wir müssen die Produktion steigern, und zwar auf 400 000 oder 450 000 Fahrzeuge im Jahr, wenn wir in Zukunft rentabel arbeiten und verhindern wollen, daß das Werk geschlossen wird.«

»Ich kümmere mich um die Produktionssteigerung«, antwortete Hans Hüskes, »und du übernimmst den Einkauf.« Diese Idee gefiel mir. Jetzt wandten wir die Optimierungskonzepte, die wir für die Produktion entwickelt hatten, auf den Einkauf an. Außerdem benutzten wir unseren gesunden Menschenverstand und konzentrierten uns auf die Transparenz sämtlicher Vorgänge im Zusammenhang mit dem Einkauf und auf die Chancengleichheit aller Zulieferfirmen.

Wir waren im Bereich der Industrie die ersten, die Außenstellen der Organisationsabteilung (*spin-off*) gründeten. Das heißt, wir wählten in der Organisationsabteilung die zehn besten Ingenieure aus und versetzten sie in unsere Lieferfirmen, wo sie das dortige Personal dabei unterstützten, Kosten zu senken und Qualität und Service zu verbessern – nach dem Motto: »Wenn alle an einem Strang ziehen, gewinnen alle – oder: *Working together to win.*«

Vor allem brachen wir mit alten Tabus. Wir machten Schluß damit, Angebote – wie bis dahin üblich – von nur drei Zulieferfirmen einzuholen und den Zuschlag gewissermaßen zu versteigern. Jetzt forderten wir Angebote von zehn oder mehr Zulieferfirmen an, arbeiteten mit den Zulieferern in ihren eigenen Werken zusammen, verhandelten, reisten viel, und alles geschah im Geiste der Zusammenarbeit und in Form von Arbeitsgruppen. Jeder fühlte sich gleichberechtigt und dafür verantwortlich, daß das eine große Ziel erreicht wurde: den Verkauf von General Motors Zaragoza zu verhindern.

Ein übergeordnetes Ziel, Gemeinschaftssinn, ein klares Konzept, technische Optimierung, Konzentration auf einige wichtige Punkte wie Verbesserung der Qualität, des Service und der Kosten – und grenzenlose Hingabe an die große Aufgabe: das waren die Voraussetzungen für den Erfolg, auch dieses Mal.

Erstmals in der Unternehmensgeschichte von General Motors nahmen die Materialkosten, die bisher stetig gestiegen waren, von Jahr zu Jahr ab. Bisher hatte man stets dem Argument Glauben geschenkt, daß die Materialkosten schon allein wegen der Inflation steigen müßten. Jedem, der keine klaren Vorstellungen von Optimierung hatte, mußte dieses Argument logisch erscheinen. In Wirklichkeit lag genau hierin der Betrug, das Täuschungsmanöver, das dem ganzen Werk den Garaus zu machen drohte. Die Aufgabe der Einkäufer hatte bisher einfach darin bestanden, den Anstieg der Kosten so gering wie möglich zu halten, und wenn er unterhalb der Inflationsrate lag, dann waren alle überzeugt, sie hätten ihre Sache gut gemacht. Die Preise ergeben sich aus den Kosten: Also mußten wir mit den Zulieferfirmen zusammenarbeiten, um deren Kosten zu senken und gleichzeitig ihre Qualität zu steigern und ihren Service zu verbessern.

Wir waren in der Automobilindustrie die ersten, die Maßnahmen industrieller Organisation bei Zulieferern durchführten. Dazu bedienten wir uns unserer eigenen Abteilung für industrielle Organisation, die aus etwa hundert Mitarbeitern bestand. Unter ihnen wählten wir die zehn berühmten I.E.O.S. aus, die für »Industrial Engineering Operations at Suppliers« verantwortlich sein würden. Dadurch, daß diese zehn die Produktionsverfahren der Zulieferfirmen unter Kosten- und Qualitätsgesichtspunkten verbesserten, leisteten sie einen entscheidenden Beitrag zur Wettbewerbsfähigkeit dieser Zulieferer und garantierten ihnen faire Gewinne bei gleichzeitiger Kostensenkung. Ich begleitete diese I.E.O.S. zu den Fabriken der Zulieferer, wo wir uns intensiv in die Produktionsprozesse vertieften, ihre Produktion steigerten, ihre Verhandlungen über den Einkauf von Rohmaterial führten, hier reduzierten, da verbesserten – kurz gesagt: Wir arbeiteten, arbeiteten, arbeiteten.

Dieses System ging einher mit einer völligen Öffnung gegenüber neuen Zulieferfirmen. Bis dahin waren drei Angebote eingeholt worden, mit dem Ergebnis, daß die Zulieferer bei jedem Produkt immer dieselben waren. Auf diese Weise hatte sich eine Art Oligarchie gebildet, mit allen negativen Folgen. Wir schlugen also vor, mehr als zehn Angebote einzuholen, und zwar ohne Rücksicht auf Landesgrenzen – von Zulieferfirmen weltweit, von allen, die gute Qualität, guten Service und vernünftige Preise zu bieten hatten. Ich möchte auf diesen Punkt mit besonderem Nachdruck hinweisen. Manche glauben, uns würden nur die Preise interessieren. Diese Ansicht beruht entweder auf Unkenntnis oder auf Böswilligkeit. Wenn wir ein Produkt kaufen, berücksichtigen wir – wie schon gesagt – drei Faktoren von grundsätzlicher Bedeutung: Qualität, Service und Preis. Die endgültige Entscheidung fällt dann nicht der Leiter der Einkaufsabteilung, sondern ein Komitee von vierzig Personen, zu dem Leute aus der Qualitätssicherung, der Finanzabteilung, der Produktion, dem Einkauf und der Entwicklungsabteilung gehören. Und diese Entscheidung wird erst nach einer gründlichen Sichtung sämtlicher Angebote aller in Frage kommenden Firmen getroffen. Jeder in diesem Komitee bekommt die Möglichkeit, seine Meinung zu äußern und sein Veto einzulegen. Erst bei Einstimmigkeit wird die endgültige Entscheidung gefällt.

Dieser radikale Wandel führte zu Verstimmungen, sowohl bei einigen Zulieferern als auch auf unserer Seite, weil hier mit allen Traditionen gebrochen wurde. Die Mehrheit der Zulieferer reagierte positiv, weil das Verfahren durchschaubar war und neue Möglichkeiten eröffnete. Diejenigen, die ihre Monopolstellung gefährdet sahen, protestierten natürlich – klar, daß denen nicht an Wettbewerb gelegen war. Aber ihre Proteste verstummten bald, weil unser Verfahren bei den meisten gut ankam.

Für die Einkäufer bedeutete es eine Befreiung, weil sie vorher in ein System eingezwängt gewesen waren, das ihnen keine freie Entscheidung erlaubte. Sie hatten bis dahin ausschließlich auf Anweisung von oben gehandelt, auf Anweisungen von Vorgesetzten, die sie vorher nicht einmal zu Rate gezogen hatten. Es war ihnen sogar untersagt, mit den Zulieferern zu verhandeln. Jetzt ermutigten wir sie nicht nur zu Verhandlungen, sondern sogar zu Besuchen bei den Zulieferfirmen, um die Arbeitsprozesse dort kennenzulernen und gegebenenfalls zu optimieren. Viele Zulieferer konnten ihre Preise in der Folgezeit deutlich senken, wurden konkurrenzfähiger und erhielten deshalb nicht nur neue Aufträge von unserer Firma, sondern auch von anderen. Unser System bedeutete für die Automobilindustrie in Spanien einen großen Fortschritt. Heute gehört sie zu den tragenden Säulen der spanischen Wirtschaft.

1995 erarbeitete eine amerikanische Unternehmensberatung eine Vergleichsstudie über die Autozubehörindustrie weltweit. Auf dem Gebiet der Produktivität lag die spanische Zubehörindustrie an der Spitze – und das bei einer Konkurrenz, zu der Italien, Frankreich, Großbritannien, Deutschland, USA, Japan und Korea gehörten. Bei der Qualität führte Japan die Liste an, gefolgt von Spanien und USA auf Platz zwei.

Diese Daten bestätigen die These, daß wir in Spanien über große Kreativitätsressourcen verfügen, die darauf warten, entdeckt zu werden. Das Neue Paradigma – Aufgabe, Vorbild und Glauben – wirkt tatsächlich Wunder.

Wir waren die ersten, die der Automobilindustrie den richtigen Weg gewiesen haben: Kosten, Qualität und Service. Sich auf den Preis zu beschränken wäre ein Fehler; der Preis ist eine Folge der Kosten und muß auf andere Art berechnet werden. Früher rechnete man alle Kosten zusammen, schlug den Gewinn auf und erhielt den Preis. Wer stand bei diesem System im Mittelpunkt: der Kunde oder die Angestellten der Finanzabteilung? Nein – der Kunde sollte über den Markt den Preis bestimmen, und das Unternehmen sollte mit dem Preis, den der Verbraucher zu zahlen bereit ist, Gewinne erzielen. Man muß sich auf die Kosten konzentrieren und die Kosten reduzieren, damit beim Verkauf zu dem vom Kunden bzw. dem Markt bestimmten Preis ein Gewinn für den Produzenten abfällt. Bisher wurden Einkäufe nach einem bürokratischen Verfahren getätigt. Wir haben damit Schluß gemacht und die Preise durch Kostenreduzierung gesenkt – und nicht einfach dadurch, daß wir Verhandlungsdruck ausgeübt hätten. Der »Druck« kommt allein vom Markt. Der Arbeitseinsatz unserer Techniker – einer so genial wie der andere – in den Werken der Zulieferer hat dazu geführt, daß wir unsere Produktivität um mehr als 50 Prozent steigern konnten.

Ein Corsa wird zerlegt

1985 war also eine deutliche Steigerung der Produktivität bei General Motors in Zaragoza erreicht worden. Was hatten wir damals für exzellente Profis in der Abteilung für industrielle Organisation! Und was für hervorragende Arbeiter! Und trotzdem machten wir nach wie vor Verluste, nun schon im fünften Jahr hintereinander. Die Drohung, verkauft oder ganz geschlossen zu werden, hing immer noch wie eine Gewitterwolke über uns.

Mir wurde klar, daß wir zwar die Arbeitsmethoden verbessert hatten – aber da die Personalkosten nur 8 Prozent ausmachten, konnten wir uns von Verbesserungen in diesem Bereich nicht die Rettung der Firma versprechen. Wir mußten den Stier bei den Hörnern packen und die Materialfrage angehen, denn die Materialkosten schlugen bei den Gesamtkosten mit etwa 75 Prozent zu Buche. Hier also war einiges herauszuholen!

Doch wir hatten nicht mit der Bürokratie gerechnet! Jeder Vorschlag in dieser Richtung scheiterte am unflexiblen Denken der Einkaufsabteilung oder am Dünkel der Ingenieure. Immer wieder bekamen wir zu hören: »Dafür sind wir zuständig. Kümmert ihr euch um eure Angelegenheiten.« Wir mußten uns etwas einfallen lassen. Und so beschloß ich, die gesamte Belegschaft einzubeziehen!

Wir schafften in einer unbenutzten Halle Platz für eine Ausstellungsfläche. Ich wollte unser Modell, den Corsa, mit allen Konkurrenzmodellen vergleichen. Da wir kein Budget für den Ankauf von Autos anderer Hersteller hatten, mieteten wir uns einen Renault 5, einen Ford Fiesta, einen Citroën, einen Fiat, einen Volkswagen, einen Toyota, einen Seat und zwei Corsas. Die stellten wir in dieser Halle nebeneinander auf und nahmen sie, soweit möglich, auseinander, wobei wir Motorhaube zu Motorhaube legten, Sitz zu Sitz usw. Als wir damit fertig waren, luden wir die Arbeiter zum Besuch unserer »Ausstellung« ein und forderten sie auf, Vorschläge zur Einsparung von Materialkosten für jedes einzelne Teil zu machen.

Unsere Ausstellung hatte enormen Zulauf. Alle fanden es hochinteressant, die verschiedenen Lösungsmöglichkeiten der unterschiedlichen Hersteller zu vergleichen, und jeder machte Vorschläge. Einige waren schlicht, andere kompliziert, aber alle kreativ. In sechs Tagen sammelten wir 25 000 Verbesserungsvorschläge. Wenn das kein Erfolg war!

Wir ordneten diese Vorschläge nach Zugehörigkeit und schickten sie an die Konstruktionsabteilung von Opel in Rüsselsheim mit der Bitte um Genehmigung; als reine Fertigungsstätte konnten wir in Zaragoza in diesem Fall nicht selbständig entscheiden. Das Unglück unseres Landes ist, daß wir zwar einige Fabriken haben, aber zuwenig Unternehmen. Nach vierzehn Tagen traf eine niederschmetternde Antwort ein: Alle 25 000 Vorschläge unserer Gruppe waren zurückgewiesen und auf Deutsch mit dem säuberlichen Vermerk versehen worden: »Vorschlag abgelehnt«. Am liebsten hätte ich das Handtuch geworfen. Wenn wir die Kosten nicht in den Griff bekamen, würde das mit den Verlusten immer so weitergehen.

Es gab zwei Möglichkeiten: der Konstruktionsabteilung in Rüsselsheim die Schuld geben und aufgeben oder den Kampf wieder aufnehmen und sich noch mehr einfallen lassen. Ich entschied mich für die zweite Möglichkeit und suchte die 50 besten Vorschläge aus. Ich baute ein bestimmtes Autoteil (A) auf einem Tisch auf und legte ein weiteres (B) daneben, das in Design, Material und Funktionalität unseren Vorstellungen am nächsten kam. Jedes Vergleichspaar bekam ein Kärtchen mit der Aufschrift:

Derzeitige Kosten:	A
Kosten des Vorschlags:	B
Einsparungen insgesamt:	x Millionen DM
Entspricht der Einsparung von x Mitarbeitern	

Schließlich addierte ich die Einsparungen und fertigte eine letzte Tafel an:

	derzeitige Kosten	unser Vorschlag
Gesamtkosten in allen 50 Fällen	X	Y
Einsparung insgesamt:	x Millionen DM	
Entspricht der Einsparung von 2 500 Mitarbeitern		

Ich unterstrich die Zeile »Entspricht der Einsparung von
2 500 Mitarbeitern«, weil diese Kostenreduzierung exakt mit
der übereinstimmte, die wir in den letzten acht Jahren müh-
sam und nur mit Hilfe einer Vielzahl erstklassiger Ingenieure
durch Produktivitätssteigerung erreicht hatten. Und diese
Einsparungen ergaben sich aus lediglich 50 Fallbeispielen!
24 950 weitere Fälle warteten noch! Aber in Deutschland
hatte man »Nein!« gesagt – da brauchten wir es also nicht
noch einmal zu versuchen.
Ich hatte eine Idee. Jack Smith, damals Vizepräsident von General Motors Europa, hatte seinen ersten Besuch in Zaragoza
angekündigt. Das war unsere Chance. Ich besprach mich mit
meinem Chef Hans Hüskes, und der hatte nichts dagegen,
Jack Smith unsere Ausstellung der 50 Fallbeispiele zu präsentieren.
Jack Smith schaute sich alles an, staunte über die Menge der
Verbesserungsmöglichkeiten und war vor allem von dem Vergleich mit den Einsparungen im Personalbereich beeindruckt: 2 500 Mitarbeiter – das waren 60 Prozent der gesamten Belegschaft – und das alles lediglich durch Materialein-
sparungen in 50 Fällen! Jack, der in Finanzangelegenheiten
eine feine Nase hatte, begriff, was wir wollten, und sagte nur:
»Beeindruckend. Das wird gemacht.«
Als ich ihm dann von der ablehnenden Einstellung der Opel-
Ingenieure in Rüsselsheim berichtete, blieb er ganz ruhig,
lächelte und meinte:
»Das regele ich.«

Zwei Wochen später erreichte uns die Nachricht, daß er erneut nach Zaragoza käme, und zwar in Begleitung von Fritz Löhr, dem Chefingenieur von Opel. Da wir unsere Ausstellung noch nicht abgebaut hatten, richteten wir sie nur etwas her und warteten dann ungeduldig.

Als Jack Herrn Löhr unsere Beispielsammlung zeigte, wobei er mit Nachdruck auf den Vergleich mit den Personalkosten hinwies, wurde der Chefingenieur, der sonst eine kräftige rote Gesichtsfarbe hatte, bleich. Da sagte Jack zu ihm:

»Fritz, bitte, unterstütze diese armen Menschen bei ihrem Versuch, auf diese Art Kosten zu senken...«

Der Satz tat bei Herrn Löhr augenblicklich seine Wirkung. Noch in der Tür genehmigte er die Hälfte unserer Vorschläge – und sparte so in weniger als einer Arbeitsstunde den Gegenwert der Personalkosten von 1 500 Mitarbeitern ein.

Ich erinnere mich, daß der erste Vorschlag, der von ihm genehmigt wurde, die Fußmatten betraf. Diese Matten mußten immer grau sein. Unser bisheriger Zulieferer bot Fußmatten aus grauen Fasern zu einem Preis an, der Färben, Verarbeiten, Lagerung usw. enthielt. Unser Vorschlag sah vor, zu gleichen Teilen weiße und schwarze Fasern zu verwenden, beide ungefärbt, was im Endeffekt ein Grau von natürlicherem Aussehen ergab. Die Kosten dafür waren deutlich niedriger. Allein dieser Vorschlag brachte uns Einsparungen im Gegenwert der Personalkosten von 80 Mitarbeitern ein.

Über den Rest wurde in Deutschland erneut nachgedacht. Mit dem Erfolg, daß nach weiteren zwei Wochen 80 Prozent der Vorschläge genehmigt waren.

Das war ein großer Tag für Zaragoza, für unser Team und für Jack. Beim Abschied auf dem Flughafen meinte Herr Löhr:

»Diese Spanier von der Organisationsabteilung sind wirklich nicht auf den Kopf gefallen.«

In diesem Fall hatten Kreativität, Engagement, Arbeitseifer, strategisches Denken, Glauben – und nicht zuletzt die Unterstützung von Jack Smith zum Erfolg geführt.

Mit drei Töchtern nach Deutschland

Ein Jahr lang arbeiteten wir nach dem neuen System mit außergewöhnlichem Erfolg. Die Materialkosten sanken um 6,5 Prozent. Nie zuvor hatte man in der Automobilindustrie ähnliches erlebt, und unser Werk machte zum ersten Mal Gewinne. Jack Smith war von diesen Zahlen derartig beeindruckt, daß er mir den Vorschlag machte, diesen Erfolg bei Opel in Deutschland zu wiederholen.

Zaragoza war meine erste Arbeitsstelle außerhalb des Baskenlands gewesen, und an jedem Wochenende war ich mit meiner Frau und meinen Töchtern nach Hause gefahren. Dennoch wurde dieser Zustand von mir und meiner ganzen Familie als Opfer empfunden. Sicher, Zaragoza und die Aragonier haben tiefen Eindruck auf uns gemacht. Es sind wunderbare Menschen und großartige Arbeiter. Ich habe die schönsten Erinnerungen an diese Stadt, nicht zuletzt, weil ich dort gute Freunde gefunden habe.

Und jetzt verlangte Jack Smith von mir, nach Deutschland zu gehen! Ich flog nach Frankfurt, und während des gesamten Flugs legte ich mir Argumente gegen einen Umzug nach Deutschland zurecht: Ich spreche kein Deutsch, ein Ausländer würde bei den Verhandlungen mit den Zulieferern Schwierigkeiten haben, der Konsolidierungsprozeß in Zaragoza ist noch nicht abgeschlossen usw. Während der Besprechung setzte ich meinen deutschen Freunden meine Gründe auseinander – und die zeigten Verständnis dafür. Wieder zu Hause, sagte ich meiner Familie:

»Ich habe die Deutschen davon überzeugen können, daß ich nicht der Mann bin, den sie suchen.«

Wir feierten den Ausgang dieser Geschichte, und alle waren glücklich. Am nächsten Tag befand ich mich gerade im Büro des Präsidenten von General Motors Spanien, als das Telefon klingelte. Hans Hüskes reichte mir den Hörer: Es war Jack Smith.

»Hallo, Ignacio, wie geht's? Übrigens, ich meine, du solltest etwas flexibler sein...«

Wieder rief ich meine Familie zusammen, um ihr die neue Situation zu erklären. Alle ließen sich überzeugen, außer der siebenjährigen Mayte, unserer Jüngsten. Wir diskutierten bis zum Morgengrauen. Schließlich machte mir Mayte folgenden Vorschlag:

»Gut, ich komme mit euch nach Deutschland, wenn ihr mir einen Hund schenkt...«

Und so flogen wir fünf wenige Tage später nach Deutschland. Der Hund blieb in Busturia.

In Deutschland empfingen uns einige mit gewetzten Krallen. Die »Bürokraten« und die »Oligarchen« ahnten, daß es mit ihrem Einfluß vorbei wäre, sollten wir Gelegenheit bekommen, bei ihnen dasselbe System wie in Spanien einzuführen. Sie ließen den Zulieferfirmen beruhigende Nachrichten zukommen: In Deutschland bekämen wir kein Bein auf die Erde. Und jemand aus dem inneren Kreis versicherte ihnen: »Bevor sechs Monate um sind, sitzen López und sein Team wieder im Flugzeug nach Spanien.«

Nach Ablauf dieser sechs Monate war von der Bürokratie nichts mehr übrig; wer dazugehört hatte, war versetzt worden. Und wir nahmen die Arbeit auf. Als erstes erklärten wir den Deutschen das System, das wir einzuführen gedachten. Wir reduzierten die Hierarchie von neun auf drei Entscheidungsebenen und bestimmten den Freitag zu dem Tag, an dem alle Kaufentscheidungen gefällt würden. Das lief gewöhnlich auf Marathonsitzungen hinaus, weil 40 bis 50 Vertreter der verschiedenen Abteilungen daran teilnahmen und vor jeder Entscheidung Einstimmigkeit erzielt werden mußte.

Wir vereinfachten diesen Prozeß so gut es ging und legten größtes Gewicht auf die Meinung der Einkäufer, die der untersten Ebene der Hierarchie angehörten. Hier ging es um ihren Arbeitsbereich. Diese Vorgänge berührten sie direkt. Sie waren die Chefs. Jeden Freitag präsentierten sie der Versammlung drei Dokumente.

Dokument Nr. 1 führte alle Zulieferer auf, die um ein Angebot gebeten worden waren, sowie deren Antworten. Stets handelte es sich um zehn oder mehr Zulieferer, weil wir eine direkte Beziehung entdeckt hatten zwischen der Zahl der Zulieferfirmen, die ein Angebot machten, und der Reduzierung der Kosten.

Dokument Nr. 2 verglich alle Zulieferer im Hinblick auf Qualität, Service und Preis miteinander.

Dokument Nr. 3 enthielt die Empfehlung des Einkäufers, also den Namen desjenigen Anbieters, bei dem Qualität, Service und Preis im günstigsten Verhältnis zueinander standen.

Danach bat er alle Anwesenden um Kommentare, und wenn diese ihr Einverständnis erklärten, wurde seine Empfehlung bestätigt. Wenn nicht, diskutierte man so lange weiter, bis Einstimmigkeit herrschte. Wenn die Entscheidung einmal gefällt war, bekundeten alle ihren Beifall, indem sie mit den Fingerknöcheln auf die Tischplatte klopften wie römische Soldaten gegen ihre Schilde.

Der Einkäufer sah sich durch dieses Verfahren dermaßen motiviert, daß er am Wochenende über neue Heldentaten nachsann. Und seine Kollegen lernten dazu, machten sich mit der neuen Methode vertraut und bereiteten sich auf eigene Erfolge bei nächster Gelegenheit vor. Dieser Teamgeist, diese Motivation, diese Selbstachtung und dieses Gefühl, den Arbeitsprozeß mitzubestimmen, verbunden mit der Möglichkeit, von mir zu lernen und neue Erfahrungen zu machen, bildeten die Voraussetzung für den Erfolg, ja das Wunder, das dann eintrat.

Jack Smith war entschlossen, die Lage des Unternehmens mit Hilfe unseres Systems zu verbessern. Und der Erfolg bei Opel war tatsächlich noch spektakulärer als bei General Motors Spanien, weil es sich hier um ganz andere Dimensionen handelte. In den fünf Jahren zwischen 1987 und 1992 erzielte

Opel außerordentlich gute Geschäftsergebnisse. Vorher hatte das Unternehmen jährlich circa 300 Millionen DM Verlust gemacht und war von der Schließung bedroht, so wie Simca von Chrysler geschlossen worden war. Nach Einführung unseres Systems jedoch gehörte Opel zu den rentabelsten Unternehmen in Europa. Dieser Erfolg verhalf Jack Smith zur Präsidentschaft des Gesamtkonzerns. Die neue Einkaufsphilosophie war sein großer Trumpf.

Verhandlungen bei Opel

Unser Einkaufsverfahren hatte sich bewährt, jetzt mußten die nötigen Kenntnisse der Beschaffungsabteilung von Opel vermittelt werden. Unsere Strategie mußte gewissermaßen im fliegenden Wechsel übernommen werden, denn Opel brauchte zum Überleben dringend Einsparungserfolge.
Ich hielt es in dieser Situation für besser, keine Kurse zu geben, sondern gleich Ernst zu machen. Am schnellsten lernt man aus der alltäglichen Arbeitssituation heraus. Bei einer der Motivationstreffen, die wir regelmäßig veranstalteten, um die neuesten Sparerfolge publik zu machen, kündigte ich an, daß der jeweilige Einkäufer, sein Vorgesetzter und ich von nun an alle Verhandlungen mit Zulieferern gemeinsam führen würden.
Und so wurde es gemacht. Die Schule für praxisnahes Lernen war geboren. Ich möchte hier einige wenige aus den Hunderten von Fällen anführen, die richtungweisend für Entwicklung und Anwendung der neuen Einkaufsmethode waren.
Der erste Fall könnte überschrieben werden: »Ankündigung von Preissteigerungen«. Es kam häufig vor, daß Zulieferer die Einkäufer unter Druck setzten, um Preissteigerungen durchzusetzen. Bei solchen Gelegenheiten tischten sie jede Menge Scheinargumente auf:

- Steigerung der Inflationsrate
- Verteuerung der Rohstoffe
- Preiserhöhungen bei den Transportunternehmen
- erhöhte Lohnkosten
- reduzierte Wochenarbeitsstunden
- Anstieg des Dollarwechselkurses
- Verteuerung des Ölpreises
- gestiegene Energiekosten usw.

Gewöhnlich hieß es dann zum Schluß: »Sollten Sie einer Preiserhöhung nicht zustimmen, sähen wir uns zu unserem großen Bedauern gezwungen, die Lieferungen einzustellen, weil unsere gesamte Produktion in diesem Fall an Kunden ginge, die unsere Preisvorstellungen akzeptieren. Auf Verlustgeschäfte mit Ihnen können wir uns nicht einlassen.« Der Druck, unter dem der Einkäufer in solchen Situationen stand, war unerträglich. Wenn auch nur ein einziges Teil fehlte, mußte die ganze Produktion angehalten werden, die Arbeiter standen mit verschränkten Armen herum, die Gewerkschaften protestierten, und dem Einkäufer drohte die Entlassung. Andererseits hatte ich verboten, Preiserhöhungen zu akzeptieren – weil das Unternehmen dann pleite gegangen wäre und alle ihre Arbeit verloren hätten.

Die Lösung bestand darin, zu handeln und zu verhandeln. Verhandeln, um den Angriff abzufangen, und handeln, um die Produktionskosten bei der Zulieferfirma zu senken.

Als erster stellte ein Zulieferer von Stanzteilen Forderungen. Sein Ziel: eine Preiserhöhung von 8 Prozent. Als Grund führt er eine Preissteigerung des Rohmaterials um 12 Prozent und der Personalkosten um 3,5 Prozent an. Die Verhandlung findet in meinem Büro statt. Teilnehmer sind der Direktor der Zulieferfirma und sein Verkaufsleiter sowie auf unserer Seite der Einkäufer, an den die Forderung gerichtet ist, sein Vorgesetzter und ich.

Nach einer herzlichen Begrüßung, bei der eine gewisse Unterwürfigkeit seitens des deutschen Zulieferers zu beobachten ist, wird an alle bis auf mich Kaffee ausgeschenkt – ich trinke lieber Wasser, das hält mich frisch –, und die Verhandlung beginnt. Aus Gründen der Gleichberechtigung wird Englisch gesprochen. In der ersten halben Stunde erläutert der Zulieferer alle seine Gründe – in Wahrheit Ausreden –, die eine Preiserhöhung rechtfertigen sollen, und schließt mit der lapidaren Bemerkung:»Wenn Sie auf unsere Forderung nicht eingehen, stellen wir jede Lieferung ein.« Unser Einkäufer ist am Rande eines Nervenzusammenbruchs. Ich danke ihnen daraufhin für ihren Besuch, erinnere sie an die kritische Lage von Opel im besonderen und der europäischen Autoindustrie im allgemeinen – ausgelöst nicht zuletzt durch die japanische Konkurrenz – und mache ihnen klar, daß die Stunde der Wahrheit gekommen sei. Das heißt: In Zukunft müssen wir zusammenarbeiten und Kosten reduzieren, statt Preise zu erhöhen.

Die Vertreter der Zulieferfirma hören mit gespielter Aufmerksamkeit zu. Sie sind entschlossen, die Preise heraufzusetzen, und meine Argumente gehen bei ihnen zum einen Ohr rein und zum anderen wieder raus. Nach einer halben Stunde heißt es wieder: Preiserhöhung oder Einstellung der Lieferung. Auf ihre Forderung eingehen und sich hinterher Gedanken über eine Lösung machen – das scheint der einzige Ausweg zu sein.

Aber wenn wir einwilligen, werden die Buschtrommeln der Industrie folgende Botschaft verkünden:»Mit Druck und Drohungen läßt sich jede Preiserhöhung durchsetzen.« Und das Spiel wird wieder von vorne losgehen. Das wäre das Ende unseres Unternehmens, denn der Markt erlaubt keine weiteren Preiserhöhungen dieses Kalibers. Uns bleibt nur eins: kämpfen unter Einsatz unserer Kreativität! Also sage ich ihnen in meinem stark baskisch gefärbten Englisch und mit etwas lauterer Stimme als bisher:

»Schauen Sie, ich möchte lieber schnell als langsam sterben.

Wenn wir Ihre Preiserhöhung akzeptieren, wird uns das in absehbarer Zeit umbringen. Deswegen werde ich nie – ich wiederhole: nie! – auf Ihre Forderung eingehen. Wenn Sie die Ware jetzt zurückhalten, dann kommt unsere Produktion zum Erliegen und unsere Arbeiter werden entlassen. Nur – in diesem Fall wird es auch Ihnen schlechtgehen. Weil ich im selben Augenblick nämlich eine Pressekonferenz geben werde, zu der alle deutschen Zeitungen kommen werden, und dann werde ich den Schuldigen an diesem Desaster benennen: Sie! Das ganze Land wird wissen, daß Ihre Firma asozial, unzuverlässig und fortschrittsfeindlich ist. Uns wird es schlechtgehen, aber Sie werden von der Bildfläche verschwinden. Sie werden auf die schwarze Liste gesetzt. Diese Lösung wäre mir unangenehm, aber Sie fordern sie heraus.«

Die Zulieferer finden keine Worte und bitten um eine Verhandlungspause, um sich abzustimmen. Wieder zurück, sagen sie:

»In Anbetracht Ihrer Ausführungen sind wir bereit, die Preiserhöhung auf 5 Prozent zu begrenzen. Das ist unser letztes Wort. Aber an diesen 5 Prozent geht kein Weg vorbei. Entweder Sie erklären sich damit einverstanden, oder wir stellen die Lieferungen ein.«

Das wäre eine deutliche Verbesserung. Wir hätten in nur zwei Verhandlungsstunden eine Einsparung von 3 Prozent erzielt, und diese 3 Prozent sind eine Menge Geld. Aber – genau wie im Fall der 8 Prozent würde auch jetzt die Buschtrommel ihre Wirkung tun, und das Ende wäre schrecklich.

»Tut mir leid«, sage ich, »unmöglich. Aber es gibt eine andere Lösung: Kostenreduzierung.«

»Das wird bei uns ununterbrochen praktiziert«, lautet die Antwort. »Aber die Preissteigerungen sind so nicht aufzufangen. Würden wir nicht von uns aus Kosten senken, müßten die Preissteigerungen noch bedeutend höher ausfallen.«

»Wir könnten Ihnen helfen, die Kosten noch stärker zu senken«, sage ich. »Wir bieten Ihnen an, unsere Techniker in Ihre

Firma zu schicken. Ich komme mit, und gemeinsam schaffen wir's.«

»Selbst dann müßten wir die Preise erhöhen«, heißt es wieder.

»Schauen Sie«, sage ich, »wir können hier jetzt noch ein Jahr weiterdiskutieren. Akzeptieren werde ich auf keinen Fall. Wir müssen Kosten senken, das ist der einzige Weg. Die Schlacht, die Sie heute angezettelt haben, könnte ich verlieren. Aber seien Sie versichert: Diesen Krieg verlieren Sie. Noch nie hat ein Kunde einen Krieg verloren! Wir werden gewinnen.«

Nach zweieinhalb Stunden sind die Vertreter der Zulieferfirma erschöpft. Der Einkäufer ist froh, dabeigewesen zu sein und erlebt zu haben, daß ihn endlich einmal jemand verteidigt. Sein Vorgesetzter weiß nicht, auf welche Seite er sich schlagen soll, aber wenigstens hat er sich herausgehalten. Die Vertreter der Zulieferfirma akzeptieren schließlich zermürbt unser Angebot.

»Nun gut«, sagen sie, »aber wenn sich die Kosten doch nicht reduzieren lassen sollten, bleibt es bei unserer Forderung von 5 Prozent.«

»Sehr gut. Nächste Woche kommen wir. Und vielen Dank für Ihren Besuch.« Händeschütteln zum Abschied.

Der Einkäufer und sein Vorgesetzter wollen ebenfalls gehen, aber ich halte sie zurück. Ich schließe die Tür und frage:

»Welchen Eindruck habt ihr?«

»Das wird schwer werden, bei denen Kosten zu senken. Das ist ein vorbildliches Unternehmen. Ich weiß nicht, ob sich der Versuch überhaupt lohnt.«

Ich spreche den Einkäufer direkt an:

»Und was ist deine Meinung?«

»Ich denke, daß wir kämpfen müssen. Der Druck ist unerträglich. Sie haben mich schon mehrmals angerufen und mir gedroht, die Lieferungen einzustellen. Sie rufen mich sogar zu Hause an. Ein Lkw, der für acht Uhr morgens bestellt ist, kommt um vier Uhr nachmittags. Und von der Produktion bekomme ich einen drüber, weil es kaum noch Lagerbestände gibt. So geht es jedenfalls nicht weiter.«

»Am Montag treten wir bei denen in Aktion«, sage ich, »zusammen mit den Technikern vom Einkauf. Und dann werden wir an zwei Fronten angreifen. Erstens werden wir ihnen helfen, günstiger einzukaufen – mit anderen Worten, wir werden mit den Rohstofflieferanten neue Preise aushandeln. Und zweitens müssen wir die Produktivität in allen Bereichen verbessern. Also dann, bis Montag.«

Der Einkäufer geht zufrieden von dannen, während sein Vorgesetzter skeptisch bleibt. Montags um acht treffen wir in der Zulieferfirma ein. Nach einer kurzen Einführung für die leitenden Angestellten nehmen unsere zwei Teams ihre Arbeit auf. Das erste Team stellt fest, daß sie den Stahl 17 Prozent teurer einkaufen als wir. Kein Problem, mit dem Stahllieferanten angemessene Preise auszuhandeln. Das zweite Team wendet unser System der Optimierung von Arbeitsabläufen auf den Arbeitsbereich von 15 Leuten an. Nach fünf Tagen hat sich die Produktivität dieses Bereichs um 43 Prozent erhöht – und das, obwohl gerade dieser Abschnitt als besonders gut organisiert galt.

Am Freitag gibt es eine Besprechung mit der Geschäftsleitung dieser Firma, in deren Verlauf wir unsere Ergebnisse präsentieren. Es wird beschlossen, unser System der Ablaufoptimierung auf alle Abteilungen auszudehnen. Die Preiserhöhung ist bereits vergessen. Die Buschtrommel funktioniert bestens.

Sowohl die Einkäufer und ihre Vorgesetzten als auch die Zulieferer hatten diese Lektion schnell gelernt. Die Zulieferfirma erhöhte ihre Lieferungen an Opel und andere Automobilhersteller, weil sich ihre industriellen und, vor allem, ihre mentalen Strukturen deutlich verbessert hatten. In der Folgezeit wurde diese Art von Verhandlungen bei Opel üblich.

Besser als Kaizen

Die neue Verhandlungsstrategie setzte sich sehr schnell durch; die Einkäufer verwandelten sich einer nach dem anderen in kleine Ignacios. Die Zulieferer bestätigten, daß es in puncto Hartnäckigkeit keinen Unterschied mehr zwischen dem Original und den geklonten Ignacios gäbe. Alle wiederholten dieselben Argumente. Wir trennten uns von den kritischen Fällen, und immer seltener wurde uns mit Lieferstopp gedroht. Ignacio und seinem Team war es gelungen, aus dem »Wir erhöhen die Preise!« ein »Wir ziehen alle am selben Strang!« (*Working together to win*) zu machen.

Aber kein Glück währt ewig. Schon bald mußten wir erneut beweisen, daß unser System der Optimierung von Produktionsprozessen besser funktionierte als andere – wie etwa das japanische Kaizen. Der Vorgesetzte des für die Getriebe zuständigen Einkäufers kam mit einem Problem zu mir ins Büro. Eine japanische Zulieferfirma forderte Preiserhöhungen von 12 Prozent und 45 Millionen DM für Spezialmaschinen als Voraussetzung für die von uns geforderte Qualitätssteigerung. Auf Verhandlungen ließ sie sich gar nicht erst ein. Statt dessen stellte sie uns ein Ultimatum.

»Was sollten wir deiner Meinung nach tun?« fragte ich den Mann vom Einkauf.

»Diesmal müssen wir wohl zahlen«, sagte er. »Die Japaner stecken ja selbst in Schwierigkeiten. Und jetzt beschweren sie sich auch noch bei den Amerikanern und machen einen politischen Fall daraus. Außerdem leiden sie als japanischer Zulieferer unter dem starken Yen – ich befürchte, daß wir hier wohl eine Ausnahme machen müssen.«

»Nie im Leben!« sagte ich. »Wenn wir eine einzige Ausnahme zulassen, ohne vorher alles versucht zu haben, dann müssen wir wieder ganz von vorn anfangen. Glaubst du nicht auch, daß wir uns auf keinen Fall kampflos geschlagen geben dürfen?«

»Wir werden in diesem Fall um eine Ausnahme nicht herumkommen«, blieb er dabei. »Wenn wir dein System bei den Japanern einführen wollen, dann müssen wir nach Japan fahren, und ob sich das lohnt, ist sehr fraglich. Japan ist nicht Europa, die Produktivität dort ist bekanntlich sehr hoch. Ich glaube nicht, daß es da noch etwas zu verbessern gibt. Wenn wir aber in Japan scheitern, dann war die Medizin schädlicher als die Krankheit.«

»Wenn wir's nicht versuchen, schaffen wir's erst recht nicht«, sagte ich. »Ich weigere mich zu zahlen, bevor ich nicht hundertprozentig davon überzeugt bin, daß es bei Isuzu nichts zu verbessern gibt. Verbessern kann man überall – in Japan genauso wie in China!«

»Also, was machen wir?« fragte der Deutsche, immer noch skeptisch.

»Ruf die Japaner an, und bitte sie, zu einer Strategiebesprechung nach Deutschland zu kommen.«

Zwei Wochen später nahmen der Verkaufschef der japanischen Firma mit vier Assistenten und einem Übersetzer morgens um acht in meinem Büro Platz. Außerdem anwesend waren der deutsche Einkäufer und sein Vorgesetzter. Am Verhandlungstisch saß der Einkäufer zu meiner Linken, sein Chef zu meiner Rechten und der Chef der Japaner mit seinem Dolmetscher mir gegenüber, eingerahmt von den anderen Japanern. Zwischen uns auf dem Tisch Kaffee, Milch, Schokoladenplätzchen und – mein Glas Wasser. Die Japaner baten um Tee, aber den gab es nicht. Also tranken sie Kaffee und aßen Kekse. Was wir als ersten strategischen Vorteil für uns betrachteten.

Nach dem zeremoniellen Austausch von Visitenkarten und Begrüßungsformeln setzte der Verkaufschef zu einer längeren Rede auf Japanisch an, die ins Englische übersetzt wurde. Es war eine professionelle Rede, hervorragend vorbereitet, scharfsinnig und mit schauspielerisch gekonnten Einlagen. Anders als die Deutschen verzichtete er auf Drohungen, war aber in der Sache genauso hart oder noch härter. Ich antwortete auf Englisch. Obwohl sie alles verstanden, ließen sie sich jedes Wort übersetzen, um Zeit zum Nachdenken zu gewinnen. Diese Strategie wenden sie immer an. Unsere klassische Antwort lautete: Wir bieten an, ihre Kosten zu reduzieren, damit die Preiserhöhung gegenstandslos wird.

Es kommt zwar selten vor, daß ein Japaner unumwunden »Nein« sagt, aber in diesem Fall antwortete der Direktor der japanischen Firma:

»Ich glaube nicht, daß dies eine Lösung wäre. Vor knapp einem Monat hat Toyota dasselbe versucht, ohne daß sich dadurch an der Notwendigkeit von Preissteigerungen etwas geändert hätte – trotz ihres Optimierungssystems Kaizen und trotz einer Produktivitätssteigerung von 35 Prozent. Wie wollen Sie das dann schaffen?«

»Sicher«, sagte ich, »aber wenn wir es nicht versuchen, schaffen wir es auch nicht. Ich bin bereit, mit zwei Teams nach Japan zu kommen – einem, das die Möglichkeiten der Qualitätsverbesserung untersucht, und einem, das sich dem Problem der Kostensenkung annimmt. Eine Woche lang werden wir mit Ihren Arbeitern eng zusammenarbeiten. Das kostet Sie nichts. Und wir sind davon überzeugt, daß wir es schaffen.«

Der Japaner erklärte sich einverstanden, und drei Wochen später quartierten wir uns im Hotel Imperial in Tokio ein. Am ersten Tag, einem Montag, wurden wir um sechs Uhr früh im Hotel abgeholt und ins japanische Werk gefahren. Um acht waren bereits beide Teams an der Arbeit. Das Team für die Qualität bestand aus einem Deutschen, einem Spanier und vier Japanern. Das Team für die Kosten aus zwei Spaniern und vier Japanern. Ich sprang zwischen beiden hin und her. Das Ziel lautete: Qualitätssteigerung ohne zusätzliche Investitionen und Kostensenkung, um die geforderte Preiserhöhung aus der Welt zu schaffen.

Wir begannen mit meinem System der Optimierung von Ar-

111

beitsabläufen. Die Japaner waren wie Schwämme – sie sogen unsere Vorschläge sofort auf. Die Gruppenarbeit funktionierte großartig, und alle Verbesserungsmöglichkeiten, die auftauchten, wurden augenblicklich umgesetzt. Ihre Begabung für Kommunikation ist außergewöhnlich – alles geschieht, ohne viele Worte zu machen (eine große Tugend!), und alles spielt sich im Geist der Kooperation ab. Hervorragende Ausbildung verbindet sich bei ihnen mit großer Charakterstärke. Der Morgen ging wie im Fluge vorüber, und ein bescheidenes Mittagessen schloß sich an. Es bestand aus Tee, Obst, Salat und ungenießbaren Sandwiches. Während des Essens sagte ich zu meinen Leuten:

»Wir müssen sie auf ihrem eigenen Terrain und mit ihren eigenen Waffen schlagen. Wir müssen kreativer sein als sie und vor allem länger arbeiten als sie. Für heute ist unser Ziel, sie dazu zu bringen, vor uns nach Hause zu gehen.«

Nach dem Essen ging es weiter. Wir analysierten jeden Arbeitsplatz Punkt für Punkt, jede Bewegung, jeden Handgriff und sämtliche Kosten. Es wurde sechs Uhr, und niemand ging. Da kam Félix, der Freund aus Zaragoza, auf mich zu:

»Ignacio, ich kann nicht mehr. Sie geben uns nichts zu essen, und solche Reserven wie du habe ich nicht. Ich bin total ermattet.«

»Mach keinen Ärger, Félix. Wenn wir jetzt gehen, werden sie uns kreuzigen. Dann haben wir morgen unser Ansehen eingebüßt und jeden Kredit bei ihnen verspielt. Halt durch.«

»O. k., dann frag sie wenigstens nach Sandwiches und Coca-Cola.«

Und der Vorgesetzte der Japaner besorgte liebenswürdigerweise die Speisen, die Félix das Leben retteten – und das von uns allen. Es wurde acht, und die Japaner rührten sich nicht von ihren Plätzen. Ich rief ihren Chef und sagte:

»Uns ist es egal, ob wir hier arbeiten oder im Hotel. Aber Sie dürften alle Familie haben. Warum gehen Sie nicht heim?«

»Auch uns ist es egal«, entgegnete der Japaner, ohne eine Miene zu verziehen.

Es ging also darum, wer als erster aufgab. Félix war halb ohnmächtig auf einem Stuhl zusammengesunken. Wir bereiteten uns schon darauf vor, die ganze Nacht durchzuarbeiten. Mir war es recht, ich bin ein professioneller Mondanbeter. Um elf Uhr nachts kam der Chef der Japaner auf uns zu und entschuldigte sich mit einem tiefen Seufzer:

»Ich bedaure unendlich, aber wir müssen jetzt gehen – der letzte Zug geht um 11 Uhr 15, und den dürfen wir nicht verpassen. Entschuldigen Sie uns bitte.«

»Macht nichts«, sagte ich hochbefriedigt. »Gehen Sie nur, und lassen Sie uns morgen in aller Frühe weitermachen.«

Fünfzehn Minuten später schlugen wir uns die Bäuche voll, und kurz darauf schliefen wir wie die Murmeltiere. Ein vielversprechender Anfang! Am Dienstag begrüßten sie uns respektvoll und arbeiteten mit, als gehörten sie zu uns. Tatsächlich erzielten wir hier mit meinem System die spektakulärsten Erfolge, weil sich die Japaner als überaus kreativ und kooperativ erwiesen. Was die Qualität anging, konnten wir Optimierungen an 46 Stellen vornehmen, von einer verbesserten Aufhängung der Werkstücke während der thermischen Behandlung über Modifikationen an den Halterungen für die Werkstücke während des mechanischen Bearbeitungsprozesses bis zu Änderungsmaßnahmen bei den Auffangkörben, so daß fertige Teile nicht mehr aneinanderstießen und beschädigt wurden. Durch diese 46 Änderungen war es den Japanern möglich, die Qualität auf das von unseren Technikern geforderte Niveau anzuheben, ohne daß zusätzliche Investitionen nötig geworden wären. 45 Millionen DM waren gerettet.

Das Team, das für Kostenreduzierung und Produktionssteigerung zuständig war, legte 250 Empfehlungen vor, von denen 50 noch in derselben Woche umgesetzt wurden. Wir änderten die Aufstellung der Maschinen, um unproduktive Bewegungen zu verhindern, verbesserten den Durchsatz, optimierten den Arbeitsrhythmus nach dem MTM-System, verkürzten den Weg zwischen Materiallager und Verarbeitungsplatz, führten symmetrische und simultane Abläufe in den Arbeitsprozeß ein und stimmten die einzelnen Arbeitsschritte besser aufeinander ab. Mit anderen Worten, alles wurde anders und besser.

Das Ergebnis konnte sich sehen lassen. Wir erreichten eine Produktionssteigerung von 46 Prozent – in demselben Arbeitsbereich, in dem bereits Toyota einen Monat zuvor nach dem Kaizen-Verfahren eine Produktionssteigerung von 35 Prozent erzielt hatte. Es hatte sich gezeigt, daß unser System sogar dem berühmten Kaizen der Japaner überlegen war. Dasselbe ließ sich von unseren beiden Teams sagen. Jedenfalls war nach unserem Besuch bei den Japanern von Preiserhöhungen keine Rede mehr. Wir haben diesen Erfolg in der Öffentlichkeit nicht publik gemacht. Was wir hätten tun sollen, um den Ruf westlicher Ingenieure und ihrer Arbeitsmethoden zu verbessern – gerade im Vergleich zum angeblich unschlagbaren Konkurrenten Japan.

Am Freitag stellten die japanischen Mitarbeiter dem Präsidenten der japanischen Firma die Ergebnisse vor. Der machte aus seiner Zufriedenheit und Dankbarkeit keinen Hehl. In einer unvergeßlichen Ansprache zollte er uns Anerkennung für unsere Arbeit, unser Engagement und beschwor gute Beziehungen für alle Zukunft. Kein Wort von Preiserhöhungen. Zum Schluß blickte er mir in die Augen und fragte:

»Eins würde ich gern wissen, Dr. López: Woher nehmen Sie die Kraft und die Motivation zu einer Arbeitsleistung, die selbst uns Respekt abverlangt?«

Ich dankte ihm für den freundlichen Empfang und die Möglichkeiten, die uns geboten worden waren, und beantwortete dann seine Frage:

»Schauen Sie – so wie sich die Tugend und die Ehre eines Samurai in seinem Säbel konzentrieren, so symbolisiert mein

114

gelber Pullover, den ich immer bei der Arbeit trage, für mich meine ganze Kraft und Energie, weil er mich daran erinnert, daß jeder Wert seinen Ursprung in der Fabrik, in der Arbeit, im Arbeiter selbst hat. Dort findet man die Wahrheit, und daher kommt meine Kraft.«

Alle lauschten aufmerksam der Simultanübersetzung. Als der Dolmetscher schwieg, ging ich zum Direktor des japanischen Unternehmens, zog meinen gelben Pullover aus und legte ihn um seine Schulter mit den Worten: »Ich möchte, daß dieser Pullover, der Inbegriff meiner Überzeugungen, in Japan bleibt, als Erinnerung an diese Woche und als Zeichen dafür, daß dem, der den Glauben hat, alles möglich ist.«

Als hätte man eine innere Sprungfeder gelöst, schnellte er von seinem Stuhl hoch, verbeugte sich mehrmals und wiederholte dabei die Worte: »Do mo arigato! Do mo arigato!« (Vielen Dank). Er hatte Tränen in seinen schmalen, asiatischen Augen. Keine erfolgreich erledigte Arbeit oder multinationale Zusammenarbeit hat mich je wieder so zufriedengestellt wie damals.

General Motors siegt über – General Motors

Es ergab sich eine Gelegenheit, mein Konzept für den Einkauf und den Umgang mit Zulieferern auf der höchsten internen Ebene durchzusetzen. Das sollte der Wendepunkt in der weltweiten Einkaufspraxis von GM werden. Wir entwickelten gerade eine neue Motorengeneration und suchten einen Hersteller für das Herzstück dieses Motors, das Engine Management System und die Elektronik für die Kraftstoffeinspritzung.

Wir nahmen frühzeitig Kontakt zu allen möglichen Herstellern auf. Das waren im einzelnen: die deutschen Firmen Robert Bosch und Siemens, Magneti Marelli in Italien,

Nippondengo in Japan, Lucas in England und A.C.G. Rochester in den USA, eine hundertprozentige General-Motors-Tochter. Zum Schluß blieben Siemens und Rochester übrig.

Es handelte sich um einen Auftrag von beachtlicher Größenordnung. Strategisch gesehen war er äußerst heikel, weil die Zulieferfirma, die den Zuschlag bekam, den Schlüssel zum modernsten Motor unserer Firma in Händen hielt. Außerdem gehörte einer der Finalisten unserer Muttergesellschaft General Motors. Wir mußten sehr behutsam vorgehen und verschärften daher die Vorsichtsmaßnahmen während des Auswahlverfahrens. Wir legten Wert darauf, daß alle an den Freitagssitzungen, auf denen die Entscheidungen gefällt wurden, teilnahmen, vor allem die Vertreter der Entwicklungsabteilung, die in diesem Fall das letzte Wort hatten. Dann kam der große Tag, an dem die Wahl zwischen den beiden Finalisten getroffen werden mußte.

Kein Punkt war unberücksichtigt geblieben, beide Angebote waren eingehend auf Qualität, Service und Endpreis hin analysiert worden. Unsere Wahl fiel auf Siemens. Der Verlierer hieß Rochester, also General Motors. Ich ergriff das Wort, betonte die Wichtigkeit eines transparenten und ehrlichen Verfahrens bei der Wahl der Zulieferer und fragte die Entwicklungsabteilung noch einmal, ob diese Entscheidung auch in ihrem Sinne sei. Das wurde bestätigt. Ich klopfte also mit den Fingerknöcheln auf die Tischplatte, und alle Anwesenden fielen in den Applaus ein. Die Entscheidung war gefällt. Der Sieger hieß Siemens.

Aber Rochester gab nicht auf. Sie fuhren in die USA und übten Druck auf Roger Smith aus, seinerzeit der Vorgesetzte von Jack Smith. Der wiederum rief Bob Eaton an, den Präsidenten von General Motors Europa, und forderte ihn auf, die Entscheidung zugunsten von Rochester zu revidieren. Bob Eaton gab diese Anweisung als Befehl an unseren Chefingenieur Fritz Löhr weiter. Und der beraumte eine Besprechung

mit mir und den Vertretern von Rochester an. Im Konferenz-
zimmer sagte mir Löhr lächelnd:
»Dr. López, ich habe davon erfahren, daß Sie sich für Siemens als Zulieferer entschieden haben. Diese Entscheidung
muß zugunsten von Rochester rückgängig gemacht werden.«
»Tut mir außerordentlich leid, Dr. Löhr«, sagte ich, »aber das
geht nicht. Die Entscheidung ist bereits gefällt. Wir haben es
uns nicht leichtgemacht. Und ich bin sicher, daß wir uns
nicht für den Falschen entschieden haben. Außerdem hat
Ihre Abteilung dieser Wahl zugestimmt.«
»Nun ja«, entgegnete Löhr sehr ernst, »ich werde eine Be-
nachrichtigung darüber erhalten haben. Aber ich bin der Chef
der Entwicklungsabteilung, und ich bin anderer Meinung.«
»Tut mir leid«, antwortete ich mit Entschiedenheit, »Sie hätten an der Freitagssitzung teilnehmen sollen. Jetzt läßt sich
nichts mehr ändern. Wenn wir diesmal einlenken, geht unser
ganzes Einkaufssystem den Bach runter und mit ihm die zig
Milliarden Mark an Einsparungen, die wir bis jetzt erzielt
haben.«
»Damit setzen Sie sich unter Umständen ganz schön in die
Nesseln«, gab er zu bedenken. »Wenn General Motors diesen
Auftrag nicht bekommt, streichen sie Ihnen möglicherweise
Ihren Bonus.« (Eine Vergütung, die im Dezember ausgezahlt
wird und so hoch wie das gesamte Jahresgehalt ausfallen
kann.)
»Das ist mir egal. Ich halte das Einkaufssystem für wichtiger
als den Bonus. Es bleibt bei dieser Entscheidung.«
Damit war unser Gespräch beendet. Fritz Löhr stand verärgert
auf und verließ mit dem Vertreter von Rochester den Raum.
Ich ging zurück in mein Büro. Am nächsten Tag setzt Bob
Eaton eine Besprechung mit mir und Löhr an. Thema: Rochester. Bob versucht, mir mit freundlichen Worten klarzumachen, daß Rochester den Zuschlag erhalten müsse. Ich
lehne mit denselben Argumenten ab, die ich Löhr gegenüber
gebraucht habe, und sage:

»Bob, du bist mein Chef, aber ich denke nicht daran, in dieser Angelegenheit nachzugeben.«

Keiner der anwesenden Assistenten wagt, etwas zu sagen, alle erwarten einen Wutausbruch von Bob Eaton, der für seinen aufbrausenden Charakter bekannt ist. In diesem Augenblick wird er ans Telefon gerufen – ein Anruf aus Amerika. Bob geht ins Nebenzimmer, kommt nach zehn Minuten zurück, schaut kurz herein und sagt lediglich:

»Ignacio, ich verstehe dich, aber mache diese Entscheidung bitte rückgängig. Tut mir leid, ich habe jetzt keine Zeit mehr, ich muß zusehen, daß ich mein Flugzeug bekomme.«

Er schloß die Tür und ging, ohne daß ich noch ein Wort sagen konnte. Den Befehl eines Präsidenten im Nacken, ging ich zurück in mein Büro. Wir hatten eine wichtige Schlacht, ja vielleicht sogar den ganzen Krieg verloren. Ich ließ mich in meinen Stuhl fallen und dachte nach. Ich bat meine Sekretärin, die ausgezeichnete Frau Schneider, den Vizepräsidenten von Siemens, Herrn Kunhert, anzurufen und ihm die Tragödie beizubringen.

Wie sich herausstellte, war Herr Kunhert auf dem Weg von Amerika nach München und sollte um 15 Uhr 30 landen. Jetzt war es 12 Uhr 30. Ich mußte mich beeilen. Ich beschloß, nach München zu fliegen und mit Kunhert zu sprechen. Um 13 Uhr 30 flog ich los, eine Stunde später erwartete ich Kunhert im VIP-Raum des Flughafengebäudes. Er freute sich, mich zu sehen, aber als er den Grund für unser Treffen erfuhr, hätte es ihn fast umgehauen. Wir hatten ihm nämlich unsere Entscheidung für Siemens inzwischen mitgeteilt, und dort war man bereits mit viel Elan an die Arbeit gegangen.

»Kurz gesagt«, bemerkte er enttäuscht, »ein Desaster auf der ganzen Linie. Bei Siemens wollte man sich ursprünglich erst nicht auf eine Konkurrenz mit Rochester einlassen, weil man ohnehin von einer politischen Entscheidung zugunsten des amerikanischen Unternehmens ausging und nicht das Versuchskaninchen abgeben wollte. Ich habe sie davon überzeugt, daß wir mit dir erstmals eine echte Chance hätten. Nach langem Zögern sind sie darauf eingegangen. Und jetzt werden alle über mich herfallen – und dir wird keiner mehr glauben. Und Opel und General Motors werden weitermachen wie in den alten Zeiten. Welch ein Desaster!«

»Du hast recht. Wenn sie mich wirklich zwingen sollten, unsere Entscheidung zurückzunehmen, werde ich Opel vielleicht verlassen. Aber vorher werde ich kämpfen.«

Noch vom Flughafen aus rief ich Marc McCabe an, ein großartiger Mensch und ein wirklicher Profi. Damals war er Präsident von A.C.G. – einer Abteilung von General Motors, in der alle Lieferfirmen zusammengefaßt sind – und somit Vorgesetzter des Direktors von Rochester. Ich erklärte ihm unser Problem.

»Marc«, bat ich ihn, »bitte zwinge mich nicht, etwas zu ändern. Wenn du das tust, muß ich kündigen – und mit mir geht dann womöglich die gesamte Einkaufsabteilung von General Motors Europa und Opel. Das wird einen Riesenskandal geben, und die Schuld daran wird bei euch liegen.«

»Und – was soll ich jetzt machen?«

»Sprich mit Roger Smith, und überzeuge Bob Eaton, daß es besser wäre, wenn die Entscheidung respektiert wird.«

»Du verlangst viel von mir.«

»Wenn du es tust – das versichere ich dir –, wird es das Klügste sein, was du je in deinem Leben gemacht hast. Ich werde mich persönlich an die Verbesserung eurer Anlagen machen und euch künftig bei allen Kaufentscheidungen beratend unterstützen. Wenn du tust, was ich sage, kannst du nur gewinnen.«

Marc glaubte mir. Er flog nach Detroit, sprach mit Roger Smith und Bob Eaton und brachte sie tatsächlich dazu, die Entscheidung für Siemens zu akzeptieren. Bob Eaton rief mich an und sagte:

»Wenn alle mit Siemens einverstanden sind, dann bin ich es auch.«

Dies war die wichtigste Entscheidung der Einkaufsabteilung seit ihrer Gründung. Die Buschtrommeln übertrugen die Botschaft, und unser Einkaufsverfahren gewann weiter an Glaubwürdigkeit. Zwei Jahre später hatte A.C.G. seine Verkäufe an General Motors Europa verdoppelt.

Diesmal also waren strategisches Denken, Ernsthaftigkeit, Durchsetzungsvermögen, Widerstandskraft, Entschlossenheit, Glauben und zwei große Männer: Marc McCabe und Bob Eaton, eine ideale Verbindung eingegangen.

Ein Trojanisches Pferd aus Japan

Ein wichtiger japanischer Zulieferer, mit dem wir einen unbefristeten Vertrag hatten, setzte unseren Einkäufer über eine Preiserhöhung von 9 Prozent in Kenntnis. In seinem Brief wurden alle Einzelheiten berücksichtigt und genau begründet – die Mitteilung zeugte von peniblem Ordnungssinn, logischem Denken und großem Sachverstand. Die Japaner verwiesen auf die Entwicklung der Wechselkurse und ihre Fortschritte bei der Produktivität und schlossen mit der Bemerkung, daß sie sich außerstande sähen, die Folgen der Yen-Aufwertung abzufangen. Da die Preise in DM berechnet wurden, erhielten sie weniger Yen. Und alle Kosten, die bei ihnen anfielen, wurden in Yen abgerechnet.

Obendrein enthielt dieser Brief eine Grafik, in der die Preise ihrer sämtlichen Kunden – also unserer Konkurrenten – miteinander verglichen wurden. Daraus ging hervor, daß niemand in den Genuß größerer Preisvorteile kam als Opel – dank des für beide Seiten günstigen unbefristeten Vertrags. Dazu kam, daß die Japaner nicht einmal die volle Kompensation für ihre Verluste durch die Wechselkursentwicklung anrechnen wollten. Und selbst nach der Preiserhöhung hätte Opel immer noch die niedrigsten Preise gezahlt. Zudem versprachen sie, weiterhin Kosten zu senken und jede Einsparung in voller Höhe an uns weiterzugeben. Im Augenblick jedoch sei eine Preissteigerung unumgänglich.

Ihre Forderung schien wohlbegründet und obendrein gerechtfertigt. Der Einkäufer war bereit, sich darauf einzulassen. Zusammen mit seinem Vorgesetzten kam er in mein Büro und bat in diesem Ausnahmefall um meine Zustimmung.

Zwar hatte ich grundsätzlich jede wie auch immer begründete Preissteigerung verboten, aber diesmal mußte ich wohl gegen die Regel verstoßen, die Forderungen schienen unverfänglich. Nur – auch den Verteidigern von Troja war das Pferd, das Odysseus ihnen vor die Nase gesetzt hatte, unverfänglich – und sogar als schöne Kriegsbeute – erschienen. Akzeptierten wir, würden die Buschtrommeln dafür sorgen, daß wir uns von unserem Optimierungskonzept und der Sanierung des Unternehmens verabschieden können.

Das sagte ich dem Einkäufer und seinem Vorgesetzten. Da die Deutschen inzwischen an die Wunder, die an meinem Verhandlungstisch zu geschehen pflegten, gewöhnt waren, sagten sie nichts, dachten aber wohl: »Diesmal wirst du damit nicht durchkommen.« Jedenfalls verlegten sie sich nicht auf Ausflüchte oder Ausreden – diese schlechten Angewohnheiten hat es in unserem Team nie gegeben. Wir entschieden uns für das klassische Verfahren: Anrufen und zu Verhandlungen nach Deutschland bitten.

Eine Woche später – sie hatten es offensichtlich eilig, die Preise zu erhöhen, und waren sich ihrer Sache absolut sicher – saßen die Japaner am Verhandlungstisch in meinem Büro: ich mit dem Rücken zum Fenster, links von mir der Einkäufer, rechts dessen Vorgesetzter, gegenüber der Präsident der japanischen Firma, links neben ihm sein Dolmetscher und auf die Flügel verteilt seine fünf japanischen Begleiter. Auf dem Tisch wie immer Kaffee, Plätzchen – und Wasser für mich.

Ich hieß sie willkommen und erteilte dem japanischen Delegationsleiter das Wort. Er hielt eine hinreißende Rede, gespickt mit unwiderlegbaren Fakten und überzeugenden Argumenten, setzte Grafiken mit der Wechselkursentwicklung von DM und Yen ein und führte uns noch einmal die Preise vor Augen, die unsere Konkurrenten zahlten – wir schnitten bei weitem am günstigsten ab. Das Schlußbild zeigte die Preissituation nach der Erhöhung – alles in allem seiner Meinung nach ein faires Angebot. 45 Minuten lang stellte er mit diesem gut vorbereiteten, differenzierten und seriösen Vortrag seine exzellente Ausbildung unter Beweis.

Der Japaner ging davon aus, daß wir gegen die vorgeschlagene Preisangleichung keine Einwände erheben würden. Aber für uns hieß diese Angleichung nichts anderes als Preiserhöhung. Und für gute Gründe interessieren sich die Buschtrommeln nicht. Am Ende würde es in jedem Fall heißen: Sie haben nachgegeben, die Festung ist nicht uneinnehmbar – und alles bricht zusammen. Das Trojanische Pferd hätte wieder einmal seinen Zweck erfüllt.

Eindringlich legte ich ihnen unsere Gründe dar, wies auf die enormen Risiken für unser Unternehmen hin, die ihre Forderung nach sich ziehen würde, bot ihnen an, mit unserem Team nach Japan zu kommen, um ihre Kosten zu reduzieren, und stellte ihnen weitere Aufträge in Aussicht – alles vergeblich. Als ich fertig war, ergriff der Präsident erneut das Wort, um meine Argumente zu widerlegen – mit exakt denselben Worten, die er für seinen ersten Vortrag gewählt hatte! Wieder wurde mit Nachdruck auf die Entwicklung der Wechselkurse sowie auf ihr eigenes Programm zur Kostensenkung hingewiesen. Damit war klar: Seine Verhandlungsstrategie lag darin, uns bis zur Erschöpfung zu langweilen. Also spielte ich sein Spiel mit. Als er fertig war, wiederholte ich meinen Vortrag Wort für Wort. Und als ich fertig war, bekamen wir seinen Vortrag zum dritten Mal zu hören!

Die Verhandlungen zogen sich jetzt bereits zweieinhalb Stunden hin. Langsam konnten wir es nicht mehr hören, aber ich ließ ihn ausreden. Diesmal wurde er zum Schluß noch deutlicher:

»Dr. López, ich werde nicht nach Japan zurückkehren ohne Ihre schriftliche Einverständniserklärung in der Tasche, mit der Sie die von uns verlangte, moderate Preiserhöhung billigen. Denn wenn ich ohne diese Erklärung in Tokio eintreffe, dann werden Sie umgehend aus meinem Büro ein Fax erhalten, das Sie vom Ende sämtlicher Lieferungen aus allen unseren Werken in Kenntnis setzt.«

Das hätte einen Produktionsverlust von 350 000 Fahrzeugen im Jahr bedeutet, also von 40 Prozent des gesamten Produktionsvolumens – und damit den Ruin der Firma Opel. Der Präsident hatte kategorisch jedes Angebot, zur Kostensenkung beizutragen, abgelehnt. Es sah ganz danach aus, als bliebe uns keine Wahl.

Also setzte ich alles auf eine Karte. Möglicherweise würde es jetzt zu einem ernsten Konflikt kommen – trotzdem sagte ich, an den Präsidenten gewandt:

»Ich bin ein großer Bewunderer Japans. Ich bestaune ehrfürchtig Ihr Wirtschaftswunder, Ihre Einstellung zur Arbeit, Ihre Vision vom Service am Kunden, Ihre Exporte, Ihre Arbeiterschaft und Sie selbst, die Führungskräfte Ihres Landes, ich bewundere ihre Solidarität mit dem Rest der sich entwickelnden Welt. Aber wofür ich die Japaner am meisten bewundere, das ist ihr Ehrgefühl. Diese altehrwürdige Gesinnung, die sich in der Geschichte Japans immer wieder gezeigt hat und die heute stärker ist denn je.«

Der japanische Präsident strahlte vor Genugtuung und Dankbarkeit. Er war nun sicher, daß ich einlenken würde. Seine Reaktion zeigte mir, daß ich auf dem richtigen Weg war, daß ich ins Schwarze getroffen hatte. Und dann zündete ich die Bombe:

»Herr Präsident«, sagte ich und erhob mich, »hier, auf dieser Folie, zeige ich Ihnen den unbefristeten Vertrag mit unserer Firma, den Sie unterschrieben haben. Darin bekennen Sie sich zu unveränderten Preisen für die Geltungsdauer des Vertrags. Wir verstehen Ihre Unterschrift als Ehrenwort – und ich hoffe, daß Sie nicht gerade heute beabsichtigen, mit der jahrtausendealten Tradition zu brechen, daß Japaner ihr Wort halten, indem Sie uns die Preise erhöhen. Japan hätte diese Behandlung durch Sie nicht verdient.«

Ich schaltete den Projektor aus und setzte mich, meinen Blick fest auf ihn gerichtet.

Der Präsident kniff seine Augen zu noch schmaleren Schlitzen zusammen. Ich hatte das Gefühl, daß diese Augen Zornesblitze auf mich abfeuerten. Minutenlang sagte er kein Wort. Dann stand er auf, reichte mir die Hand, verbeugte sich und sagte:

»Es wird keine Preiserhöhung geben.«

Er ging hinaus. Sein Gefolge sammelte rasch alle Unterlagen ein und eilte ihm nach.

»Unglaublich«, sagte der Einkäufer, als wir allein waren. »Du hast seine schwache Stelle getroffen. Diesmal habe ich wirklich nicht geglaubt, daß du es schaffst.«

Ich antwortete ihm:

»Was wir heute erreicht haben, war nur möglich, weil wir es mit außergewöhnlichen Menschen zu tun gehabt haben, mit Menschen, deren Ehrgefühl und Sachverstand über jeden Zweifel erhaben waren. Diesmal gehen die Lorbeeren nicht an uns. Sie sind es, die uns heute eine Lektion erteilt haben.«

Detroit, das Mekka des Automobils

1992 kümmerte ich mich nicht nur um Opel, sondern als Vizepräsident für den Einkaufsbereich auch um General Motors Europa insgesamt. Damals passierten drei bedeutende Ereignisse kurz hintereinander. Es fing damit an, daß Bob Eaton, bis dahin Präsident von General Motors Europa und in dieser Eigenschaft sowohl meiner als auch Lou Hughes Vorgesetzter, zu Chrysler wechselte. Wir saßen zusammen, es war ein Freitag, und Bob sagte uns, es liege ihm kein Angebot einer anderen Firma vor – was stimmte, weil das Angebot von Chrysler erst am nächsten Tag eintraf. Aber an diesem besagten Tag war etwas von seinen Verhandlungen mit Chrysler durchgesickert. Gut, und mitten im Gespräch rief Lou Hughes an, der damals bereits Präsident von Opel war, und sagte, er müsse mich unbedingt sprechen und komme gleich zu mir nach Hause. Er bestätigte die Gerüchte um Bob und Chrysler und ging davon aus, daß Bob uns verlassen werde. In diesem Fall rechnete er damit, selbst zum Präsidenten von General Motors Europa ernannt zu werden, denn Jack Smith war ein guter Freund von ihm.

»Ich möchte, daß du die Präsidentschaft von Opel übernimmst«, sagte er ohne Umschweife.

»Das wäre eine Ehre für mich«, antwortete ich.

Am nächsten Montag traf Jack Smith ein, damals Vizepräsident von General Motors International, und ließ mir ausrichten, er wolle mich sprechen. Ich ging davon aus, daß er Lous Andeutungen über Opel bestätigen würde – statt dessen sagte er:

»In der nächsten Woche werde ich zum Präsidenten von General Motors International ernannt. Bitte zu keinem ein Wort davon.«

Dieser Erfolg meines Freundes freute mich. Ich mochte Jack Smith sehr und schätze ihn bis heute. Dann fuhr er fort:

»Ich möchte allerdings eine Veränderung in der Organisation vornehmen. Ich möchte, daß du mit mir nach Amerika gehst, als Vizepräsident von General Motors International, zuständig für den gesamten Einkauf unserer Gesellschaft. Es ist nicht nötig, daß du mir sofort antwortest... aber ich brauche dich in Amerika. Ich weiß ja, daß du Umzüge haßt, und wenn du ablehnen würdest, hätte ich Verständnis dafür.«

Ich wollte ihn nicht warten lassen. Er hatte schon die Klinke in der Hand, als ich ihm sagte:

»Jack, dir gegenüber gibt es für mich nur zwei Antworten: ›Ja‹ oder ›Yes, sir‹.«

Kaum zu Hause, erzählte ich alles Margari. Anfangs beharrten meine Frau und meine Töchter darauf, daß sie in Amerika nichts verloren hätten. Aber es kostete mich nicht allzuviel Überredungskunst, die familiäre Eintracht wiederherzustellen. Zwei Wochen später landeten wir in Detroit. Es war ein Freitag, der erste Tag im Mai des Jahres 1992. Der Tag der Arbeit. Das beste Datum, um meine Arbeit bei General Motors in Amerika aufzunehmen.

4 Abenteuer in Amerika und Deutschland

Im Februar 1993 brachte die Zeitschrift *Automotive Industries* auf ihrem Titelbild das Portrait von Ignacio López als »Mann des Jahres« der Vereinigten Staaten. Im Innenteil war zu lesen: »Vor ungefähr 4 000 Jahren brach ein Volksstamm, über den wir nichts Näheres wissen, von Kleinasien aus nach Westen auf. Die Geschichte berichtet nichts darüber, weshalb diese Menschen loszogen oder welche Route sie einschlugen. Mit Sicherheit wissen wir nur, daß sie sich in den westlichen Pyrenäen, im Grenzgebiet zwischen Spanien und Frankreich, niederließen, einer Gegend, die heute Baskenland genannt wird. Seither wohnt hier ein tapferes und freiheitsliebendes Volk, dessen Sprache mit keiner anderen in Europa verwandt ist. Die Basken sind bekannt für ihre Aufrichtigkeit, ihr familiäres Zusammengehörigkeitsgefühl und eine bedingungslose Heimatliebe. Jeder, der Ignacio López verstehen möchte – den Basken, der in der Automobilindustrie den größten Namen hat –, sollte sich über diese Charakterzüge im klaren sein. Und damit keine Mißverständnisse aufkommen: Jeder Zulieferer wird sich in Zukunft die Mühe machen müssen, diesen Mann zu verstehen. Er repräsentiert die ›neue Wirklichkeit‹ von General Motors. Und jeder Zulieferer, der López und sein Team verstanden hat, ist seinen Konkurrenten um einen entscheidenden Schritt voraus. Wer ist dieser Mann? Wie konnte er bis in die Führungsspitze von General Motors Europa aufsteigen?«

Um die Herausforderung einschätzen zu können, der sich dieser baskische Ingenieur in Detroit gegenübersah, muß man sich die Dimensionen vergegenwärtigen, die sich hinter den Insignien G. M. verbergen. 1991 betrug der Umsatz dieses Mammutunternehmens 123 Milliarden Dollar oder 1,5 Prozent des US-amerikanischen Bruttosozialprodukts (in den 50er Jahren hatte er 5 Prozent ausgemacht). Auf seiner Gehaltsliste standen 715 000 Beschäftigte in 35 Ländern, die Personalkosten beliefen sich auf insgesamt 22 Milliarden Dollar. Das Zubehör im Gesamtwert von 55 Milliarden Dollar kam von 28 000 Zulieferern. Im selben Geschäftsjahr hatte General Motors Verluste in Höhe von 4,5 Milliarden Dollar zu verzeichnen – kein Unternehmen der USA steckte tiefer in den roten Zahlen. Im letzten Drittel des Jahres 1992 lagen die Verluste bei 753 Millionen Dollar. In dieser chaotischen Situation hatte der vorhergegangene Präsident von General Motors, Robert Stempel, die Schließung von 21 der 120 Fabriken in den USA und den Abbau von 74 000 Arbeitsplätzen in einem Zeitraum von drei Jahren angekündigt.

Dies war im großen und ganzen die Situation, als Jack Smith, 54, die Präsidentschaft von General Motors übernahm und seinen Freund Ignacio López rief. Beide kamen von General Motors Europa, also jenem Teil des Firmenimperiums, der am rentabelsten arbeitete – die Gewinne von General Motors außerhalb der USA betrugen 2,1 Milliarden Dollar, wodurch die heimischen Verluste zum Teil ausgeglichen wurden.

Die Veränderungen an der Spitze von General Motors hatten in Detroit viel Staub aufgewirbelt. Ähnlich viel Aufregung hatte es zuletzt 1978 gegeben, als Henry Ford den Fehler beging, Lee Iacocca zu entlassen. Der amerikanische Journalist John Greenwald beschrieb nun die Ausgangssituation in der spanischen Tageszeitung *El País* folgendermaßen: »Wie die Soldaten einer geschlagenen Armee trotteten die Angestellten von General Motors in der vergangenen Woche durch die Gänge der Hauptverwaltung in Detroit... Die Krise von General Motors ist der drastischste Kulturschock in der Übergangsphase der amerikanischen Industrie von den fetten Jahren der Nachkriegszeit zu den mageren Jahren der Gegenwart.« Ein wichtiger Zulieferer von General Motors meinte: »Die Leute warten nur noch darauf, daß irgendeiner kommt und ihnen sagt: Keine Angst, wir haben alles unter Kontrolle.«

Und diese Aufgabe sollte nun ein Ingenieur übernehmen, dessen Vorfahren von Kleinasien nach Spanien ausgewandert waren, um sich in der Bergwelt der westlichen Pyrenäen anzusiedeln, ein Mann namens Ignacio López de Arriortúa. Von ihm wurde erwartet, daß er den finanziellen Aderlaß des Unternehmens beendete und General Motors wieder in die Gewinnzone steuerte: mit seinen Ideen, seinem Neuen Paradigma, seinem Team von Getreuen und seinen Marathonverhandlungen mit jedem einzelnen Zulieferer des Giganten General Motors. Diesen Felsbrocken zu schultern war sicher anstrengender als im heimischen Amorebieta Gras zu mähen oder Holz zu hacken oder das Endspiel einer Pelotameisterschaft* zu bestreiten. Er nahm seine Arbeit noch am ersten Tag auf, obwohl es ein Samstag war und alle leitenden Angestellten ihre Golfpartien absagen mußten.

»Menschen des Jahres«

Ich traf eine niedergeschlagene, demoralisierte, desillusionierte Belegschaft an. Es war das Chaos. Es hatte den Anschein, als sei das ganze Unternehmen in Auflösung begriffen – in den Büros herrschte Trauerstimmung, und die Leute liefen mit hängenden Köpfen herum. Kaum war ich eingetroffen, teilte ich ihnen mit:

---

* Pelota, baskisches Ballspiel, bei dem der Ball mit einem Schläger geschlagen wird.

»Meine Damen und Herren, ich möchte, daß sich die gesamte Geschäftsleitung auf eine Besprechung am morgigen Samstag einstellt.«

»Unmöglich«, hieß es. »Hier wird samstags nicht gearbeitet; das ist der Tag, an dem wir Golf spielen.«

»An dem Sie Golf spielten«, sagte ich. »Damit ist nun Schluß.«

Auf dieser ersten Zusammenkunft erklärte ich ihnen mein gesamtes Konzept, rauf und runter. 30 Angehörige der obersten Führungsebene nahmen daran teil, und niemand trug eine Krawatte. Ich erklärte ihnen, daß wir von acht bis vierzehn Uhr arbeiten würden.

Gegen halb elf, mitten in meinem Vortrag, bemerke ich, wie jemand in einer Ecke Platz nimmt. Es ist Jack. Er hört eine Viertelstunde zu. Ich bitte alle, zur Begrüßung von Jack aufzustehen, aber er gibt uns ein Zeichen weiterzumachen. Er bleibt eine weitere halbe Stunde, und bevor er geht, sagt er mit großer Entschiedenheit:

»Ich bin sicher, daß ihr es schafft!«

Eine wunderbare Motivation. Und das beste war, daß er an diesem Tag auch keine Krawatte trug.

Meine größte Entdeckung in den USA war, daß es dort Menschen gibt, die fähig sind, sich innerhalb von einer Woche zu ändern. Begeisterungsfähige Menschen. Wir führten ein neues System ein, und im nächsten Moment sah es so aus, als hätten sie es schon mit der Muttermilch verabreicht bekommen.

Nach bewährter Methode wurden freitags im Kreis der für den Einkauf Verantwortlichen die Entscheidungen gefällt. Wenn der Einkäufer alle nötigen Informationen über seine Arbeit abgeliefert hatte und alle Seiten damit einverstanden waren, wurde zum Zeichen allgemeiner Zufriedenheit auf den Tisch geklopft. Auf diese Weise wurden sie motiviert und erzählten zu Hause von ihrem Erfolg. Ich hatte bei diesen Versammlungen den Vorsitz, aber jeder kam zu Wort, jede Stimme zählte, und jedes Veto wurde ernst genommen. Wenn ich gelegentlich erklärte, wie ich mir die Lösung eines konkreten Falls im einzelnen vorstellte, verwandelte sich die Besprechung in eine Vorlesung. Mit mir am Tisch saßen mehr als 40 Leute, die alles, was ich sagte, neugierig aufnahmen – um vielleicht später auch einmal Applaus zu ernten. Arbeitend lehren, das war es, jeder Arbeitsvorgang ein Ausbildungsschritt – der sicherste Weg zu Motivation und Erfolg in jedem Unternehmen.

Den Amerikanern gefiel unser System, und sie hatten keine Schwierigkeiten, es umzusetzen. Selbst Jack Smith nahm mehrmals an den Freitagssitzungen teil. Wir beide gehörten dem obersten Führungsgremium von General Motors an, das von sechs oder sieben Personen gebildet wurde. Es nannte sich das »Strategie-Komitee«. Jack erklärte seinen Kollegen, daß sie sich irrten, als sie den katastrophalen Zustand von General Motors mit der Trägheit der mittleren Angestellten zu erklären versuchten. In Wirklichkeit habe die Schuld bei ihnen selbst gelegen, bei den Führungskräften und ihrer Unfähigkeit, andere so zu begeistern, wie wir es mit unserem neuen System schafften. »Heute erleben wir, wie sich Leute, die für uns nur noch Dreck gewesen sind, nichts als eine apathische Masse, von Ignacio anstecken lassen. Und mit einem Mal merken sie, daß sie hier die Hauptrolle spielen.«

Einmal im Jahr trafen sich die 200 wichtigsten Führungskräfte von General Motors aus aller Welt zur Jahreshauptversammlung; bei dieser Gelegenheit verlas jeder Vizepräsident seinen Geschäftsbericht. Um unsere Philosophie zu illustrieren, beschloß ich, diesen Bericht nicht selbst vorzustellen, sondern die Präsentation den wirklichen Protagonisten zu überlassen, den Einkäufern der unteren Ebenen. Wir stellten einen Videofilm her, in dem die Leute nach ihrer Meinung zu unserem neuen System befragt wurden, ohne ihnen vorab zu sagen, was wir damit bezweckten. Ihre Antworten

waren spontan, emotionsgeladen und begeistert. Ein Mann
von über fünfzig, der seit dreißig Jahren bei General Motors
war, sagte:

»So etwas ist mir noch nie passiert. Zum ersten Mal habe
ich das Gefühl, daß ich selbst General Motors bin. Das
ist ein starkes Gefühl, stärker als jedes Hindernis. Ich bin
hier die Hauptperson. Von nun an ist nichts mehr unmöglich!«

Alljährlich wählt die amerikanische Automobilindustrie
ihren »Mann des Jahres«, und in jenem Jahr war die Wahl auf
mich gefallen. Zuvor waren es Jack Smith, Carl Han, Roger
Smith und Lee Iacocca gewesen – all diese wichtigen Leute.
In dem Videofilm nun, den wir für die diesjährige Hauptversammlung gedreht hatten, gab es zum Schluß eine Szene, in
der ein Foto von mir mit der Überschrift »Mann des Jahres«
gezeigt wird. Ich schlug vor, daß alle Mitarbeiter unseres
Teams nach und nach, vierzig oder fünfzig Personen insgesamt, vor die Kamera treten, das »Mann des Jahres« durchstreichen und darunter »Menschen des Jahres« schreiben
sollten. Die Sekretärin, der Einkäufer, der Abteilungsleiter –
alle, die irgendwie zu unserer Mannschaft gehörten, tauchten
im Bild auf. Das war die letzte Einstellung. Es gab einen umwerfenden Applaus.

Zehn Monate lang arbeiteten wir im Team – mit dem Erfolg,
daß General Motors in diesem Zeitraum 8 Milliarden Dollar
einsparte. Ich besitze noch eine Erklärung von Jack Smith, in
der er bestätigt: »Der Erfolg von General Motors ist dem Einkaufssystem zu verdanken, das Ignacio López eingeführt
hat.«

Optimierung à la Fisher

Am 1. Mai 1992, dem Tag meiner Ankunft in Detroit, hatte ich meine vordringlichste Aufgabe darin gesehen, den Mitgliedern der Einkaufsabteilung das neue System zu erklären, das ich einzuführen gedachte. Die Zusammenkunft am nächsten Tag zog sich über den ganzen Vormittag hin. Als nächstes wollte ich eine ähnliche Veranstaltung mit den wichtigsten amerikanischen Zulieferern durchführen. Jim Taylor stellte eine Liste auf, und eine Woche später versammelten sich alle im Technical Center von Warren, Michigan.

Die erste Veranstaltung begann morgens um neun und endete gegen Mittag. Nach einer leichten Mahlzeit ging es um drei mit der zweiten Veranstaltung weiter, die bis sieben dauerte. Auf beiden erklärte ich das neue Einkaufssystem und betonte die Notwendigkeit, sich auf den Kundenwert zu konzentrieren, was eine enge Zusammenarbeit nötig mache mit dem Ziel, Qualität, Service und Kosten zu verbessern. Zum Schluß bot ich allen unsere Hilfe bei der Optimierung der Arbeitsprozesse in ihrer Fabrik an. In beiden Fällen schloß sich eine lebhafte Diskussion an, die viel zur Klärung offener Fragen beitrug.

Gegen Ende der letzten Veranstaltung kam ein Mann auf mich zu, der in freundlichen Worten um eine Unterredung bat. Es handelte sich um Mr. Fisher, den Enkel des legendären Gründers der Firma Fisher Body, die lange Zeit einer der Eckpfeiler von General Motors gewesen war. Er erklärte mir, daß es inzwischen keine Geschäftsbeziehungen zu General Motors mehr gebe, daß er nun aber eine Firma für Sicherheitstechnik habe und viele amerikanische Autohersteller beliefere. Er lud mich ein, sein Werk zu besuchen und das Optimierungssystem, von dem ich gesprochen hatte, bei ihm einzuführen.

Dieser Mr. Fisher gefiel mir. Er verkörperte nach meiner Vorstellung den Prototyp des guten Amerikaners: kultiviert, vertrauenswürdig, herzlich, Unternehmer mit Leib und Seele

133

und Verbesserungen gegenüber aufgeschlossen. Die Chemie zwischen uns stimmte. Ich nahm sein Angebot auf der Stelle an und versprach, am nächsten Montag zu kommen und die Einführung unseres Programms persönlich zu überwachen.

Am Montag morgen um acht Uhr waren wir in seiner Fabrik am Stadtrand von Detroit. Mr. Fisher hatte zu unserer Begrüßung den ganzen Firmenvorstand versammelt. Ich ergriff das Wort und sagte, es sei uns eine Ehre, das Werk des Enkels von einem der G.-M.-Gründer zu besuchen. Ich versprach, daß wir uns so ins Zeug legen würden, als handele es sich um eine persönliche Herausforderung für jeden einzelnen von uns. Von diesem Augenblick an arbeiteten wir zusammen und verwandelten sein Werk in einen Musterbetrieb für die gesamte amerikanische Zubehörindustrie. Als erstes wurden die Arbeitsgänge genau analysiert und jeder Arbeitsplatz unter die Lupe genommen, immer unter Berücksichtigung des Gesamtablaufs. Nach unserem Rundgang durchs Werk zogen wir uns in ein Besprechungszimmer zurück, um eine Strategie auszuarbeiten.

»Wie Sie ja selbst wissen«, sagte ich, »verläuft der Produktionsprozeß bei Fisher nach dem klassischen Muster einer Montagestrecke mit Montageinseln, zwischen denen kleine Karren mit den Werkstücken verkehren. Was uns auffällt ist, daß sich jeweils eine große Menge Material im Verarbeitungsprozeß befindet, zuviel in Transportkapazität investiert werden muß, alles in allem zuviel Fabrikationsfläche beansprucht wird, die Verarbeitungsstationen ungünstig angeordnet sind und zu viele Personen zu lange auf das nächste Werkstück warten müssen. Überflüssig sind etliche der Leute, die für Materialnachschub sorgen oder ausschließlich mit der Qualitätsprüfung beschäftigt sind. Außerdem ist der Prozentsatz an Reklamationen zu hoch, was zur Folge hat, daß sich fünf Leute allein um die Reparatur defekter Teile kümmern. Mit anderen Worten: Hier bietet sich ein weites Feld für Optimierungsmaßnahmen.«

»Ich glaube, daß Fisher die Grenze dessen erreicht hat, was eine klassische Montagestraße leisten kann«, fuhr ein Mitglied unseres Teams fort. »Wir sollten jetzt dein Konzept der Ablaufoptimierung umsetzen. Dann könnte man hier eine regelrechte Revolution auslösen.«

»Richtig«, entgegnete ich. »Aber wir sollten uns dabei sokratisch verhalten und den Arbeitern von Fisher das Gefühl geben, sie seien von allein dahintergekommen. Damit sie sich selbst als die treibende Kraft in diesem Veränderungsprozeß empfinden und die Kontinuität gewahrt bleibt.«

Wir machten uns also an die Durchführung und bildeten eine Mannschaft, die neben mir und meinen beiden Mitarbeitern aus acht Beschäftigten der Firma Fisher bestand. Dann nahmen wir uns die gesamte Montagestrecke für die Sicherheitsgurte vor. Am ersten Tag, einem Montag, erklärten wir dieser Mannschaft in den Grundzügen unser Optimierungskonzept, wobei wir besonders auf den Unterschied zwischen Arbeitsschritten, die dem Produkt zugute kommen, und solchen, bei denen das nicht der Fall ist, hinwiesen. Dann zeigten wir Möglichkeiten auf, unproduktive Arbeitsgänge zu vermeiden, indem man zum Beispiel aus herkömmlichen Montageinseln C- oder U-förmig angeordnete Arbeitszellen macht.

Am Dienstag setzten wir uns zum Brainstorming zusammen. Es war schlichtweg verblüffend, wie schnell die neuen Ideen von den Amerikanern aufgegriffen wurden und wie eifrig sie mitarbeiteten. Die Wände des Konferenzraums wurden nach und nach mit 2 500 Zetteln bepflastert, jeder Zettel ein Verbesserungsvorschlag. Wir strukturierten den Ideenfluß und sortierten die Vorschläge nach Bedeutung und Dringlichkeit. Zum Schluß lag uns eine Ausbeute von 55 hervorragenden Einfällen vor.

Alle waren dermaßen motiviert, daß wir am Mittwoch bereits um sieben in der Frühe dabei waren, diese Einfälle umzusetzen, gemeinsam mit den Technikern der Instandhaltungsabteilung. Um acht Uhr abends waren wir fertig. Die Idee einer Neustrukturierung der Arbeitsabläufe hatte Form angenommen, ein großer Unterschied zu vorher. Die schnurgerade Montagestrecke von einigen hundert Metern Länge mit Arbeitern, die sich im rechten Winkel dazu aufstellen mußten, und unzähligen Werkstücken, die zwischen den einzelnen Montageinseln unterwegs waren, gab es nicht mehr. Statt dessen hatten wir eine 6 m lange Arbeitszelle in C-Form eingerichtet. Die Verarbeitungsstationen lagen jetzt unmittelbar nebeneinander. Jeder Arbeiter führte seinen Arbeitsgang aus und reichte das Werkstück dann an den nächsten weiter. Der warf einen prüfenden Blick auf dieses Teil, und wenn es in Ordnung war – und nur dann –, bearbeitete er es weiter. So machten es alle, bis zum letzten, der die Sicherheitsgurte schließlich verpackte.

Am Donnerstag wurde die Arbeit in der Zelle aufgenommen – und alles lief reibungslos. Die Techniker der Firma Fisher waren beeindruckt, die Arbeiter, die am Entwurf mitgewirkt hatten, überglücklich. Ihr selbstentwickelter Arbeitsplatz erwies sich als eine viel intelligentere Lösung als die traditionelle Montagestraße, die von auswärtigen Ingenieuren und Spezialisten entworfen worden war. Am Freitag erreichte unsere Zelle ihre volle Leistungskraft, und unsere Mannschaft machte sich an die Auswertung der Daten:

Qualitätsverbesserung	+ 51 %
Produktivitätssteigerung	+ 73 %
Verringerung des Materials im Verarbeitungs-prozeß	– 85 %
Verringerung der Fabrikationsfläche	– 71 %
Dauer des Herstellungsprozesses	– 80 %
Umweltverträglichkeit	+ 35 %
Sicherheit	+ 50 %

Die notwendige Investition für diese Arbeitszelle betrug ein Drittel dessen, was die Montagestraße gekostet hatte. Am Freitag nachmittag präsentierten die Arbeiter Mr. Fisher die Resultate. Der zeigte sich tief beeindruckt und beglückwünschte alle Mitglieder unserer Mannschaft einzeln. Ich erinnere mich, daß einem Arbeiter, der zur alten Garde gehörte, die Tränen kamen, als sein Chef ihn zum Dank für sein Engagement umarmte. Als alle wieder an ihre Arbeit zurückgingen, bat Mr. Fisher mich, noch zu bleiben.

»Beeindruckend«, sagte er. »Ich muß gestehen, daß ich das nicht erwartet habe. Ich hatte damit gerechnet, wieder die üblichen Firmenberater zu erleben. Die kommen herein, stellen Fragen und fassen unsere Antworten dann zu hübschen, klugen Broschüren zusammen – aber in der Fabrik läuft alles mehr oder weniger so weiter wie bisher. Sie jedoch haben meine Firma revolutioniert.«

»So machen wir das immer«, erwiderte ich. »Wie ja auch aus meinem Vortrag hervorgegangen sein müßte.«

»Wenn ich ehrlich sein soll – ich habe Ihren Vortrag zwar verstanden. Aber ich habe kein Wort davon geglaubt. Jetzt hingegen vertraue ich Ihnen hundertzehnprozentig. Und ich glaube fast, Sie hat die Vorsehung geschickt. Eigentlich wollten wir nämlich in Kürze mit dem Bau eines neuen Werks beginnen. Aber nach allem, was ich heute gesehen habe, halte ich es für klüger, die Vorbereitungen einzustellen und alles neu zu überdenken.«

»Eine interessante Aufgabe«, stimmte ich ihm zu. »Wir freuen uns darauf, mit Ihren Leuten bei der Entwicklung eines neuen Strategieplans zusammenarbeiten zu dürfen.«

Dieser Strategieplan sah am Ende folgendermaßen aus:

Alter Strategieplan	Neuer Strategieplan
• Bau eines neuen Werks	• Ein neues Werk wird nicht gebraucht, die Investition kann man sich sparen
• Erweiterung des Materiallagers	• Das Materiallager ist komplett überflüssig, Einsparungen und Einnahmen durch seinen Verkauf
	• Verkauf der beiden Montagestrecken, noch mehr Einnahmen
	• Bau von vier neuen Zellen für die gesamte Produktion, Kosten: die Hälfte des Erlöses aus dem Verkauf beider Montagestrecken

Am Ende erübrigten sich also nicht nur die Investitionen – die Firma machte obendrein Gewinn und konnte ihre Produktion in der alten Werkshalle noch steigern.

Mr. Fisher wurde so zu einem der großen Fürsprecher unseres Systems. Jetzt nahmen auch in Detroit die Buschtrommeln ihre Arbeit auf. Und die wichtigsten Medien berichteten über die Fisher-Werke – darunter auch die Zeitschrift *Automotive Industries*, die die ehrenvollste Auszeichnung im Bereich der Wirtschaft verleiht, die Ernennung zum »Mann des Jahres« der amerikanischen Automobilindustrie. Ihr Besuch und die Erläuterungen von Mr. Fisher beeindruckten die Vertreter von *Automotive Industries* offenbar tief, und vermutlich hat dieser Besuch den Ausschlag dafür gegeben, daß die Wahl zum »Mann des Jahres« 1992 auf mich fiel.

In diesem Fall haben Aufgabe, Vorbild, Engagement, Leidenschaft, Fleiß und Glauben zum Erfolg geführt. Hinzu kommt, daß wir es mit einem großen Unternehmer zu tun hatten, mit Mr. Fisher aus Detroit.

Ein zerkratztes Armaturenbrett

Die Geschichte mit Fisher erinnert mich an einen Fall, den ich später bei VW erlebt habe. Er ist noch besser geeignet, die Bedeutung direkter Kommunikation zwischen den Arbeitern zu illustrieren – sie sind eben diejenigen, die mit den Problemen wirklich vertraut sind.

Bei unseren Bemühungen um Qualitätsverbesserung stießen wir auf ein Problem, das uns beunruhigte. Das Armaturenbrett wurde von einem Hersteller geliefert, der die fortschrittlichste Technik anbieten konnte, die auf dem Markt überhaupt zu haben war. Nichtsdestoweniger kam es gelegentlich vor, daß das Glas vor den Armaturen Kratzspuren aufwies, was uns jedesmal zwang, das Armaturenbrett auszuwechseln. Die Fehlerquote war relativ niedrig, aber wir bestanden darauf, diesen Fehler ganz abzustellen. Nichts zu machen! Die Fehlerquote ging zwar leicht zurück, aber völlig fehlerfrei waren die Lieferungen nie. Ich hatte es satt, rief den Präsidenten der Herstellerfirma an und bat um eine Besprechung mit ihm und dem Vizepräsidenten der Qualitätssicherung.

»Technisch ist euer System perfekt«, sagte ich ihnen, »aber ich möchte absolut fehlerfreie Ware.«

»Das von Ihnen gewünschte Qualitätsniveau läßt sich kaum erreichen«, entgegnete der Vizepräsident der Qualitätsprüfung. »Wir überprüfen auf Defekte in Einheiten von je 1 Million Stück, da kann immer mal einer durch die Lappen gehen.«

»Der Kunde hat Anspruch auf ein fehlerfreies Produkt, und ich versichere euch, daß es möglich ist.«

»Ich glaube auch, daß es möglich ist«, schaltete sich der Präsident der Herstellerfirma ein.

»Also machen wir uns an die Arbeit. Wir verfügen über das beste Qualitätssystem, die beste Produktentwicklung; aber woran es offenbar mangelt, ist die Kommunikation zwischen den Hauptpersonen«, sagte ich mit Nachdruck.

»Was wollen Sie damit sagen?«

»Daß sich unser zuständiger Arbeiter bisher noch nicht mit seinem Kollegen in Ihrem Haus über diese Angelegenheit unterhalten konnte. Wenn wir den beiden Gelegenheit geben, miteinander zu sprechen, wird sich die Fehlerquelle beseitigen lassen. Das ist mein Vorschlag.«

»Ja, gut. Versuchen sollten wir es. Aber wie?«

»Wir haben hier ein mobiles Video-Konferenz-System«, sagte ich, »das können wir in der jeweiligen Montagehalle aufstellen, so daß beide Arbeiter dieses Problem von ihrem Arbeitsplatz aus besprechen können.«

Sie waren mit diesem Vorschlag einverstanden. Eine Woche später wurde das Video-Konferenz-System installiert. Der Präsident der Herstellerfirma in der Werkshalle neben seinem Arbeiter, ich in Wolfsburg neben unserem. Als sich die beiden Arbeiter auf dem Bildschirm sahen, ging die Diskussion los.

»Das hier sind die Kratzspuren auf euren Armaturen, um die es geht. Jedesmal wenn wir solche Kratzer entdecken, müssen wir das komplette Armaturenbrett wieder ausbauen.«

»Zeig mir das noch mal. Also, das dürfte leicht zu verhindern sein. Man müßte das Glas der Armaturen nur durch bessere Verpackung schützen. Ich glaube, diese Kratzer entstehen während des Transports. Hier bei uns treten sie jedenfalls noch nicht auf.«

»Eine bessere Verpackung«, wandte der Präsident der Herstellerfirma ein, »bedeutet höhere Kosten – und dann müßten wir auch den Preis heraufsetzen.«

»Preiserhöhung kommt nicht in Frage«, sagte ich.

»Es wäre schon möglich, die Armaturen besser zu schützen, ohne daß Mehrkosten anfallen«, sagte der Arbeiter von Bosch. »Wir müßten nur die Plastikhüllen wiederverwenden, in denen die Scheiben vom Hersteller angeliefert werden. Bisher wurden die einfach auf den Müll geworfen. Wenn wir die wiederverwenden, kann es beim Transport oder beim Ausladen eigentlich keine Kratzer mehr geben.«

»Großartig!« entgegnete unser Arbeiter. »Das ist es.«

»Sehr schön«, der Präsident der Herstellerfirma war zufrieden, »wenn es nichts kostet, soll es ab heute so gemacht werden.«

Am nächsten Tag schon trafen die Armaturenbretter bei uns in Plastikhüllen verpackt ein. Und zum ersten Mal waren alle Teile fehlerfrei.

In diesem Fall haben Kommunikation, Verpackung, Hartnäckigkeit und Glauben weitergeholfen.

Die Uhr am rechten Handgelenk

Um ein Team zusammenzuschweißen, braucht man eine Regel, ein Konzept – und bestimmte sichtbare Gemeinsamkeiten. Wie zum Beispiel, die Armbanduhr am rechten Handgelenk zu tragen. Wir sind bei unserer Ankunft in den USA darauf gekommen – damals hatten wir uns geschworen, unsere Uhren erst von dem Tag an wieder links zu tragen, an dem unsere Firma wieder Gewinne machte. Ich beschloß, meine Uhr so lange rechts zu tragen, bis wir einen Rekordgewinn gemacht hätten. Wohlgemerkt, es handelte sich um ein Jahr, in dem General Motors große Verluste gemacht hatte. An Gewinne überhaupt nur zu denken war schon utopisch. Niemand glaubte daran. Aber die Uhr rief uns ständig in Erinnerung, daß wir eine Aufgabe zu erfüllen hatten.

Ich erzählte Jack Smith während eines Abendessens bei ihm

zu Hause von unserem Erkennungszeichen, und augenblicklich nahm er seine Uhr vom linken Handgelenk und befestig-
te sie am rechten. Seine Frau Lydia, eine wundervolle Person,
machte es genauso. Als wir nach sechs Monaten immer noch
keine Gewinne machten, zog mich Lydia scherzhaft auf:
»Bitte, Ignacio, kannst du nicht ein bißchen schneller machen? Die Uhr paßt einfach nicht zu meinem Schmuck am
rechten Arm. Vielleicht beeilst du dich jetzt etwas.«
Wir arbeiten grundsätzlich in der eingeschworenen Gruppe.
Jim Taylor zum Beispiel war ein Amerikaner, der in den USA
nicht untergekommen war, weshalb Jack Smith mich bat, ihm
einen Job in Europa zu besorgen. Wir ließen ihn nach
Deutschland kommen und bildeten ihn bei Opel aus. Zu dem
Zeitpunkt, als wir in die USA gingen, arbeitete er bereits seit
zwei Jahren mit uns zusammen. Jim kam mit. Er war eine
große Hilfe, weil er den Durchblick hatte. Später kamen andere hinzu: zwei Deutsche, ein Belgier, ein Holländer und
zwei Spanier. Insgesamt nur sechs Leute für das gesamte Ge-
neral-Motors-Imperium mit mehr als 750 000 Angestellten.
Also holten wir noch die drei Besten aus der Gruppe in Zaragoza nach. Die nahmen sich der Zulieferer an und leisteten
großartige Arbeit.

Kriegerdiät

Was das Zusammengehörigkeitsgefühl einer Gruppe ebenfalls
stärkt und darüber hinaus die Leistungskraft steigert, weil
man sich in seiner Haut einfach wohler fühlt, das ist eine aus-
gewogene Ernährung. In unserer Gruppe hielten sich alle an
diese Regel. Einige nannten es die Kriegerdiät – aber ich
würde es lieber das Neue Ernährungsparadigma nennen. Es
beruht auf wissenschaftlichen Erkenntnissen und bewirkt im
wesentlichen eine bessere Verdauung. Die Sache ist ganz einfach:

Prinzip Nr. 1: Zum Frühstück nur Früchte und Obstsaft. Manchmal hilft ein Tee oder ein guter Kaffee beim Aufwachen. Mittags und abends darf man essen, was man will, solange man darauf achtet, Kohlehydrate nicht mit Proteinen zu mischen. Das ist alles. Bekanntlich raubt kein organischer Prozeß dem Körper mehr Energie als der Verdauungsvorgang. Deshalb ist eine gute Verdauung so wichtig.

Prinzip Nr. 2: Die innere Reinheit des Körpers: Er muß frei von Giften sein, die durch den Stoffwechsel oder durch Nahrungsrückstände freigesetzt werden.

Prinzip Nr. 3: Die Kombination der Nahrungsmittel muß stimmen. Diese Regel hängt mit der Bauchspeicheldrüse und der Insulinproduktion zusammen. Man muß darauf achten, daß die Bauchspeicheldrüse kein Insulin absondert, nachdem man proteinhaltige Nahrung zu sich genommen hat, weil sich Protein sonst in Fettreserven verwandelt.

Das ist schon alles. Diese Methode ist einfach, gut und wirkungsvoll. Sie führt dazu, daß man mehr Energie entwickeln und effizienter arbeiten kann.

Ich jedenfalls fühle mich damit viel besser. Wir werden dick, weil wir uns falsch ernähren, nicht weil wir zuviel essen. Mit der Kriegerdiät steigt die körperliche Leistungsfähigkeit genauso wie die geistige. Man bekommt ein ganz anderes Lebensgefühl. Ich brauche dabei gar nicht auf den Genuß einer guten Mahlzeit zu verzichten. Das Ganze ist eine Frage der Intelligenz: Wer sich vernünftig ernährt, ist glücklicher. Wenn du dich wohl fühlst, bist du auf die Herausforderungen der neuen Zeit, deren Vorzeichen unübersehbar sind, besser vorbereitet. Die Firmenleitungen vieler spanischer Unternehmen sind nicht auf der Höhe der Dritten Industriellen Revolution. Ihnen fehlt die richtige körperliche und geistige Nahrung. Manchmal nehmen die Leute für den kurzen Genuß einer unvernünftigen Mahlzeit langwierige Verdauungsstörungen und eine übermäßige Gewichtszunahme in Kauf.

Die Fabrik der Zwietracht

Seit 1991 ging mir der Plan, eine Autofabrik in Amorebieta aufzubauen, nicht mehr aus dem Kopf. Die Autoindustrie ist ja der Motor der wirtschaftlichen Entwicklung. 1996 wurden weltweit 50 Millionen Autos im Wert von insgesamt 1,2 Billionen Dollar verkauft, was 10 Millionen Menschen den Arbeitsplatz sicherte. Im Umkreis der Autofabriken entstehen immer jede Menge Zulieferfirmen. Deshalb unterbreitete ich diesen Plan einem Konsortium aus baskischen Unternehmen und Banken. Den Mitgliedern dieses Konsortiums war klar, daß sie von einer industriellen Belebung des Baskenlands selber profitieren würden. Ein neuer »Motor« käme allen zugute. Ich brachte sie dazu, folgendem Vorschlag zuzustimmen: Sie würden in eine Autofabrik in Amorebieta in einer Größenordnung von 600 Millionen Dollar investieren. 60 Prozent der Anteile an diesem Werk würden kostenlos an General Motors abgetreten, die auch die Leitung übernehmen. Die Wahl des Automodells wäre G.M. überlassen, genauso wie die Preisgestaltung. In meinen Augen war das eine große Chance für General Motors, weil sie keinerlei Risiko eingingen: Einerseits würde es sie keinen Pfennig kosten, andererseits bekämen sie das modernste Werk der Welt. Dort sollte nämlich mein Modulsystem eingeführt werden.

Wir stellten dieses Projekt als Vorhaben des baskischen Konsortiums Bob Eaton von General Motors vor. Die Idee dafür stammte von mir, die Ausführung würde das Konsortium übernehmen. Bob Eaton gab sein O.k. Als Bob zu Chrysler wechselte, fingen die Schwierigkeiten mit Lou Hughes an. Zu einer direkten Konfrontation ist es nie gekommen, aber es wurden uns immer neue Steine in den Weg gelegt. Ständig hieß es: »Ja, aber...« Und obwohl ich ihm für jedes Problem, das er sah, eine Lösung anbieten konnte und obwohl ich ihm auf keine Frage eine Antwort schuldig blieb, kam die Sache nicht voran. Schließlich wurde beschlossen, das Projekt vorläufig auf Eis zu legen. Das hinterließ bei mir einen üblen Nachgeschmack. Ich versuchte, mich zu beruhigen: Nur Geduld, sagte ich mir, sollen sie es vorläufig auf Eis legen, die Zeit wird kommen...

So war die Sachlage am 8. März 1993. Ich nahm an einer Besprechung bei Opel in Deutschland teil. In einer Pause sagt jemand zu mir:

»Letzten Freitag hat es ein Gespräch mit Jack Smith über das Amorebieta-Projekt gegeben.«

»Und mir hat niemand etwas davon gesagt?« fragte ich verärgert zurück. »Ich bestehe auf einer weiteren Besprechung zum nächstmöglichen Termin.«

Ich ging zu Mark Hogan, dem Sekretär des Aufsichtsrats in den USA, ein ausgezeichneter Charakter und guter Freund. Heute ist er Präsident von General Motors Brasilien.

»Mark«, sage ich, »möchtest du nicht an der nächsten Unterredung über das Amorebieta-Projekt teilnehmen?«

»Nun ja«, sagt er. Und dann rückt er damit heraus, daß es beschlossene Sache sei, das neue Werk in Polen oder in Ungarn zu bauen.

»Aber – das Werk ist doch für Amorebieta geplant?« frage ich bestürzt.

»Das ist eine strategische Entscheidung des Aufsichtsrats«, lautet seine Antwort wörtlich. »Das Werk soll nicht in deiner Heimat, sondern in Osteuropa gebaut werden.«

»Mark, wußtest du davon?« frage ich ihn, als mir klar wird, daß ihm diese Entscheidung nicht neu ist.

»Ignacio«, antwortet er, »ich verstehe davon nichts, und das einzige, was ich weiß, ist, daß bei Opel zuviel Politik gemacht wird.«

Ich war dermaßen wütend, daß ich zu Lou Hughes ging und ihm erklärte, daß ich mit dem Gang der Dinge in keiner Weise einverstanden sei. Er aber wandt sich wie ein Aal und konnte sich zu keiner klaren Aussage durchringen. Er hielt mich weiter hin.

Ein schwieriger Rückzug

Am nächsten Tag kam ich zu der Überzeugung, daß das Werk in Amorebieta keine Chance mehr hatte. Ich schrieb gerade einen Brief mit meinem Rücktrittsgesuch an Jack Smith, als er anrief.

»Jack«, sagte ich, »ich möchte mit dir über eine Sache reden, die mir sehr am Herzen liegt. Ich bin um fünf in Detroit. Könntest du im Büro auf mich warten?«

In meinem Brief erklärte ich ihm, daß ich zwei Jahre lang wie ein Verrückter für dieses Werk in Amorebieta, das für G.M. eine große Chance gewesen wäre, gekämpft habe, daß mir von allen Seiten Schwierigkeiten gemacht worden seien und daß ich nun gehört hätte, es werde überhaupt nicht gebaut. Da Amorebieta diese Fabrik dringend brauche, sähe ich mich zu meinem großen Bedauern gezwungen, meinen Rücktritt zu erklären. Ich würde nun versuchen, ein anderes Unternehmen für dieses Projekt zu gewinnen, in das ich so viel Zeit und Herzblut investiert hatte.

Jack wußte, daß Volkswagen mich angerufen hatte, weil ich ihm davon erzählt hatte. VW hatte mir die Leitung der Einkaufs- und Produktionsabteilung sämtlicher Werke angeboten, darüber hinaus die Präsidentschaft im Verwaltungsrat der größten Fabrik Südamerikas – einem Joint-venture von VW und Ford –, im Verwaltungsrat von VW Argentinien sowie von VW Südafrika und VW Navarra. Außerdem wußte er, daß das Angebot in finanzieller Hinsicht exzellent war.

Als ich das Büro meines Freundes Jack Smith betrat, des Mannes, der immer an mich geglaubt hatte, war ich entschlossen, Detroit den Rücken zu kehren, trotz der Erfolge, die uns beiden in Europa und Amerika vergönnt gewesen waren. Ich wollte mit Volkswagen einen neuen Versuch wagen. Im Baskenland brauchte man eine Autofabrik, und ich hatte mein Wort gegeben. Ich überreichte ihm meinen Brief mit den Worten:

»Jack, ich gehe. Was ihr mit mir gemacht habt, ist schwer zu verkraften. Nur um einen Gefallen möchte ich dich bitten: Erspart mir Verhandlungen.«

»Entschuldige, Ignacio«, sagte er mit umwölkter Miene, »aber bitte, nimm diese Entscheidung zurück. Laß uns die Situation gründlich überdenken. Ich werde den ganzen Vorstand morgen früh zu einer Besprechung zusammenrufen. Darf ich mit deiner Anwesenheit rechnen?«

Nach einer schlaflosen Nacht stand ich wie immer um sechs Uhr auf. Ich trank einen Fruchtsaft und verließ das Haus, um nicht zu spät zu der Besprechung zu kommen. Ich hatte vor, mich von allen freundschaftlich zu verabschieden. Jack sah mich an, bevor er mir mit stockenden Worten folgendes Angebot machte:

»Wir möchten, daß du die Präsidentschaft von General Motors USA übernimmst, mit demselben Gehalt, das Volkswagen dir bietet.«

Damit hatte ich nicht gerechnet. Jack wußte, daß das deutsche Angebot sechsmal so hoch war wie mein bisheriges Gehalt bei General Motors.

»Bitte, Jack, ich habe dich gestern gebeten, mir Verhandlungen zu ersparen. Tu mir das nicht an. Mein Entschluß steht fest.«

»Denk wenigstens drüber nach«, antwortete er beschwichtigend.

»Es ist zu spät, um mich anders zu entscheiden«, ich versuchte mich zu drücken.

»Gut. Aber komm heute mittag bitte zu mir.«

Ich zog mich für zwei Stunden in mein Büro zurück. Meine Uhr war immer noch am rechten Handgelenk. Ich weiß nur noch, daß ich Margari von meinem Gespräch mit Jack erzählte. Später ging ich wieder hinüber zu Jack. Er sah niedergeschlagen aus. Auch ich war verärgert.

»Es tut mir leid, Jack, aber ich gehe...«

Ich ging in mein Büro zurück, rief mein Team zusammen und

erklärte ihnen alles. Die Leute waren entsetzt – ein Drama wie in einem dieser italienischen Filme: Die Sekretärin bricht in Tränen aus, und alle sind todunglücklich. Auch mir ging diese Situation nahe, aber: Hatte ich eine Wahl?

Kurz darauf fand eine Versammlung von mehr als hundert Mitarbeitern statt, geleitet von Jack Smith. Er sagte:

»Ich habe diese Rede vorbereitet, weil ich nicht in der Verfassung bin, frei zu sprechen. Heute hat uns Ignacio verlassen, und zwar wegen eines schwerwiegenden Fehlers unsererseits. Wir haben die Stärke seiner Gefühle und den Ernst seines Engagements für die Fabrik in seiner Heimat unterschätzt. Ich hoffe, daß sich ein Irrtum dieses Kalibers nicht wiederholen wird.«

Das waren seine Worte. Nach dem letzten Wort verließ er den Saal, während seine Zuhörer wie benommen applaudierten.

Als ich nach Hause kam, wartete bereits das Fernsehen auf mich, aber ich wollte mit niemandem reden. Im Laufe des Tages trafen Freunde und Kollegen ein. Abends war mein Haus voller Menschen, und wer den Anlaß nicht kannte, mußte glauben, es habe einen Trauerfall gegeben. Es war ein Kommen und Gehen wie von den Angehörigen eines Verstorbenen. Harry Pierce war da, Rick Wagoner und Jack Smith, und alle wiederholten das gleiche:

»Ignacio, du mußt uns verzeihen. Wir wissen, daß wir in dieser Angelegenheit nicht genügend Sensibilität gezeigt haben. Die Sache ist falsch gelaufen, aber wir möchten, daß du bleibst.«

»Ich befürchte, das ist nicht mehr möglich«, entgegnete ich. »Auf jeden Fall will ich noch einmal mit meiner Familie sprechen, obwohl ich kaum eine Chance sehe.«

»Versuch's wenigstens«, baten mich die drei. »Tu dein Möglichstes.«

Margari und meine Töchter gaben mir zu bedenken, daß ich meinen Entschluß doch längst gefaßt habe, daß ich mir nun keine Gedanken mehr machen und mich lieber auf die neue

Etappe meines Berufslebens einstellen solle. Wir bereiteten uns also darauf vor, am nächsten Morgen um sieben nach Deutschland zu fliegen. In diesem Augenblick kam ein Mitarbeiter unserer Steuerabteilung, um vor meinem Abflug den Papierkram zu erledigen, und fing an, erneut auf der Sache herumzureiten! Und dann rief auch noch eine amerikanische Freundin bei Margari an, um sie zum Bleiben zu bewegen. Der Druck auf uns war enorm, die emotionale Belastung so stark, daß wir kaum Schlaf fanden und schließlich nachgaben: Gut, sagte ich mir, dann bleiben wir eben. Ich verbrachte ein sehr merkwürdiges Wochenende: Ich war mir selbst fremd. Meine Töchter, meine Frau – niemand sagte etwas. Sonntag nacht um halb elf erhielt ich einen Anruf von Harry Pierce, der unter anderem für die Rechtsabteilung von General Motors arbeitete.

»Ignacio, wir möchten, daß du dich vertraglich verpflichtest, die nächsten fünf Jahre bei der Firma zu bleiben.«

»Wie bitte?« war meine einzige Reaktion. Damals hatte niemand im Vorstand von General Motors einen Vertrag. Ich wäre der einzige gewesen.

»Du hast richtig verstanden«, sagte Harry. »Andernfalls hättest du uns gegenüber zu große Vorteile.«

»Und die anderen von unserem Team?«

»Die anderen bekommen keinen Vertrag.«

»Laß mich darüber nachdenken«, sagte ich und legte den Hörer auf.

Kaum hatte ich mich entschlossen, bei General Motors weiterzumachen, kamen sie mit Änderungen. Das roch nicht gut. Ich wurde das Gefühl nicht los, daß die Sache einen Pferdefuß hatte.

Der Anruf von Harry Pierce bescherte uns eine weitere schlaflose Nacht. Montags ging ich um sieben zur Arbeit. Alle begrüßten mich ausgesprochen herzlich: Meine Sekretärin war glücklich, meine Leute waren begeistert. Ich machte mich daran, die anstehenden Dinge zu erledigen, aber mein Unmut nahm eher noch zu. Ich rief Harry Pierce an und sagte ihm, daß ich nicht daran dächte, diesen Fünfjahresvertrag zu unterzeichnen. Ungerührt antwortete er:

»O. k. Auch gut.«

Diese Reaktion befremdete mich noch mehr. Alles war anders, nichts war wie zuvor. Um halb elf stand für mich fest: Hier bleibe ich nicht. Ich rief einen Kollegen an, Paco García, und bat ihn, mich nach Hause zu begleiten. Irgend etwas war unwiederbringlich zerbrochen. Ich schrieb an Jack Smith, daß ich es ehrlich versucht hätte, aber die Beziehungen seien offenbar abgekühlt, und mein Gefühl, gehen zu müssen, sei unüberwindlich. Ohne vorher reserviert zu haben, nahmen wir wenige Stunden später das Flugzeug nach Chicago und flogen von dort nach Frankfurt. So kam ich zu Volkswagen.

VW – die Nummer 1 in Europa

Die American Airlines Maschine aus Chicago landete pünktlich auf dem Frankfurter Flughafen. Der Chefpilot von Volkswagen erwartete mich; kurze Zeit später befanden wir uns auf dem Weg Richtung Braunschweig. Am späten Vormittag betrat ich das Gebäude der Hauptverwaltung, in dem sich der Aufsichtsrat der Volkswagen-Gruppe versammelt hatte.

In diesem Augenblick ließ ich ein Meer von Erinnerungen an General Motors zurück. Jetzt erwartete mich eine neue Aufgabe: einem deutschen Hersteller wieder zu seiner führenden Stellung auf dem internationalen Automobilmarkt zu verhelfen. Ich begab mich umgehend in den Sitzungssaal im dritten Stock. Als ich die Tür öffnete, stand Dr. Ferdinand Piëch auf und umarmte mich unter dem Applaus aller Anwesenden zur Begrüßung. An dem langen, rechteckigen Tisch des Sitzungssaals hatte sich die deutsche Elite aus Gesellschaft, Industrie und Politik versammelt: Repräsentanten der Landesregierung, Vorsitzende deutscher Banken und führender Unter-

nehmen, Vertreter politischer Parteien und Gewerkschafts-
vorsitzende. Ich wurde also mit großem Bahnhof in Deutschland empfangen – die herzliche Begrüßung baute mich sofort
wieder auf.

Allerdings – jetzt war nicht die Stunde, Reden zu halten oder
Botschaften zu verkünden, im Augenblick ging es nur darum,
dem Aufsichtsrat zu danken, da er ja über die Hintergründe meines Wechsels von Detroit nach Wolfsburg Bescheid
wußte.

Am nächsten Tag rief ich meine Mannschaft aus dem Einkauf
und der Produktionsabteilung zusammen. Sie mußten sich
als erste auf die nötigen Veränderungen einstellen, die ich
durchsetzen wollte. Wir sprachen über die Herausforderung,
vor der wir standen. Ich erklärte ihnen meine globale Strategie, deren Eckpfeiler der Kunde als externe Hauptperson und
der Arbeiter als interne Hauptperson und Quelle der Kreativität sind. Beide, Kunde und Arbeiter, sollten von nun an
die Achsen jenes Wagens sein, mit dem wir den Erfolg an-
steuerten.

Ich ließ keinen Zweifel daran, daß ich die industriellen
Strukturen in Deutschland für krank hielt – die wachsende
Arbeitslosigkeit war ein untrügliches Zeichen für die
Schwäche des ganzen Systems. Von einer Anpassung an die
neue Zeit war Deutschland noch weit entfernt. Ein neues Paradigma war gefragt, ein neues Unternehmenskonzept, das
auf potenzierte Veränderungen mit potenzierter Optimierung
reagierte.

Alle waren sich darüber im klaren, daß Volkswagen nicht in
bester Verfassung war. 1992 war ein schlechtes Jahr gewesen.
Ganz Europa befand sich in einer Krise; die Verkaufszahlen
für Autos waren überall auf ein alarmierendes Niveau gesun-
ken. Zwei Faktoren kennzeichneten die Situation bei VW:
Mit Eintritt der Ebbe waren gefährliche Felsen sichtbar geworden; zu den hausgemachten kamen die äußeren Probleme. Außerdem hatte sich in der Unternehmensleitung jahre-

lang nichts geändert, die Fortschritte waren weit hinter dem zurückgeblieben, was nötig gewesen wäre, und ein intelligenter Kurswechsel war überfällig.

Es gibt keinen Grund, die Lage von VW zu verheimlichen oder zu beschönigen – es war allgemein bekannt, daß das Unternehmen Verluste machte, und alle Welt wußte, wo die Ursachen für diese Probleme lagen. Die deutsche Wirtschaftspresse hatte die strategischen Fehler, die sich das Unternehmen in den letzten Jahren geleistet hatte, eingehend analysiert. Ich ließ nun keinen Zweifel daran, welche zwei Knöpfe in dieser Situation gedrückt werden mußten, damit der Motor von VW wieder auf Touren kam: Einkauf und Produktion.

Jeder verstand, was ich meinte, und niemand zweifelte daran, daß möglichst schnell gehandelt werden mußte. Für umständliche Vorbereitungen oder endlose Diskussionen blieb uns keine Zeit – wir mußten das Haus umbauen, während alle weiterhin darin wohnten, und zwar möglichst geräuschlos und ohne allzuviel Staub aufzuwirbeln. Unverzüglich gingen wir an die Arbeit.

Eine Woche später lief die Arbeit schon fabelhaft. Ich krempelte die Arbeitsmethoden der Beschaffungsabteilung vollkommen um. Transparenz, Teamgeist und Kooperation hießen die Ziele – jeden Freitag wurden die fälligen Entscheidungen von mehr als vierzig Personen getroffen, und alle Abteilungen, die nur im entferntesten mit dem Einkauf zu tun hatten, nahmen an diesen Sitzungen teil – Entwicklungsabteilung, Logistik, Produktion, Einkauf, Finanzabteilung und Qualitätssicherung. Das war etwas völlig Neues. Aber nach kurzer Zeit schien es bereits, als hätten alle seit Jahren Erfahrung mit unserem System.

Die ersten Einsparungserfolge beim Einkauf sorgten bei allen Teilnehmern der Freitagsrunde für einen neuen Motivationsschub. Ich definierte die Ziele und leitete die Sitzungen. Eines Tages gab ich die Parole aus: »2 Milliarden DM Einsparungen bis zu den Ferien – oder wir arbeiten alle durch!«

Und niemand mußte durcharbeiten, alle konnten in die Ferien gehen.

Am letzten Freitag im November des Jahres 1996 beliefen sich die Einsparungen insgesamt auf 19 Milliarden DM. In dieser Summe ist sowohl die tatsächlich erreichte Kostenreduzierung beim Materialankauf zwischen 1993 und 1996 enthalten als auch die verabredeten und vertraglich vereinbarten Einsparungen bis zum Jahr 2000. Keine Einkaufsabteilung irgendeines Unternehmens irgendwo auf der Welt konnte einen ähnlichen Erfolg verbuchen. Erzielt wurde dieses Ergebnis von exzellenten Fachleuten in Teamarbeit auf der Grundlage eines neuen Unternehmenskonzepts sowie eines effektiven Optimierungsprogramms. Volkswagen war gerettet. Und ich war glücklich.

Das Ziel heißt Marktführung

Es gibt mehrere Gründe dafür, daß uns bei VW eine Optimierung gelang: das Engagement der Hauptpersonen selbstverständlich, also der Arbeiter; dann die Abschaffung der bürokratischen Sitzungen, auf denen über alles bis hin zur Farbe des Grases debattiert wurde; und schließlich der »Kontinuierliche Verbesserungsprozeß« (KVP[2]). Dieses Programm war zunächst im VW-Motorenwerk in Salzgitter eingeführt worden. Eine Woche nach seiner Einführung hatte es zu einer Qualitätsverbesserung von 45 Prozent, einer Produktivitätssteigerung von 53 Prozent, einer Reduzierung der Teile im Herstellungsprozeß von 81 Prozent, einer Verbesserung im Umweltsektor von 32 Prozent und einer Steigerung der Arbeitssicherheit von 27 Prozent geführt. Ständig weiterentwickelt und auf alle möglichen Bereiche angewendet, führte dieses Programm im Endeffekt zu Einsparungen in Höhe von 2,1 Milliarden DM.

Verbesserungen lassen sich auch an den Produkten von VW

ablesen. Gute Beispiele dafür sind der Audi A3 und der Volkswagen Passat. Ich habe mir sagen lassen, daß auf jeden Passat, der das Werk verläßt, acht Vorbestellungen kommen, obwohl die Produktion auf 2 000 Fahrzeuge pro Tag gesteigert wurde. Beim Audi A3 beträgt dieses Verhältnis 1 : 6. Ähnlich hohe Qualität bieten der neue Golf, der brasilianische Gol, der Octavia von Škoda und die Seat-Modelle Alhambra und Arosa. Derartig spektakuläre Ergebnisse erzielt man nur mit Produkten, für die sich Käufer begeistern lassen.

Auch in puncto Produktivitätsverbesserung hat VW sich selbst übertroffen. Dieser Erfolg war das Verdienst der Arbeiter. Eine der größten Überraschungen, die Volkswagen für mich bereithielt, war das niedrige Durchschnittsalter der Arbeiter. Bei einem derart alteingesessenen Unternehmen sollte man meinen, daß es vor allem Arbeiter reiferen Alters beschäftigen würde. Aber die Belegschaft von Volkswagen besteht aus jungen Leuten, engagiert und bestens ausgebildet. Jeder von ihnen hat drei Jahre lang die werkseigene Berufsausbildung durchlaufen. Sie verbinden Kraft und Erfahrung mit jugendlichem Elan. Volkswagen verfügt also über ganz außergewöhnliche und hochmotivierte Mitarbeiter. Unser Konzept der Ablaufoptimierung und der regelmäßigen Arbeitssitzungen nahmen sie bereitwillig an und setzten es um. Unterstützt wurde dies alles durch die hervorragende Personalführung eines außerordentlichen Mannes, Dr. Peter Hartz.

Ich erinnere mich an die ersten Optimierungsmaßnahmen. Nach zwei Tagen Brainstorming waren die Arbeiter soweit, ihre Ideen umzusetzen. Als sie kurz nach Feierabend immer noch damit beschäftigt waren, machte man sie darauf aufmerksam, daß Überstunden nicht bezahlt würden. Trotzdem arbeiteten sie noch drei Stunden lang weiter, bis der Arbeitsablauf den von ihnen entwickelten Vorstellungen entsprach. Dies war der Geist, der die Wende bei Volkswagen auslöste. Die Kreativitätsteams, die sich zu den berühmten

Workshops trafen, hatten eine unaufhaltsame Entwicklung ausgelöst.

Ferdinand Piëch – ein Genie des Automobilbaus

Alle Ingenieure von VW waren hervorragend. Als Dr. Piëch zu Volkswagen stieß, bedeutete dies eine weitere Steigerung dieses enormen Potentials. Dr. Piëch bringt alle Eigenschaften und Erfahrungen mit, die einen hervorragenden Automobilbauer ausmachen: profunde Kenntnisse der technischen Seite der Produktentwicklung, Liebe zum Auto und Einfallsreichtum bei der Kombination von Materialien, Systemen und Farben. Keine Frage – Ferdinand Piëch wird in dieser Beziehung innerhalb der Automobilindustrie von niemandem übertroffen. Im Hinblick auf sein Wissen, seine Erfahrung, seine Liebe zum Auto, sein Beurteilungsvermögen, seinen Geschmack und seinen Einfallsreichtum bei der Entwicklung neuer Modelle kann ihm keiner das Wasser reichen. Er ist der größte Trumpf, den die Volkswagen-Gruppe besitzt; er ist der eigentliche Grund dafür, daß diese Marke die mit Abstand besten Autos auf den Markt bringt.

In der Automobilindustrie sieht man ein neues Auto als das Kind desjenigen an, der es entwickelt hat. Die derzeitigen Modelle von Volkswagen, Audi, Škoda und Seat tragen die Handschrift und die Charakterzüge des Mannes, der sie konzipiert hat: Dr. Piëch. Der Erfolg eines Audi A3, eines A4, A6 oder A8, der durchgreifende Wandel bei Škoda und die guten Ergebnisse von Seat sind wesentlich diesem einen Mann zu verdanken.

Das technische Verständnis und der Scharfsinn von Ferdinand Piëch haben Autos hervorgebracht, die einen größeren Wert für den Verbraucher darstellen. Der serienmäßige Einbau von ABS, der Vierradantrieb von Audi oder die Ausstattung mit Airbags für Fahrer und Beifahrer zu einem sehr frühen Zeitpunkt – all das geht auf ihn zurück. Und wenn man es geschafft hat, die Herstellungskosten zu reduzieren, dann kann man Airbags sogar ohne Preisaufschlag anbieten. Der Markt wird solche Anstrengungen immer honorieren. Das Geheimnis von Volkswagen läßt sich in einem kurzen Wort zusammenfassen: Piëch.

Die Eroberung ausländischer Märkte

In den vier Jahren, die ich bei Volkswagen beschäftigt war, haben wir über 20 000 Verbesserungen mit hundertprozentigem Erfolg eingeführt: 12 000 im Produktionsbereich, 2 000 in der Hauptverwaltung, 1 000 im Bereich der Logistik, 3 500 bei den Zulieferern und weitere 2 000 im Verkaufsbereich. Jede Arbeitsgruppe war für die Umsetzung der Verbesserungsvorschläge und für das auf diese Weise erzielte Ergebnis verantwortlich. Wir hatten das Glück, mit der vollen Unterstützung der Gewerkschaft rechnen zu dürfen. Mehr noch – in den Gewerkschaftlern fanden wir Fürsprecher der Erneuerungsbewegung bei VW. Von ihnen gingen entscheidende Impulse aus.
Nachdem ich die wichtigsten Ziele bei Volkswagen in Deutschland erreicht hatte, setzte ich mir neue Ziele auf den internationalen Märkten. Damals war ich Vorsitzender des Aufsichtsrats von Autolatina, einem Joint-venture, an dem VW mit 51 Prozent und Ford mit 49 Prozent beteiligt war. Der Vizepräsident, Waine Booker, kam von Ford. Die Unternehmen unterschieden sich aber in ihren Grundsätzen und Strategien derartig, daß mir diese Verbindung geradezu absurd vorkam. Außerdem hatten sich die Verhältnisse in Brasilien inzwischen geändert, und die Bedingungen, unter denen uns diese »Ehe« früher sinnvoll erschienen war, existierten nicht mehr. Damals brachte Volkswagen den Gol auf den Markt,

eine eigenständige brasilianische Neuentwicklung, die auf dem brasilianischen und argentinischen Markt hervorragend ankam. Daraufhin beschloß ich die Trennung von Ford. Eine weise Entscheidung, wie sich zeigte: Nachdem Ford Ende 1996 ausgeschieden war, machte Volkswagen kräftige Gewinne. Unser Marktanteil stieg von 28 auf 40 Prozent, während sich Ford mit 8 Prozent begnügen mußte. Meine Entscheidung war anfangs keineswegs vom gesamten VW-Vorstand begrüßt worden; später sprach mir dann der Aufsichtsrat öffentlich seine Anerkennung aus. Immerhin dürfte die Trennung von Ford VW rund 2 Milliarden DM mehr eingebracht haben, als man bei einer Fortsetzung der Zusammenarbeit hätte erwarten dürfen.

Als die Idee eines Lkw-Werks für den brasilianischen Markt auftauchte, eröffnete sich mir die großartige Chance, meine Vorstellungen von einem innovativen Produktionsverfahren in die Praxis umzusetzen: Die Fahrzeuge sollten vollständig in Modulbauweise hergestellt werden. Die brasilianischen Kollegen waren von dieser Idee begeistert. Am Tag der Grundsteinlegung in Resende, dem 1. Mai 1996, setzte ich die Einweihungsfeier auf den 1. November desselben Jahres an und schrieb dem Präsidenten Fernando Enrique Cardoso, er möge sich diesen Tag freihalten. Das war gewagt – normalerweise veranschlagt man eine Bauzeit von zwei Jahren für eine solche Fabrik. Und als ich den Brief schrieb, existierten von unserer Fabrik nicht mehr als ein paar Steine in der Halbwüste. Sechs Monate später, genau am vorausberechneten Tag, verließ der erste Lkw die Montagehalle – mit Präsident Cardoso am Steuer. Ihm fiel an diesem Tag die Aufgabe zu, die erste Fabrik der Welt einzuweihen, die das Fließbandkonzept Henry Fords* überwunden hatte. Die Modulbauweise bewährt sich seither hervorragend, und Resende ist zum Vor-

---

* Ford, Henry, am. Industrieller, 1863–1947, gründete 1903 die Ford Motor Company.

bild für andere Unternehmen geworden. Eines Tages wird überall nach unserem Verfahren produziert und montiert werden.

Volkswagen Südafrika war seinerzeit ins Schleudern gekommen. Als man mich zum Aufsichtsratsvorsitzenden dieser Firma ernannte, belegte VW den 3. Platz auf dem südafrikanischen Markt. Mein Konzept der Kostensenkung funktionierte auch hier, und nach kurzer Zeit schon konnten wir den Preis für den Golf um 10 Prozent senken. Für den Fall, daß wir unser Ziel erreichen und Toyota und Nissan von den beiden ersten Plätzen verdrängen würden, stellten wir den Arbeitern eine Sonderprämie in Aussicht. Und wir erreichten unser Ziel. Von einer kreativen Marketingstrategie unterstützt, setzten wir bald doppelt so viele Golfs ab wie zuvor. Damit waren wir sozusagen über Nacht auch in Südafrika Marktführer geworden.

Der Motor Europas

Ich habe meine Zeit bei Volkswagen als einen erfolgreichen und glücklichen Lebensabschnitt in Erinnerung. Nicht nur, weil wir dort erreicht haben, was wir uns vorgenommen hatten. Sondern auch, weil ich Gelegenheit hatte, ein beeindruckendes Land aus der Nähe kennenzulernen und die Bekanntschaft einiger exzellenter Fachleute zu machen. Deutschland verfügt über eine enorm starke industrielle Basis, muß aber darauf achten, die Grundlagen der Unternehmenspolitik an die neuen Entwicklungen anzupassen. Wenn dies gelingt, wird Deutschland zum Motor Europas. Volkswagen – inzwischen wieder die Nummer 1 in Europa – bietet sich hierfür als Vorbild an. Das Projekt eines vereinigten Europas läßt sich ohne Deutschland kaum verwirklichen. Aber die entscheidenden Veränderungen werden sich nicht aus der Tatsache der Vereinigung an sich ergeben, so großartig die

Möglichkeiten auch sein mögen, die sich der deutschen Industrie dadurch bieten – sondern aus dem Zwang, das Produktionssystem zu verändern, die Kreativität jedes einzelnen im Produktionsprozeß freizusetzen und den erworbenen Reichtum gerecht zu verteilen. Eine große Koalition würde Deutschland auf diesem Gebiet sicher von Nutzen sein. Sollte Deutschland diese Entwicklung jedoch verpassen, steht dem Land der schmerzliche Weg in die Bedeutungslosigkeit bevor.

Abschied von Volkswagen

Bei allem Erfolg, den ich bei VW hatte, wurde ich bald wieder an die unglücklichen Umstände meines Abschieds von General Motors erinnert. Jack Smith hatte den Groll seines Lebens von dieser Geschichte zurückbehalten. Ich auch. Er wußte sehr wohl, daß unser Team gut gearbeitet hatte, daß wir in wenig mehr als einem Jahr ganz außergewöhnliche Erfolge erzielt hatten, und er bedauerte sehr, daß diese Glückssträhne mit meinem Weggang abriß.

Es heißt, daß Jack zwei Amerikaner bei General Motors Europa für alles, was geschehen war, verantwortlich gemacht hat. Es handelt sich um dieselben, die während meiner vier Jahre bei VW versucht haben, sich an mir zu rächen, wobei ihnen jedes Mittel recht war. Ich bin überzeugt, daß diese Personen ihre Position und ihre Karriere gefährdet sahen und deshalb alles daransetzten, meine Zusammenarbeit mit Volkswagen zu stören. Im Streit zwischen General Motors auf der einen Seite und Volkswagen und mir auf der anderen sind sie die Drahtzieher.

Meine beiden Feinde übten derartigen Druck auf Wolfsburg aus, daß VW schließlich erklärte, nichts zu verbergen zu haben. Die Auseinandersetzungen gingen so weit, daß die Manöver der beiden G.-M.-Mitarbeiter sogar für den US-Konzern selbst gefährlich zu werden drohten. Sogar die Amerikaner waren sich darüber bewußt, daß die Pressekampagne gegen Dr. Piëch, mit dem Ziel, Leute aus dem VW-Vorstand abzuwerben, von diesen beiden Personen und ihren PR-Leuten bereits vor meinem Weggang von G. M. angeleiert worden war. Diese Leute zündeten die Lunte an einem Faß, das sie unnötigerweise selbst mit Dynamit gefüllt hatten. Vor einer endgültigen Entscheidung wollte Detroit die persönlich am stärksten involvierten Vorstandsmitglieder aus der Schußlinie bringen. Auf diese Weise hätte sich eine Basis für ein Abkommen zwischen beiden Unternehmen finden lassen – General Motors weigerte sich jedoch, irgendeinen Friedensvertrag zu unterzeichnen, solange ich bei Volkswagen blieb, und VW versicherte, sich unter keinen Umständen von mir trennen zu wollen, da man mir nichts nachweisen könne. Unter diesen Umständen war eine Regelung unmöglich, und der Streit hätte noch Jahre weitergehen können.

Auf der Suche nach einem Ausweg machte ich Dr. Piëch daher folgenden Vorschlag:

»Warum suchen wir nicht eine intelligentere Lösung? Ich bin bereit auszusteigen – soweit ich sehe, die einzige Lösung. Ich gründe mein eigenes Unternehmen und arbeite zusätzlich für andere Firmen; es gäbe dann keinen Grund mehr, warum beide Firmen nicht zu einer Einigung gelangen sollten.«

Dr. Piëch fand die Idee gut. Kurze Zeit später wurde die Übereinkunft zwischen General Motors und Volkswagen unterzeichnet. Die Kaufverpflichtung, die VW gegenüber General Motors einging, ist von untergeordneter Bedeutung, weil VW auch in der Vergangenheit schon Teile und Zubehör von den Amerikanern gekauft hatte, und zwar zu einem ähnlich hohen Betrag. Die vereinbarte Summe in Höhe von 100 Millionen Dollar dürfte geringer sein als die Anwaltskosten, die fällig gewesen wären, wenn der Streit weitergegangen wäre. Und Entschuldigungsbriefe gab es von beiden Seiten. Das Bild, das sich jedes Land von diesem Abkommen machte, war wesentlich durch jene Aspekte geprägt, die der jeweiligen PR-Abteilung besonders vorteilhaft für das eigene Unternehmen erschienen.

Die beiden erwähnten Mitarbeiter von General Motors – meine Feinde – waren von den Verhandlungen ausgeschlossen worden, weil sie eine einvernehmliche Regelung ablehnten. Einen Monat nach der Unterzeichnung der Vereinbarung bot sich dann »überraschenderweise« eine neue Möglichkeit, Gift zu verspritzen – und dieselbe Zeitschrift, die auch schon die ersten Verdrehungen veröffentlicht hatte, leistete hierbei wieder Schützenhilfe.

In dieser Zeitschrift wird im Zusammenhang mit der Lackfabrik von Škoda über Provisionsforderungen von VW an ABB, einem Zulieferer, berichtet. Ich fühle mich verpflichtet, diese Punkte zu klären, um der Wahrheit und um der Ehre der Betroffenen bei Volkswagen willen. Als das erwähnte Škoda-Werk gekauft werden sollte, wurden Angebote von allen in Frage kommenden Lackherstellern der Welt eingeholt. Sieben legten ein Angebot vor. Sie wurden eingehend und unter Berücksichtigung aller Einzelheiten ausgewertet – ein Auswahlprozeß, der sich über mehrere Monate hinzog. Das Angebot des Schweizer Unternehmens ABB war das beste in Hinsicht auf Preis, Qualität und Service. Das letzte Wort aber hatte nicht der Chef der Einkaufsabteilung – es war vielmehr die gesamte Gruppe, die für ABB votierte. Wie und weshalb soll es da zur Zahlung von Provisionen gekommen sein, wenn sie doch nichts ausrichten können? Zwar hat ABB mich in keiner Weise bezichtigt oder auch nur meinen Namen erwähnt – aber es gibt Medien, denen an der Verbreitung erfundener Sensationsberichte liegt, und die haben falsche Behauptungen aufgestellt.

Ende 1996, als ich schon nicht mehr bei VW war, hat sich ABB angeblich mit dem Hinweis, daß sie Verluste machten, an Volkswagen gewandt und verlangte einen Ausgleich für diese Verluste. VW hatte das ursprüngliche Angebot von ABB

und die darin aufgeführten Zahlen sehr genau analysiert – wir wollen ja in jedem Fall verhindern, daß ein Zulieferer zusetzt, weil das keine Basis für eine längerfristige Zusammenarbeit ist. Die Deutschen hielten also einen unterschriebenen Vertrag in Händen, dem beide Seiten aus freien Stücken zugestimmt hatten, und bestanden verständlicherweise darauf, daß er eingehalten würde. Das ist einleuchtend: Wenn ABB bei einem Auftragsvolumen von 400 Millionen DM plötzlich 80 Millionen mehr als veranschlagt fordert, dann kann ihr Angebot nicht mehr als das interessanteste gelten. Einige »Experten« haben nun die Weigerung von VW, auf die Forderungen von ABB einzugehen, mit dem von ABB geäußerten Verdacht in Verbindung gebracht, daß Provisionen im Spiel gewesen sein könnten – ein Vorwurf, der offenbar die Mitarbeiter von VW und die anderer Unternehmen treffen sollte. Und ganz nebenbei erinnerten dieselben Leute in diesem Zusammenhang daran, daß der Präsident von ABB weltweit im Dezember 1996 in den Verwaltungsrat von General Motors gewählt worden war. Ich glaube, daß hier, von wem auch immer, Dinge willkürlich in Verbindung gebracht werden – nur um Intrigen zu schüren und mit billigen Sensationen die Auflage zu steigern. In Wirklichkeit handelt es sich doch um die normalen Spannungen zwischen Zulieferer und Kunde.
Worauf noch einmal ausdrücklich hingewiesen werden muß ist, daß die Entscheidung für einen Zulieferer von einer Gruppe nach ausführlicher Prüfung aller Angebote getroffen wird. Warum sollten Provisionen gezahlt werden, wenn sie die Entscheidung einer ganzen Gruppe gar nicht beeinflussen können? Das macht keinen Sinn. Es ist gerade unser System, das mit den alten Gepflogenheiten Schluß macht. Auf einem so heiklen Gebiet wie das des Einkaufs, wo manchmal Provisionen verlangt oder in Aussicht gestellt werden oder in einigen Fällen mit falschen Anschuldigungen gedroht wird, führt gerade unser System zu klaren und durchschaubaren Verhältnissen.

Die Pläne des baskischen Konsortiums

Was die Pläne für das Amorebieta-Projekt angeht, möchte ich nur zwei Aspekte aufgreifen. Erstens kann General Motors keinen Anspruch darauf erheben, weil sie dem baskischen Konsortium gehören. Und zweitens: Wer mit der Autoindustrie vertraut ist, weiß, daß diese Vorwürfe konstruiert und manipuliert sind, nicht mehr und nicht weniger. Mit dieser Manipulation sollte lediglich verhindert werden, daß VW von meinen Methoden und Strategien profitiert. Denn alle diese Unterlagen enthalten nicht das kleinste Geheimnis. Die Prüfungsgesellschaft KPMG Peat Marwick hat mehr als sechs Monate lang recherchiert und jedes Dokument, Zeile für Zeile, unter die Lupe genommen und nichts, gar nichts gefunden, was als »geheim« bezeichnet werden könnte. Es handelte sich um Unterlagen, mit denen General Motors entweder nichts zu tun hatte oder die allgemein bekannt waren. Die berühmten zwanzig Kartons »voller Geheimpapiere«, die ich mit zu VW genommen haben soll, sind in Wirklichkeit von Opel-Mitarbeitern in mein Haus in Busturia geschickt worden. Und diese Mitarbeiter haben ausgesagt, besagte Kartons eigenhändig gepackt zu haben und daß sie keinerlei Geheimdokumente enthielten. Was sie enthielten, waren Zeitschriften, Privatbriefe und Unterlagen ganz allgemeinen Inhalts. Diese Aussage wurde unter den Tisch gekehrt; statt dessen basierten die Berichte über den Inhalt auf Übertreibungen und Halbwahrheiten. Hier war Geld, Propaganda und Manipulation im Spiel; das Ziel war die Demontage meiner Person. Jedes Mittel war ihnen recht – sie haben sogar Privatdetektive angestellt, die sich auf illegale Weise Zugang in die Wohnung meiner Mitarbeiter verschafft haben auf der Suche nach belastendem Material. Bei einer Gelegenheit haben sie vorgegeben, einen Fahrradunfall gehabt zu haben, um eingelassen zu werden. Das sagt alles über die Leute, die hinter dieser Kampagne stehen.

Es gab noch weitere Kartons mit Papieren – drei oder vier Stück –, die ebensowenig vertrauliches Material enthielten. Etliche meiner Mitarbeiter waren bei unserem Wechsel von General Motors zu VW überstürzt ausgezogen und hatten einiges aus ihrem Besitz in ihren Apartments, die sie für die Dauer von mehreren Monaten gemietet hatten, zurückgelassen. Dazu gehörten auch diese Kartons – Kartons mit Aufzeichnungen und Notizen, im Büro gemacht, übers Wochenende mit nach Hause genommen, nichts davon von strategischem Wert. Wenn diese Informationen für VW interessant gewesen wären, hätte man sie nach Wolfsburg geschafft.

Und das ist schon die ganze Wahrheit über die berühmten Geheimpapiere. Ich habe es ja bereits gesagt und wiederhole es noch einmal: Davon abgesehen, daß alles auf meinem Mist gewachsen ist – in vielen Jahren der Berufserfahrung auch vor meiner Zeit bei General Motors und in Zusammenarbeit mit alten Freunden und den verschiedenen Zulieferern –, sind meine Geheimnisse nicht sehr geheim, weil wir meine Methoden zur Senkung der Kosten unserer Zulieferer auf mindestens 20 000 Seminaren ausführlich erklärt haben.

Die, die mich verfolgen, repräsentieren nicht das General Motors, das ich kennen- und schätzengelernt habe und dem ich aus den roten Zahlen half. Hier handelt es sich vielmehr um zwei verirrte Seelen, die ihrer Aufgabe nicht gewachsen waren, aber Macht haben und gefährlich werden können. Und dennoch hat VW heute die Chance, mit Hilfe unseres Optimierungssystems Kosten zu reduzieren und die unangefochtene Führungsposition in der Automobilindustrie Europas zu übernehmen und ihren Kunden Produkte von höchster Qualität anzubieten. Meine Gegner sind dieselben, die das Werk in Amorebieta zu Fall gebracht haben, und heute suchen sie Sündenböcke, um sich aus ihrer Verantwortung zu stehlen. Als ich General Motors verließ, haben sie sich im Hintergrund gehalten. Heute fürchten sie um ihren Ruf, weil sie den »Reformprozeß von Ignacio López bei General Motors« boykottiert haben. Das ist das Motiv für ihre Flucht nach vorn und die Aggressivität, die sie in der ganzen Angelegenheit an den Tag gelegt haben.

Immerhin – während Renault und Ford im letzten Jahr Verluste machten und sich die Gewinne von Opel halbiert haben, hat VW seine Gewinne verdoppelt. VW hat seine Führungsposition in Europa gefestigt, während Opel, unter der Leitung dieser zwei Männer, von Platz zwei, wo wir das Unternehmen gemeinsam mit Bob Eaton etabliert hatten, auf Platz drei abgestiegen ist – überholt von Fiat.* Sollten sie mit ihren Intrigen fortfahren und weiterhin den Dienst am Kunden vernachlässigen, werden sie auch bald Ford und sogar Peugeot an sich vorbeiziehen sehen.

Erbitterte Feindschaft

Am 14. April 1997 erscheint die Zeitschrift *Fortune* mit der Schlagzeile: »Erbitterte Feindschaft« und dem Untertitel: »Konfrontation zwischen G. M. und VW, eine Geschichte von Liebe, Verrat und Rache«. Auf dem Titelbild schaut Ignacio López vor dem Hintergrund der Halbinsel San Juan de Gaztelugatxe und dem Golf von Biscaya in die Ferne. Der Autor dieser Reportage, Peter Elkind, beginnt seinen Artikel mit den Worten: »Am 9. Januar 1997 verkündeten G. M. und VW die Unterzeichnung eines Abkommens, das ihre juristische Auseinandersetzung nach vier Jahren beendete. Es war ein offener Krieg gewesen, der sich da in den Gerichtssälen zweier

---

* Anm. des Hrg.: Marktanteile der Automobilhersteller in Europa, Jan. – Mai 1997 im Vergleich zu Jan. – Mai 1996.

	% 1997	% 1996
VW	17,4	17,1
Fiat	12,6	11,8
G.M. Europa	12,3	12,9

Kontinente abgespielt und jedem Unternehmen Anwaltskosten von mehreren Millionen Dollar beschert hatte – ein Krieg, der zeitweilig die Beziehungen zwischen den USA und Deutschland zu gefährden drohte. Die Deutschen gingen so weit, von Yankee-Imperialismus zu sprechen; die Amerikaner fühlten sich an die Nazizeit erinnert.«

Eine halbe Stunde nachdem ich mir eine Ausgabe von *Fortune* – einer Zeitschrift, die in der Geschäftswelt höchstes Ansehen genießt – gekauft hatte, sollte Ignacio López ein Interview in der Halle des Palace-Hotels in Madrid geben. Ich hatte kaum den ersten Abschnitt der Titelgeschichte gelesen, als die Hauptfigur dieser »Liebe-und-Haß«-Geschichte aus der ersten Arbeitsbesprechung dieses Tages kam.

»Wie findest du den Artikel?« fragte er mich, während er einen koffeinfreien Kaffee bestellte – mit Milch, ohne Zucker.

»Er bringt wenig Neues gegenüber dem, was du geschrieben hast«, sagte ich.

Dann überreichte ich ihm den ersten Manuskriptentwurf seines Buches. Er versenkte sich in die Seiten seiner eigenen Geschichte. Seine Augen sprangen schnell von einem Kapitel zum nächsten. Er lachte wie ein Schuljunge, als er zu der Stelle mit seinem Examen auf der Ingenieurschule kam.

Während er das Manuskript las, setzte ich die Lektüre von *Fortune* fort. Der Autor war mit Ignacio López einer Meinung: Mit der Fabrik von Amorebieta, dem Werk X, hatte das Zerwürfnis begonnen – auch wenn Lou Hughes als Grund für seine ablehnende Haltung ein nachvollziehbares wirtschaftliches Argument angeführt hatte: Das Projekt sei an den düsteren Aussichten auf dem europäischen Automobilmarkt gescheitert.

In der Erinnerung von Ignacio López waren die wirklichen Hintergründe für das Scheitern des Amorebieta-Projekts ganz andere. Als er bereits bei VW war, kam ihm zu Ohren, daß Lou Hughes sich dafür verbürgt hatte, diese Fabrik in Polen zu bauen, wo seine Angehörigen lebten. Und von Anfang an hatte ihm Jack Smith als Mitglied des bilateralen Komitees für die Förderung der Wirtschaftsbeziehungen zwischen den USA und Polen seine Unterstützung zugesagt. Bei Volkswagen nannte López seine geplante Fabrik dann »Werk B«, um klarzustellen, daß sie nicht an einem beliebigen Ort, sondern bei Bilbao gebaut werden sollte. Zwar hatte Dr. Piëch 1993 in Bilbao die Prüfung zugesagt – die Einführung der Viertagewoche in Wolfsburg jedoch und der Widerstand der Gewerkschaften haben bisher die Erfüllung dieses Traums von Ignacio López vereitelt. Weiter hieß es in der *Fortune*:

Der Gegenspieler von General Motors auf der anderen Seite des Atlantiks war Ferdinand Piëch, Enkel des legendären Ferdinand Porsche, verantwortlich, wie sich der amerikanische Autor des Artikels ausdrückte, für »eines der ineffizientesten Unternehmen der Automobilindustrie weltweit: Volkswagen. Obwohl immer noch die Nummer 1 unter den europäischen Automobilherstellern, machte es kaum noch Gewinn.« VW habe also dringend einen Chirurgen wie Dr. López gebraucht.

Am 9. März 1993 unterschrieb Ignacio López den Vertrag mit Volkswagen. Danach erhielt er all jene aussichtslosen Gegenangebote von General Motors, die Harry Pierce ungeschickterweise mit einem Fünfjahresvertrag verknüpfen wollte.

Hier brachen die juristischen Gefechte aus, die erst mit dem Waffenstillstand vom 9. Januar 1997 ein Ende fanden. Im Verlauf dieser vier Jahre hatte es Drohungen gegeben, die jetzt abgestritten wurden. *Der Spiegel* berichtete ausführlich über die ganze juristische Konstruktion.

In dieser Situation entschloß sich Volkswagen, die Angelegenheit von unabhängigen Gutachtern untersuchen zu lassen, und beauftragte hierfür die Prüfungsgesellschaft KPMG Peat Marwick. Die Nachforschungen dieser Gesellschaft förderten kein einziges vertrauliches oder geheimes Dokument zutage.

In dieser Zeit lief im deutschen Fernsehen ein Bericht über die Schmutzkampagnen von General Motors gegen Ignacio López, zu denen auch der illegale Einsatz von Privatdetektiven gehörte; einmal hatten sie sogar einen Unfall vorgetäuscht, um sich Einlaß in das Haus eines seiner Mitarbeiter zu verschaffen. Während dessen zeigte die Arbeit von Ignacio López und seinem Team erste Wirkung: Im ersten Geschäftsjahr nach seiner Ankunft sparte VW mehr als eine Milliarde Dollar ein.

Pausenlos ließen sich die jeweiligen Rechtsabteilungen und Anwaltskanzleien etwas Neues einfallen, Vorstöße und Rückzüge wechselten einander ab. Bis General Motors eine unerfüllbare Bedingung stellte: VW solle sich von Ignacio López trennen. In dem Briefwechsel zwischen den streitenden Parteien hatte VW von Anfang an jede Beschuldigung und jeden Verdacht gegen López als gegenstandslos zurückgewiesen und sich kategorisch geweigert, den Spanier fallenzulassen. In finanzieller Hinsicht war man beweglicher: Von den 400 Millionen Dollar, die General Motors ursprünglich verlangt hatte, blieben zum Schluß noch 100 Millionen übrig – weniger als die Hälfte der voraussichtlichen Prozeßkosten, die bei einer Fortsetzung des Streits angefallen wären. Die Kaufverpflichtung, die Volkswagen für die Dauer von sieben Jahren gegenüber General Motors einging, entsprach nicht einmal ganz dem bestehenden Geschäftsvolumen zwischen beiden Unternehmen, war also nichts weiter als ein Versuch, das Abkommen irgendwie auszuschmücken.

Millstein, der juristische Vertreter von General Motors, erklärte in *Fortune*: »Für ein Kavaliersdelikt zahlt man keine 100 Millionen Dollar.« Liesen, der Aufsichtsratsvorsitzende von VW, meinte hingegen: »Hier handelt es sich einfach um eine pragmatische Entscheidung unsererseits – irgendeine Art von Substanz mußte das Abkommen ja haben.« Es war klar, daß Anwälte die doppelte Summe schon lange zuvor in ihren Strategiepapieren verzeichnet hatten.

Der Artikel endete mit der Bemerkung von Lou Hughes, daß die Geheimdokumente möglicherweise in irgendeinem Panzerschrank versteckt sein könnten, und mutmaßte: »... aber vielleicht ist diese ganze Geschichte auch einfach frei erfunden.« *Fortune* bezeichnete Hughes in diesem Zusammenhang als Jagdhund und Phantasten und entließ den Leser mit folgenden Fragen: Weshalb reklamiert General Motors die Pläne der Fabrik in Amorebieta für sich, wenn sie überhaupt kein Interesse daran haben und die Entwürfe darüber hinaus von einem baskischen Konsortium stammen? Und was kann an Strategien geheim sein, in die Ignacio López Tausende von Zulieferern in aller Welt anhand von Grafiken und schematischen Darstellungen eingeweiht hat – ganz zu schweigen davon, daß er seine Theorien in deren Fabriken persönlich in die Praxis umgesetzt hat? Und wozu soll ihm eine Liste der Zulieferer von General Motors genützt haben, wenn VW sich ganz anderer Teile und Hersteller bedient?

»Wie hast du es die ganze Zeit bloß ausgehalten, als Zankapfel der Juristen?« fragte ich ihn.

»Ich habe einfach weitergearbeitet.«

Ignacio López wollte dem Kapitel über diese Angelegenheit kein Wort hinzufügen. Er war mit seinen klaren Worten eines aufrechten Basken zufrieden. Warum noch kostbare Zeit und Energie auf alte Geschichten verschwenden?

5 Die Dritte Industrielle Revolution

»Manche Länder«, sagt Ignacio López nach Tisch, »haben noch nicht verstanden, daß wir derzeit die Dritte Industrielle Revolution erleben. Die erste setzte in England mit der Erfindung der Dampfmaschine und dem Einsatz mechanischer Webstühle ein. Die zweite wurde von Henry Ford mit der Serienproduktion von Autos und von Alfred Sloan* mit der Einführung neuer Managementstrukturen ausgelöst. Und die dritte beruht auf einem Paradigmawechsel: Die Könige werden in Zukunft nicht mehr die Größen der Finanzwelt sein, sondern die Kunden und Arbeiter.«

Als Voraussetzung für Überleben und Erfolg in dieser neuen Phase der industriellen Entwicklung plädiert Ignacio López für ein »Umdenken«. Gegenüber der Zeitung *Deia* erklärte er: »90 Prozent aller europäischen Industrieunternehmen verfolgen eine falsche Strategie. Was wir brauchen, sind nicht technische Anpassungsprozesse, sondern ein neues Denken. Es sind fast immer die Unternehmensführungen, die versagen und Firmen ruinieren. In den meisten Fällen werden die entscheidenden Fehler vom Management begangen. Noch gibt es keine Vorbilder, die wir nur nachzuahmen brauchten. Jeder einzelne muß sein eigenes Vorbild erfinden, daran glauben und hart dafür arbeiten, denn es geht um sein Überleben. 1992, als sich die Dritte Industrielle Revolution ankündigte,

---

* A. P. Sloan, am. Industrieller, 1875–1966.

habe ich mich zum Fürsprecher eines Atlantikpakts zwischen USA und Europa gegen die Japaner gemacht, um zu verhindern, daß die Bewohner der westlichen Welt zu Bürgern zweiter Klasse würden. Und wir haben den Pakt zustande gebracht.

Wenn man ein Produkt herstellt, ein Fahrrad, einen Füllfederhalter oder ein Auto, dann muß man durch ständige Verbesserungen einen Wert schaffen, den man an den Kunden weitergeben kann. Heute handelt es sich nicht mehr um eine Revolution auf dem Gebiet der Textilherstellung oder der Produktionsmittel. Heute geht es vielmehr um eine Revolution der Konzepte, der Prinzipien, der Werte. Die bisher gültigen Systeme taugen nichts mehr. Ohne Kreativität wird nichts von dem, was getan werden muß, gelingen.

Aber wir sollten uns nicht täuschen lassen. Diese Revolution kommt nicht laut und dröhnend daher, sondern still und leise, gleichzeitig aber ist sie äußerst gefährlich, denn sie kennt keine Gnade mit dem Verlierer. Niemand wird eine zweite Chance bekommen. Der Bergbau und die Werften haben diese Erfahrung bereits machen müssen.«

Um die Aussichten auf eine erfolgreiche Bewältigung dieser Herausforderung zu verbessern, hat Ignacio López seine eigene Gesellschaft gegründet, deren Kompetenz auf dem Gebiet der Unternehmensorganisation durch die fortgesetzten Erfolge seines Neuen Paradigmas eindrucksvoll bestätigt wird. Sie betrachtet es als ihre Hauptaufgabe, die Effektivität von Arbeitsabläufen zu analysieren. »Wir bedienen uns der fortschrittlichsten Analyseverfahren«, sagt er. »Denn auf jeden Handgriff, die dem Produkt zugute kommt, kommen Hunderte, die sinnlos sind.«

Seine Teams halten sich in der Regel acht Tage in einem Unternehmen auf. Sie wählen einen geeigneten Produktionsbereich und ein geeignetes System aus und erarbeiten in Zusammenarbeit mit den Mitarbeitern Pläne für die Ablaufoptimierung. Nach den Erfahrungen in vielen tausend Unternehmen wird auf diesem Wege eine durchschnittliche Produktivitätssteigerung von 73 Prozent, eine Reduzierung der Fertigungsfläche von 45 Prozent, eine Produktionszeitverkürzung um 50 Prozent und eine Qualitätssteigerung von ebenfalls 50 Prozent erreicht.

Javier Hega, ein mit Ignacio López befreundeter Unternehmer, sagt dazu: »Wenn ein Kollege mich fragt: ›Wann werden wir endlich diese Krise überwunden haben?‹, dann antworte ich: Die Situation wird für uns auch in Zukunft nicht einfacher werden, ganz im Gegenteil. Wir erleben zur Zeit die Dritte Industrielle Revolution. Die Vergangenheit zählt nicht mehr. Jetzt beginnt eine Epoche, die nach anderen Regeln funktioniert. Wir werden viel mehr als früher daransetzen müssen, die Wünsche der Kunden zu befriedigen. Wir profitieren zum einen von der Globalisierung der Märkte, zum anderen müssen wir der Herausforderung aber auch gewachsen sein.

Früher sind wir davon ausgegangen, daß der Weg zu Produktionssteigerungen nur über neue Technologien und Rationalisierung führen könne. López hat uns gezeigt, daß wir mit ganz einfachen Mitteln, ohne High-Tech, sowohl die Qualität als auch die Produktivität verbessern können.

Als Beispiel nur einen Fall, der sich tatsächlich so zugetragen hat. Ein Jahr bevor wir mit Ignacio zusammenarbeiteten, hatten wir für 37 Millionen Peseten eine automatische Montagestrecke für Trommelbremsen installiert. Als das Team von Ignacio López eintraf, war ihre erste Frage: Wann habt ihr diese Montagestraße eingerichtet? Wirklich schade – ihr hättet euch nämlich die ganze Anlage sparen können! Sie führten ihre Analysen durch und fanden heraus, daß wir mit einem viel simpleren System die Herstellungszeit um 35 Prozent reduzieren könnten, und das ganz ohne Neuinvestitionen und große Unterhaltskosten. Nach vier Wochen hatten wir die neue Anlage nach den von Ignacios Team errechneten Daten aus Elementen installiert, die wir ohnehin im Haus hatten. Die ganze teure Montagestraße wurde nicht mehr gebraucht. Seither hat sich unser Umsatz verdreifacht, obwohl wir nur 15 Prozent mehr Personal eingestellt haben. Ignacio hat unser Denken verändert.

Wir brauchen vor allem mehr Unternehmer neuen Typs, wenn wir uns in der Dritten Industriellen Revolution behaupten wollen. Heutzutage beherrscht die Bürokratie alle Lebensbereiche. Solange die Jugend diese starren Strukturen vor Augen hat, wird sie sich vermutlich ungern in Abenteuer stürzen. Aber wenn du fähig bist, diesem Mann zu folgen, eröffnen sich dir ganz neue Möglichkeiten.

Zur Zeit erleben wir, wie die Amerikaner mit ihrer ganzen Macht über ihn herfallen, weil sie ihm seine unverhohlene Geringschätzung nicht verzeihen. Er hat den Vereinigten Staaten, dem Flaggschiff der Automobilindustrie, eine Abfuhr erteilt – deshalb wollen sie ihn vernichten. Außerdem wollte man Volkswagen das Leben so schwer wie möglich machen. Aber das hat nicht funktioniert: Dank Ignacios Eingreifen hat VW seine Krise überwunden und zu einem neuen Höhenflug angesetzt.«

Wohlstand für alle

»In der gesamten westlichen Welt«, fährt Ignacio López fort, »werden wir lernen müssen, daß auch die sogenannte Dritte Welt einen Anspruch auf Wohlstand hat. Wenn es uns nicht gelingt, Wohlstand für alle zu schaffen, wird es ihn auf Dauer für niemanden geben. Wir haben das in Johannesburg beobachten können, einer immens reichen Stadt in einem der schönsten Länder der Welt, Südafrika. In dieser Stadt leben über zwei Millionen Menschen, die aus angrenzenden Ländern eingewandert sind. Dieser Teil der Bevölkerung ist so arm und der andere Teil so reich, daß ein Zusammenleben fast nicht mehr möglich ist. Die Kriminalität hat dramatisch zugenommen: In Johannesburg kann heute niemand mehr sorglos über die Straße gehen. Täglich kommt es zu mehr als zwanzig Morden und Raubüberfällen; Autos werden gestohlen, während man darin sitzt. Die Diskrepanz zwischen Arm und Reich führt dazu, daß auch die Reichen nichts mehr von ihrem Wohlstand haben und obendrein um ihren Reichtum bangen müssen.

Nach meiner Erfahrung verringert sich in Brasilien der Abstand zwischen Arm und Reich allmählich. Und die Kriminalitätsrate sinkt. Fernando Enrique Cardoso, der brasilianische Präsident, vertritt die Ansicht, daß allen die Teilnahme am Wohlstand ermöglicht werden müsse. Er ist überzeugt davon, daß die Kluft zwischen den Klassen überbrückt werden kann. Ich sehe der Entwicklung in Brasilien und ganz Lateinamerika jedenfalls mit großer Zuversicht entgegen.«

Unser Paradigma schafft Arbeitsplätze

»Die Arbeitslosigkeit«, fährt Ignacio López fort, »ist eine Krankheit, die nur einen Schluß zuläßt: Die gegenwärtig herrschenden Strukturen richten nur noch Schaden an. Wenn den Menschen der Eintritt ins Berufsleben verwehrt wird, dann ist das ein Verbrechen, für das die Gesellschaft als Ganzes die Verantwortung trägt. Es darf keine Arbeitslosen geben. Keinen einzigen!

Ich habe nie dafür plädiert, daß Arbeitsplätze abgebaut werden; ich habe niemals dafür gesorgt, daß jemand, der seinen Auftrag in einem Unternehmen erfüllte, entlassen wurde. Das ist nicht unser Ziel. Unser System zielt darauf ab, die drei Variablen Qualität, Service und Preis zu verbessern und damit den Wert eines Produkts für den Kunden zu erhöhen. Das ist unsere Philosophie; und wenn in einem bestimmten Augenblick Anpassungen tatsächlich unumgänglich sind, dann muß man sich eben bemühen, das Problem in einem größeren

Kontext anzugehen und Lösungen für alle zu finden. Das heißt: Wenn Arbeitsplätze etwa aus Gründen der Produktivitätssteigerung wegfallen, muß das Produktionsvolumen erhöht werden, damit der Verlust ausgeglichen und das Gleichgewicht insgesamt wiederhergestellt werden kann.

1992 waren die Absatzzahlen in der europäischen Automobilindustrie deutlich zurückgegangen; sie fielen unter 11 Millionen, was auch VW zu spüren bekam. Heute werden 14 Millionen Autos produziert, und demnächst könnten es 16 Millionen sein. Als die Verkaufszahlen zurückgingen, gab es für VW zwei Möglichkeiten: Die eine war, 30 000 Mitarbeiter zu entlassen. Das wäre der falsche Weg gewesen – in diesem Fall hätte das Neue Paradigma völlig versagt. Statt dessen aber entschloß man sich zu einem Akt der Solidarität, der durch den Einsatz des VW-Personalchefs Dr. Peter Hartz, ein Profi und hervorragender Mann, innerhalb von nur drei Tagen zu einer Lösung führte: Alle Beschäftigten von Volkswagen einigten sich darauf, 20 Prozent weniger zu arbeiten, also nur noch an vier statt wie bisher an fünf Tagen der Woche – und natürlich für ein um 20 Prozent niedrigeres Gehalt. Niemand wurde entlassen; die Zahl der Arbeitstage wurde reduziert und die Produktion aufrechterhalten. Wir Angestellten durften so lange arbeiten, wie wir wollten, ohne daß sich an dem 20prozentigen Gehaltsabzug etwas geändert hätte. Und die Arbeiter kamen in den Genuß eines langen Wochenendes, das von Freitag bis Sonntag dauerte.

Bei dieser Entscheidung haben alle Solidarität bewiesen – leider hat sie nicht das Presseecho gefunden, das sie verdient hätte. Natürlich kann dies keine langfristige Lösung sein. Aber in diesem Fall war es ein Opfer, das alle gemeinsam erbrachten, um einigen die Arbeitslosigkeit zu ersparen. Niemand darf sich hier aus der Verantwortung stehlen, jeder muß in einer solchen Situation nach sozialverträglichen, humanen Lösungen suchen, so drückte es Dr. Hartz aus. Keiner darf behaupten, sich an ein Paradigma zu halten, das vom

Menschen ausgeht, und dann, nach einer erfolgreichen Ablaufoptimierung, ein paar Leute entlassen, weil sie nicht mehr gebraucht werden. Solche Lösungen entbehren jeder soliden Grundlage.

Unsere Programme geben den Arbeitern die Sicherheit, daß niemand entlassen wird, daß keiner aufgrund von optimierten Arbeitsmethoden seinen Arbeitsplatz verliert.

Die Viertagewoche ist aber langfristig keine Lösung, denn: Immer noch gibt es einen Bedarf an neuen Konsumgütern. Warum sollten wir nicht für eine immer größere Zahl von Menschen immer mehr und immer Besseres produzieren? Ich erinnere mich an eine Sequenz in dem Film ›Zurück in die Zukunft‹: Alle lachen, wenn die Hauptfigur, die aus der Zukunft in die Vergangenheit kommt, erklärt, in ihrem Haus gebe es drei Fernseher. Klar, in den 60er Jahren stellte schon ein einziges Fernsehgerät in der Wohnung einen großen Luxus dar. Aber heute ist es keineswegs mehr ungewöhnlich, daheim einen Computer mit Internetanschluß und ein digitales Fernsehgerät zu haben. Die Bedürfnisse nehmen zu, also wird auch die Arbeit zunehmen. Selbstverständlich funktioniert das Verhältnis von Bedarf und Arbeit nicht nach den Regeln eines simplen Dreisatzes – wenn man heute 100 Beschäftigte braucht, um 100 Fernsehgeräte herzustellen, dann wird man für die Produktion von 200 Fernsehgeräten nicht 200 Beschäftigte brauchen. Aber vielleicht 120. Dann würden wir rentabel arbeiten. Und das ist doch schon etwas.«

Japan – vom aggressiven Wettbewerb zur Kooperation

Bis 1992 war Japan das Musterbeispiel für gnadenlosen Wettbewerb. Wie Erpresser traten die Japaner damals auf. Eine derartige Betonung der Rivalität provoziert immer ähnlich aggressive Reaktionen. Mit dem Versuch, seinen größten Kunden, die USA, in die Knie zu zwingen, beging Japan allerdings einen schwerwiegenden Fehler. Die Amerikaner ließen sich das nicht gefallen, und heute bekommen die Japaner die Konsequenzen zu spüren.

In meinen Augen ist es notwendig, ein ausgewogenes Verhältnis zwischen Wettbewerb und Kooperation anzustreben. Das ist nicht unmöglich. Wo dieses Gleichgewicht herrscht, profitieren alle davon. Es geht nicht darum, Oligarchien oder Monopole zu schaffen. Sondern darum, auf der Grundlage einer gesunden Zusammenarbeit mit dem Kunden, der im Mittelpunkt stehen sollte, gemeinsam Mehrwert zu schaffen. Wenn wir Frieden wollen, müssen wir etwas dafür tun. Wenn man die Friedensbemühungen vernachlässigt, wird es irgendwann zu Kriegen kommen – ob das nun Handelskriege oder kalte oder sogar heiße Kriege sind. Da wäre es klüger, unter der Voraussetzung einer grundsätzlichen Übereinstimmung Wohlstand für alle zu schaffen.

Ich möchte ein schönes Beispiel für Zusammenarbeit anführen – das Werk in Freemont, Kalifornien. Es handelt sich um ein Joint-venture, das Jack Smith vor seiner Zeit als G.-M.-Präsident angeregt hatte. Dieses kalifornische Werk von General Motors war bankrott und sollte geschlossen werden; heute arbeiten hier Toyota und General Motors zusammen. Beide Firmen sind mit 50 Prozent beteiligt. Das Experiment hatte Erfolg, beide haben wichtige Lehren daraus gezogen. Zwei Unternehmen mit ganz unterschiedlicher Kultur haben gelernt, Hand in Hand zu arbeiten. Ein Beispiel intelligenter Kooperation zwischen einem japanischen und einem amerikanischen Hersteller.

Maastricht auf dem Prüfstand

Auch wenn es größenwahnsinnig klingt – ich meine, daß das Abkommen von Maastricht neu formuliert werden müßte, und zwar auf der Basis von Grundregeln, die vom Menschen ausgehen und die Schaffung von Kundenwert zum Ziel haben. Oder anders gesagt: Diesem Abkommen müßte eigentlich eine humanistische Vision zugrunde gelegt werden. Wenn es die menschliche Seite nicht stärker in den Vordergrund stellt, ist es zum Scheitern verurteilt. Zahlen und gute Absichten allein reichen nicht. Es fehlt ihm die Seele. Solange nur von Inflation, Einheitswährung und Schulden die Rede ist, mag das unter technischen Aspekten korrekt sein – es bleibt aber ein seelenloses Projekt. Entweder bezieht man die humane Dimension mit ein, ober eine gute Idee verfehlt ihr Ziel.

Bürokratie tendiert dazu, monströse Züge anzunehmen. Zahlen sind wichtig, aber die Wirtschaft ist nicht alles. Man hat den Eindruck, daß im europäischen Einigungsprozeß zwar das Vorbild zum Tragen kommt, Aufgabe und Glauben aber unberücksichtigt bleiben. Hier fehlt die menschliche Seite. Aufgabe, Vorbild und Glauben gehören zusammen.

Spanien, um ein positives Beispiel zu nennen, besitzt das, worauf es ankommt, nämlich Kreativität, auch wenn es bisweilen nicht danach aussieht. Es verfügt mithin über den Rohstoff, aus dem sich eine sinnvolle Aufgabe formen läßt. Spanien ist zu Begeisterung und Leidenschaft fähig, aber es darf das Vorbild nicht vergessen, wenn es sich seiner Aufgabe widmet. Das Neue Paradigma läßt sich also auch auf diesem Gebiet anwenden.

Spanien besitzt alle Zutaten für ein schmackhaftes Gericht. Jeder, der einen Bohneneintopf machen kann, weiß, daß man erstklassige Zutaten dafür braucht. Wenn die Bohnen selbst nichts taugen, kannst du die beste Pfefferwurst, die leckerste Blutwurst und den herrlichsten Speck zugeben – es wird trotzdem nicht schmecken. Und wenn das Wasser nach Chlor schmeckt, nützt der beste Koch nichts. Spanien verfügt über einen wunderbaren Rohstoff, es besitzt einen enormen Reichtum an großartigen Menschen. Jetzt geht es darum, sich präzise an die Regeln zu halten. Aus 10 Kilo Bohnen und nur zwei Würstchen wird nie ein guter Eintopf. Das Vorbild ist wichtig und, nicht zu vergessen, das Feuer: der Glauben.

Wir in Spanien sind gewöhnt, nach Gefühl zu würzen. Also ein halbes Paket Bohnen zuzugeben, wenn von 253 Gramm die Rede ist. Oder einen Löffel Salz, wenn es 12,5 Gramm heißt. Wir müssen lernen, die Dinge sehr genau zu nehmen, weil wir es mit globaler Konkurrenz zu tun haben. Wenn man aufs Geratewohl kocht, kann es heute gutgehen, und morgen führt ein kleiner Fehler dazu, daß es mißlingt – und der Grat zwischen richtig und falsch wird immer schmaler. Wir brauchen ein Rezept, ein Vorbild – wie etwa die zehn Programme, die zusammen unser System der neuen Arbeitswelt bilden.

Unternehmer gefragt

In Spanien gibt es zu wenige Unternehmer. In den 60er Jahren hatten wir phantastische Unternehmer, vor allem im Baskenland. Der Lebensstandard in Dörfern wie Eibar übertraf den von München. Warum? Weil die hiesigen Unternehmer die qualifiziertesten in ganz Europa waren. Wir brauchen mehr solcher Geister, weil sie allein einen Organisationsprozeß mit Sinn und Leben erfüllen können. Die Gesellschaft muß sich darüber im klaren sein, daß Unternehmer ungemein wichtige Leute sind und keine miesen Typen, als die sie gelegentlich dargestellt werden.

Damals, in den 60ern, hatten viele den Ehrgeiz, ihr eigenes Unternehmen zu gründen. Damals wurde der Unternehmer bewundert, weil er seine Gewinne erneut investierte. Er war der Freund seiner Mitarbeiter, legte sich mehr ins Zeug als jeder andere und machte kein Aufhebens von seinem Geld – oder womit man sonst noch prahlen könnte. Später schlug das Pendel in die andere Richtung aus, und der Unternehmer galt plötzlich als jemand, der nichts anderes tut, als mit dicker Zigarre und Zylinder herumzulaufen.

Der Unternehmer muß eine Führungspersönlichkeit sein. Auch wenn der Arbeiter die Hauptperson dieser Geschichte ist – wir brauchen Unternehmer. Wenn es keine Unternehmen gäbe – wo sonst sollte die Kreativität des Arbeiters zum Zuge kommen?

Unternehmer kann jeder sein. Und dabei ist es völlig egal, ob man einen Familienbetrieb leitet oder einen multinationalen Konzern oder eine Kooperative. Da gibt es viele Möglichkeiten.

Harmonie mit der Natur

Wer glaubt, Industrie und Ökologie seien Gegensätze, beweist, daß es ihm an Kultur fehlt. Wer meint, Ökologie bedeute Mehrkosten, weshalb man ruhig die Umwelt zerstören dürfe, befindet sich in einem Irrtum. Ökologie und Industrie müssen zu friedlicher Koexistenz finden. Das ist möglich. Die Anstrengungen, die dafür nötig sind, werden neue Arbeitsplätze und neuen Reichtum schaffen.

Was zum Beispiel den Ausstoß von Kohlendioxid angeht, stehen wir vor einem ernsten Problem. Sicher, wir sollten auch bei diesem Thema nicht päpstlicher als der Papst sein – der größte Teil des freigesetzten Kohlendioxids wird von der Natur selbst produziert, von den Meeren, den Bäumen zur Nachtzeit oder durch den biologischen Abbauprozeß. Aber natürlich ist auch der Mensch daran beteiligt, soviel ich weiß zu 20 Prozent. Durch Heizungen, Waldbrände, Kohlekraftwerke oder das Auto. Der Anteil des Autos ist gering, es erzeugt 0,2 Prozent allen Kohlendioxids auf diesem Planeten. Dennoch muß der Versuch unternommen werden, diesen Anteil zu reduzieren, denn 0,2 Prozent entsprechen vielen tausend Tonnen.

Unser Team arbeitet seit vielen Jahren an dieser Aufgabe. Ein Erfolg dieser Forschungsarbeit ist die Entwicklung eines Motors, der mit Alkohol läuft. Wir verfügen inzwischen über die modernste Technik auf dem Gebiet des Alkoholmotors: In Brasilien bauen wir Motoren, deren Treibstoff aus Rohrzucker gewonnen wird. Wenn man diese Art von Alkohol verbrennt, wird das austretende Kohlendioxid vom Zuckerrohr absorbiert und verwandelt sich dann wieder in Rohstoff für neuen Alkohol.

Durch diese High-Tech-Motoren, die bei gleicher Zylinderzahl zudem noch mehr Kraft entfalten als benzingetriebene Motoren, gelingt es, den CO^2-Kreislauf zu schließen. Nun ist es sicher nicht möglich, in Deutschland etwa Zuckerrohrpflanzungen anzulegen. Hier ist also erneut Kreativität gefragt. Wie könnte man in Deutschland den CO^2-Kreislauf schließen? Antwort: Mit einem Werk für Methanolsynthese. Man nimmt Kohlendioxid, Wasser, Sonnenenergie und Katalysatoren und verwandelt so das CO^2 in Methanol, ebenfalls ein Alkohol. Wir sind davon überzeugt, daß Methanol der Treibstoff des 21. Jahrhunderts ist.

Fleming war auf der Suche nach etwas ganz anderem, als er das Penicillin entdeckte. Während wir auf der Suche nach der Möglichkeit sind, den CO^2-Kreislauf zu schließen, entdecken wir das Verfahren, Methanol zu synthetisieren. Das Ergebnis läßt sich in der Praxis auf zweierlei Art nutzen: wie ganz normaler Alkohol, der die Explosion im Zylinder auslöst, oder auf eine intelligentere Art. Durch eine chemische Reaktion nämlich kann man dem Methanol Wasserstoff entziehen und diesen Wasserstoff in den Zylinder einspeisen, wo er als Treibstoff wirkt. Das ist der Grund dafür, weshalb wir dem Methanol gute Chancen im kommenden Jahrhundert einräumen. In absehbarer Zeit wird man Erdöl also nicht mehr verbrennen, sondern in erster Linie für die Herstellung chemischer Produkte verwenden.

Globaler Wettbewerb und Intuition

Die Entfernungen werden immer kürzer. Durch die modernen Kommunikationsmittel ist die Welt klein geworden, und jeder beliebige Ort ist mit der ganzen Welt verbunden. In dieser geschrumpften Welt fällt es jedem immer leichter, seine Märkte und Kunden zu finden. Jedes Produkt, für das eine Nachfrage besteht, erreicht seinen Käufer früher oder später – das läßt sich gar nicht verhindern. Auf der Erde stehen alle miteinander im Wettbewerb. Unser Markt liegt nicht im Baskenland, nicht in Spanien und auch nicht in Europa, er liegt überall. Auch wenn wir darauf verzichten würden, andere Märkte zu erschließen – andere werden auf jeden Fall *unsere* Märkte erschließen.

Intuition ist von großer Bedeutung, weil sie dir den Weg zu den letzten Grenzen eröffnen. Die Intuition fängt an, wo alles Buchwissen endet. Sie ist unverzichtbar für die Suche nach neuen Wegen.

Ein Beispiel: Die wichtigste Abteilung bei Firestone war die Konstruktionsabteilung. Aufgrund des Prämiensystems produzierte diese Abteilung zwanzig Jahre lang immer nur das geforderte Minimum. Meine Intuition sagte mir, daß es hier eine Lösung geben müsse; wir boten daher den Gewerkschaftsführern unsere Zusammenarbeit an. Tatsächlich entspannte sich die Situation, und nach kurzer Zeit erreichte die Produktivität ein normales Niveau.

Intuition war auch bei der Entwicklung der Fabrik in Resende im Spiel, die nach dem Modulprinzip arbeitet. Anstatt wie früher Teile und Zubehör Stück für Stück von vielen Zulieferfirmen zu kaufen, kaufen wir nur noch komplette Bauteile an, die der Zulieferer in unserer Fabrik an Ort und Stelle zusammenbaut. Resende besteht also aus zehn Minifabriken, von denen jede im Besitz eines Zulieferers ist; dessen Techniker und Arbeiter setzen Komponenten oder Module zusammen und bauen sie in jedes Fahrzeug ein. Indem der Zulieferer direkt in den Montageprozeß einbezogen wird, kann alles umgangen werden, was – wie etwa der Transport – die Effizienz schmälern könnte.

Die Aufgabe von Führungskräften besteht darin, das Wissen, das jeder einzelne in sich trägt, ans Licht zu holen und so einzusetzen, daß ein Unternehmen als Ganzes davon profitiert. Das ist der Mehrwert des Produkts oder des Service.

Das japanische Unternehmen Hitachi ist der größte Hersteller von elektronischen Haushaltsgeräten. Eines Tages kommen sie auf die Idee, ein Gerät zu entwickeln, mit dem man zu Hause Brot backen kann. Gut, man stellt eine Gruppe von Spezialisten zusammen – in Japan macht man alles in Gruppen – und geht an die Arbeit. Aber das Gerät, das dabei herauskommt, funktioniert nicht: Das Brot schmeckt einfach nicht. Sie analysieren den ganzen Entwicklungsprozeß und stellen fest, daß es ihnen nicht gelungen ist, das Spezialwissen derjenigen, die wirklich gutes Brot machen, in ihre Arbeit einzubeziehen. Es hat ein Glied in der Kette gefehlt, ein Fachmann. Die ganze Gruppe sucht also den anerkanntermaßen besten Bäcker der Stadt auf und arbeitet mit ihm eine Weile zusammen, bis sie hinter sein Geheimnis kommen. Mit diesem Wissen machen sie sich dann erneut an die Konstruktion eines Prototyps, und heute ist dieses Gerät ein großer Verkaufsschlager.

Grundsätzlich steht jedes Unternehmen vor demselben Problem: Viele Chancen werden verschenkt, weil Techniker und Führungspersonal sich nicht im klaren darüber sind, daß jeder Arbeiter über einen Erfahrungsschatz verfügt, der den Wert eines Produkts wesentlich erhöhen kann. Genau diese Erfahrung hat sich in unserem Paradigma niedergeschlagen.

Die nächste Herausforderung:
ein spanisches Auto

In Spanien gibt es Autofabriken und Zubehörproduzenten, aber keinen nationalen Automobilhersteller. Bei uns werden nur Fahrzeuge ausländischer Hersteller gebaut. Unsere dringendste Aufgabe ist der Aufbau einer eigenen Autoindustrie, die sich soweit wie möglich an den Kundenwünschen orientiert.

Wir dürfen nicht auf alle Zeit von ausländischer Technologie abhängig bleiben. Warum gründen wir nicht ein Unternehmen, in dem spanische Techniker spanische Autos bauen? Das sollte jetzt, am Ende dieses Jahrhunderts, nicht mehr unmöglich sein. Eins dürfen wir nie vergessen: Die Autoindustrie ist der Motor der gesamten industriellen Entwicklung, heute genauso wie in Zukunft.

Als Airbus in den zivilen Flugzeugbau einstieg, war man sich bewußt, daß man gegen die beiden amerikanischen Luftfahrtriesen McDonnell-Douglas und Boeing antrat. Das war eine noch größere Herausforderung, denn ein Flugzeug ist komplexer als ein Auto. Aber Airbus ist auf dem besten Weg, sich zu behaupten. Und als Embraer in Brasilien sich mit Gamesa zusammentat, um den Prototyp einer völlig neuen Maschine mit 50 Sitzplätzen zu bauen, da war ihnen klar, daß sie sich etwas völlig Neues einfallen lassen müßten, wenn ihr Flugzeug jemals abheben sollte. Und sie haben es geschafft. In ihrem Marktsegment bieten sie heute das attraktivste Flugzeug der Welt an.

Wenn Spanien diese Herausforderung nicht annimmt, wird seine Industrie in einem Stadium der Unterentwicklung verharren. Zumindest in den nächsten 50 Jahren wird der Automobilbau weiterhin für Arbeitsplätze und Wohlstand sorgen. Kann man sich ein wettbewerbsfähiges europäisches Land ohne Autoindustrie überhaupt vorstellen? Eine Jahresproduktion von 50 Millionen Autos weltweit – im Hinblick auf

Arbeitsplätze und Einkommen haben wir es hier nach wie vor mit dem wichtigsten Industriebereich überhaupt zu tun. In diesem Zusammenhang möchte ich noch einmal auf die entscheidende Rolle der Unternehmer in unserem Land hinweisen. Es wäre wünschenswert, wenn möglichst viele junge Leute ihre eigenen Unternehmen gründeten. Der Weg dahin darf allerdings kein dornenreicher sein. Büro- und Produktionsflächen, wie sie jungen Unternehmensgründern in Technologieparks für wenig Geld zur Verfügung gestellt werden, sind eine Möglichkeit. Eine andere wäre die Schaffung von Einrichtungen, die bürokratische Hindernisse aus dem Weg räumen und bei der Finanzierung behilflich sind. Bevor man den Acker bestellen kann, muß man ihn vorbereiten; Steine und Unkraut müssen aus dem Weg geräumt werden, damit die Saat nicht in einem Gestrüpp von Schwierigkeiten erstickt.

Der Kunde ist der alleinige Herrscher

Wir streben mit Lichtgeschwindigkeit einem neuen Zeitalter zu. Schwindelerregende Veränderungen erwarten uns. 1975 gab es in Deutschland drei Fernsehprogramme, heute sind es über 40, und am Ende dieses Jahrhunderts wird ein Deutscher wahrscheinlich 500 Programme empfangen können. Um 1800 legte ein Mensch in Deutschland durchschnittlich 0,07 km am Tag zurück. Hundert Jahre später betrug der Tagesdurchschnitt pro Person 3 km. 1950 waren es 8 km, und heute sind es 80 km. Aus einer Zeit unmerklicher, linearer Veränderungen sind wir in eine Zeit rasanter, potenzierter Veränderungen eingetreten.
Um dieser neuen Zeit gewachsen zu sein, müssen die Unternehmen der Zukunft aus multifunktionalen Gruppen bestehen, die sich sämtliche Arbeitsprozesse aneignen und alle Phasen der Produktentwicklung kontrollieren. Dasselbe gilt

für den Service. Auch wenn die Kreativität im Individuum angelegt ist, entfaltet sie sich in der Gruppe.

Darüber hinaus brauchen wir schlanke Strukturen und durchschaubare Hierarchien, um Zeitvergeudung und alle Vorgänge zu vermeiden, die dem Produkt nicht direkt zugute kommen. Also ein effizientes und bewegliches Organisationssystem. An der Spitze der Pyramide werden wir mit wenigen Führungsebenen auskommen, um so mehr Kompetenz wird sich im eigentlichen Arbeitsbereich an der Basis konzentrieren. In der Einkaufsabteilung von General Motors gab es vor meiner Ankunft neun Führungsebenen, wir haben sie auf drei reduziert. Und genauso sind wir bei Volkswagen verfahren.

Die Japaner haben dieses System der schlanken Organisation erfunden und als erste in die Praxis umgesetzt. Die Amerikaner haben es dann sehr rasch aufgegriffen, und inzwischen hat es sich auch in bestimmten europäischen Unternehmen durchgesetzt.

Die raschen Veränderungen in der Dritten Industriellen Revolution führen zu Herausforderungen, die als Bedrohung empfunden werden können. Aber gleichzeitig eröffnen sie ungeahnte Möglichkeiten. Diesen Herausforderungen auszuweichen wäre die falsche Reaktion – man muß sie vielmehr als Chance erkennen, sich über die angemessenen Methoden klarwerden und Bedrohungen in Erfolge umwandeln.

Der Kunde wird nicht nur der König, er wird der absolute Herrscher dieser neuen Epoche sein. Was er verlangt, das müssen wir ihm bieten. Derzeit werden jährlich 50 Millionen Autos gebaut, aber die Zahl der potentiellen Kunden ist viermal so hoch. Alle Unternehmen stehen vor der Aufgabe, ihre Produkte den Bedürfnissen der Kunden anzupassen.

Wenn unser Ziel die Zufriedenheit des Kunden ist, dann müssen wir mit den Zulieferern zu wohlüberlegten Vereinbarungen kommen. Denn der Preis spielt beim Kauf immer eine entscheidende Rolle. Was die Auswahl der Zulieferer angeht, so zählt für uns in erster Linie ihre Fähigkeit, ein gutes Produkt zu entwickeln, und ihr Erfolg auf dem Gebiet der Kostenreduzierung. In den meisten Fällen haben wir in der Vergangenheit Verträge geschlossen, von denen beide Seiten profitiert haben. Während meiner Zeit bei Opel in Rüsselsheim gaben bei der Befragung durch ein unabhängiges Institut 81 Prozent der Zulieferer an, mit der neuen Vertragspolitik einverstanden zu sein. Nur 19 Prozent hatten Einwände. Ich könnte weitere Beweise liefern. In meinen ersten vier Monaten bei Opel wurden 4 000 Kaufentscheidungen getroffen, die sich an verschiedene Zulieferer richteten. Nur 4 Prozent von ihnen sind mit uns nicht mehr ins Geschäft gekommen. Aber diese Minderheit hat mehr Aufsehen erregt als die übrigen 96 Prozent.

Von den Firmen, die mit uns zusammenarbeiten wollen, verlangen wir, daß sie ihre Kreativität einsetzen, um Kosten zu senken; wir helfen ihnen sogar dabei. Eine andere Alternative kommt für uns nicht in Frage. Denn: Wer keine Kosten reduziert, der wird im globalen Wettbewerb nicht bestehen.

Wenn Aufgabe, Vorbild und Glauben zusammenkommen, sind die Herausforderungen der neuen Zeit zu meistern.

Indien und Brasilien – die Staaten der Zukunft

Auch wenn Indien sich noch mit enormen Problemen konfrontiert sieht – ich halte es für das Land der Zukunft. Aus dem einfachen Grund, weil die Inder intelligent und gut ausgebildet sind. Eine zusätzliche Stärke stellen die indischen Frauen dar. Während eines Vortrags in Neu-Delhi stellte ich überrascht fest, daß unter den rund tausend Zuhörern etwa 300 Frauen waren, darunter nicht wenige, die leitende oder verantwortliche Positionen in ihren Unternehmen innehatten. Beim Abendessen kam ich mit einer von ihnen ins Gespräch. Ich erzählte ihr von meinem Erstaunen darüber, daß sich viele Frauen in Indien offenbar nicht ausschließlich um die Familie kümmern, wie ich erwartet hatte. Die Dame bestätigte mir, daß die Familie in ihrer Kultur tatsächlich Vorrang habe – sie selbst sei verheiratet und habe zwei Kinder. Wie aber schaffte sie es, Arbeit und Familie miteinander zu verbinden?

»Ganz einfach«, antwortete sie. »Morgens bleibe ich so lange zu Hause, bis meine Kinder in die Schule müssen. Wenn sie fort sind, gehe ich ins Büro. Da der kleinere von beiden bis zwei Uhr in der Schule bleibt, arbeite ich bis halb zwei. Wenn mein Sohn dann nach Hause kommt, bin ich schon da, um ihm das Essen zu machen und bei den Hausaufgaben zu helfen. Ich habe ein zweites Büro daheim, und mein Sohn weiß, daß er immer zu mir kommen kann, wenn er Hilfe oder Gesellschaft braucht. Und so wird es weitergehen bis zu dem Tag, an dem er heiratet.«

In Indien werden im Jahr 2010 mehr Menschen leben als in China. Die sozialen Unterschiede sind immer noch sehr groß. Aber es gibt immerhin schon 60 Millionen Reiche und 400 Millionen, die zur Mittelklasse gehören – allerdings auch 600 Millionen Arme. Zeitungen und Fernsehen im Westen interessieren sich in der Regel nur für die, die nichts zu essen haben. Aber eines Tages werden auch diese am bürgerlichen Leben teilnehmen, und Indien wird sich zu einem eigenen, bedeutenden Kontinent entwickeln.

Das zweite Land, das im 21. Jahrhundert eine Vorreiterrolle übernehmen wird, ist Brasilien. Fernando Enrique Cardoso, der brasilianische Präsident, hat als Politiker große Führungsqualitäten. Und er ist Humanist. Er hat Vorlesungen an der Sorbonne gehalten und wird heute von einer Mannschaft von hervorragenden Fachleuten unterstützt. Auch Brasilien ist mit seinen 190 Millionen Einwohnern praktisch ein eigener Kontinent, dessen große Zeit Anfang des nächsten Jahrhunderts kommen wird. Danach wird Indien an der Reihe sein.

Schon heute ist Brasilien der Motor der Entwicklung in Südamerika. Für Spanien werden sich hier große Möglichkeiten
bieten, wenn es gelingt, die Beziehungen zu diesem Land zu
verbessern. Ich bin kürzlich zum Vorsitzenden des Komitees
der Handelskammern beider Länder für bilaterale Kontakte
ernannt worden und überzeugt davon, daß es viele aussichts-
reiche Gemeinschaftsprojekte geben wird.
China ist noch auf dem Weg. Es befindet sich zweifellos in
einer Übergangssituation, hat aber noch eine lange Nachhol-
phase vor sich. China ist heute dort, wo Spanien in den 50er
Jahren war.

Resende – die Fabrik der Zukunft

Am 10. Juli 1995 gab VW den Bau einer neuen Fabrik in Resende, 150 km östlich von Rio de Janeiro, bekannt. In dieses
neue Werk für Lastwagen und Autobusse sollten 250 Millionen Dollar investiert werden, es sollte 1 800 Menschen beschäftigen. Im November 1996 wurde diese Fabrik als Prototyp einer Produktionsstätte für die Dritte Industrielle Revolution eingeweiht. »Wenn es funktioniert«, hieß es, »wird die
Produktionsweise von Resende die Spielregeln in der Automobilindustrie von Grund auf ändern.«
Kaum 200 Arbeiter von VW produzieren hier jährlich 35 000
Fahrzeuge, was einer Tagesproduktion von 150 Bussen und
Lkw entspricht. Die neun Zulieferer der wichtigsten Bauele-
mente führen den überwiegenden Teil der Arbeit im Werk
selbst aus. Eine Handvoll Techniker in weißen Kitteln, die
man als »Meister« bezeichnen könnte, überwachen die Arbeit der Zulieferer. Wenn ein Fahrzeug fertig ist, unterschrei-
ben diese Meister den Qualitätskontrollbericht mit ihrem
Namen und ihrer Telefonnummer.
Ich bin davon überzeugt, daß die Unternehmen der Zukunft
auf diese Weise alle möglichen Produkte herstellen werden,

vom Auto über Elektrogeräte bis hin zu Möbeln. Resende ist das erste Werk dieser Art in der Welt. Andere Automobilhersteller haben sich gefragt, ob wir wohl in der Lage sein würden, die Arbeitsprozesse sämtlicher Zulieferer sinnvoll zu koordinieren und obendrein höchste Qualität zu garantieren. Die hervorragenden Ergebnisse geben uns recht.

Mit meinem System ist es gelungen, die Hunderte oder Tausende von Zulieferern auf neun Montagegruppen zu reduzieren. Jede einzelne ist für ihr Modul zuständig. Es handelt sich um fünf brasilianische und drei deutsche Firmen und einen Hersteller aus den USA. Durch gelbe Linien wird der Arbeitsbereich einer Gruppe von dem der nächsten optisch getrennt. Jede Gruppe ist für ein Modul zuständig: die eine für die Stoßdämpfer, die andere für die Verkabelung, die dritte für die Bremsen, die vierte für die Lenkung usw. Nur die Endkontrolle geben wir nicht aus den Händen. Auf diese Weise haben wir die Produktionszeit gegenüber einer herkömmlichen Fabrik erheblich reduziert. Und auch das nötige Kapital für Bau und Ausrüstung einer solchen Fabrik ist vergleichsweise gering. Und vor allem ist die Qualität wesentlich gestiegen.

Resende ist zu einem Musterbeispiel für Kreativität und Leistungsfähigkeit geworden. Die Zulieferer, oder besser gesagt, die Gesellschafter machen eigene Verbesserungsvorschläge, die wiederum in Kostensenkung und Produktivitätssteigerung münden. Resende ist die Summe des Fachwissens und der Erfahrung aller Beteiligten. Unternehmen wie dieses tragen zum Gemeinwohl bei – ein ganzes Land profitiert davon.

In Ostdeutschland hatten wir bereits etwas Ähnliches erlebt, wenn auch nicht in dieser Dimension. Im VW-Werk in Mosel werden komplette Komponenten angeliefert, wodurch die Herstellungszeit für den Golf verringert werden konnte. Andere Unternehmen greifen unsere Erfahrungen auf, wie etwa Mercedes-Benz in seinem Joint-venture mit Swatch. Auch

General Motors hat in Südamerika und Asien Werke nach diesem Muster aufgezogen.

Wenn man mich nach meinen Vorstellungen für das geplante Werk in Amorebieta fragt, dann verweise ich auf Resende. In Amorebieta würde ich allerdings mit den Innovationen noch weiter gehen. Eines Tages wird man das mit eigenen Augen sehen und feiern können.

Das 21. Jahrhundert wird klüger sein als das 20.

Die Welt hat endlich gelernt, daß Wettbewerb und Kooperation miteinander vereinbar sind. Miteinander konkurrieren, aber in Kooperation – das ist die neue Botschaft. Wo man durch Zusammenarbeit bessere Ergebnisse erzielt, werden wir an Erfahrung reicher; wo es darum geht, das Beste auszuwählen, ist Wettbewerb willkommen. Denn es ist eine Realität, daß der Wettbewerb in der Natur, auch in der menschlichen und animalischen Natur, angelegt ist; sogar in den Klöstern begegnet man ihm. Ich halte Wettbewerb für so natürlich wie die Evolution der Arten. Der Versuch, Wettbewerb zu unterdrücken, hat denselben Effekt, wie jemandem die Luft abzudrücken: Man erstickt. Wo immer Konkurrenz verhindert wird, ist das Land zum Untergang verurteilt, weil es von kraftvolleren Kulturen aufgesogen wird. Wettbewerb verträgt sich durchaus mit dem Gemeinwohl, denn ein gewisser Wohlstand begünstigt die Solidarität.

Ich glaube nicht, daß die Konfrontation der Kulturen in den nächsten Jahrzehnten bedrohliche Formen annehmen wird. Ich bin davon überzeugt, daß das 21. Jahrhundert klüger sein wird als das 20. – dümmer jedenfalls kann es nicht mehr sein. Um in einer globalen Wirtschaft konkurrenzfähig zu sein, müssen wir allerdings das Neue Paradigma kennen und anwenden. Ich möchte das anhand eines Beispiels erläutern.

Ptolemäus* hielt, in Übereinstimmung mit dem Paradigma seiner Zeit, die Erde für den Mittelpunkt des Universums und entwickelte seine astronomischen Theorien auf dieser Grundlage. Dann kam Kopernikus und bewies, daß diese Vorstellung falsch war; nach seinem Verständnis war die Sonne das Zentrum des Universums. Auf dieser Grundlage wurden ganz neue astronomische Theorien entwickelt, und die Zivilisation machte gewaltige Fortschritte. Jahrhunderte später trat Einstein auf und behauptete: »Das Sonnensystem ist ein verschwindend kleiner Teil des Universums.« Und wieder war eine Vielzahl völlig neuer astronomischer Gesetze die Folge. Die Sprengkraft eines Paradigmenwechsels, einer Änderung der theoretischen Erkenntnisgrundlagen, ist quasi unbegrenzt. Auf diese Erkenntnis setzen wir. Und wir tun diese Einsicht nicht nur kund, wir setzen sie auch erfolgreich in die Praxis um, und zwar in Ländern mit ganz unterschiedlichen kulturellen Voraussetzungen, wie den USA, Brasilien, Südafrika, Argentinien, China, Deutschland, Spanien, Italien und Frankreich. Wir sind der Auffassung, daß die beste Theorie die gute Praxis ist und das die beste Praxis einer guten Idee entspringt.

Es lohnt, sich noch einmal die Auseinandersetzungen zwischen der Automobilindustrie Japans und der USA in Erinnerung zu rufen. Was hat zum K.-o.-Sieg der USA über Japan geführt? Der Fall der Berliner Mauer und die ausbleibende Reaktion Japans. Die alte Sorge der Amerikaner war, daß ein ostasiatisches Land nach dem anderen in die Hände der Kommunisten fiele, so wie hintereinander aufgestellte Dominosteine der Reihe nach umkippen, wenn der erste Stein angestoßen wird. Wäre Japan gefallen, hätten die USA den Kommunismus direkt vor der eigenen Haustür gehabt. Als antikommunistisches Bollwerk genoß Japan daher von amerika-

---

* Ptolemäus, Claudius, ägyptischer Geograph, Astronom und Mathematiker in Alexandria (85–160 n. Chr.).

nischer Seite die größtmögliche Schonung, was wiederum den Japanern erlaubte, die Situation mit aggressiven Wettbewerbsmethoden auszunutzen. Als die Berliner Mauer fiel, begann für die USA eine neue Ära. Die Japaner verschliefen diesen historischen Wandel. Sie versäumten es, ihr Paradigma der neuen Lage anzupassen. Die Amerikaner hatten nun keinen Grund mehr, die Japaner mit Samthandschuhen anzufassen. Der Sieger hieß Amerika, der Verlierer Japan.

Zuvor hatte der Konflikt zwischen USA und Japan schwere Probleme verursacht. Von den sechs großen Stahlproduzenten Nordamerikas gingen fünf in japanischen Besitz über. In den 80er Jahren war eine Fahrt durch die Industriegebiete Chicagos eine schmerzliche Erfahrung: geschlossene Fabriken wohin man auch blickte. In Detroit hieß dieses Gebiet der »Rostgürtel«. Das Ende des Industriezeitalters schien sich anzukündigen. Einige vermuteten sogar, die USA seien auf dem besten Weg, sich in eine reine Dienstleistungsgesellschaft zu verwandeln. Schrecklich...

Es fehlte das richtige Paradigma. Schon 1984 hatte Lee Iacocca in »Iacocca – Eine amerikanische Karriere« gewarnt: »Ist denn eine abwehrbereite Militärstruktur überhaupt denkbar ohne eine gesunde Stahlindustrie, ohne Autoproduktion und Maschinenbau?... Wenn wir nicht schnell reagieren, werden Stahl- und Automobilindustrie im Jahr 2000 ein Monopol der Japaner sein. Und, was das schlimmste ist: Wir haben ihnen alles widerstandslos überlassen.« Für die Stahlindustrie haben sich die Sorgen des ehemaligen Chrysler-Chefs bewahrheitet, für die Autoindustrie nicht. Denn wir haben rechtzeitig reagiert und den Marktführer G. M. mit Hilfe unseres Neuen Paradigmas wieder auf die Beine gebracht. So haben wir gewonnen.

Die Schöpfung vervollkommnen

Ich glaube, daß sich das religiöse Empfinden im 21. Jahrhundert vertiefen wird. Die Notwendigkeit eines starken Glaubens wird helfen, den gegenwärtigen Mangel an Religiosität zu überwinden. Wer allerdings die Gabe des Glaubens nicht besitzt, der entbehrt der wichtigsten Kraftquelle. Der Mensch ist immer auf der Suche nach dieser Dimension, und es bringt nichts, den Vogel Strauß zu spielen und immer vor uns selbst die endlose Flucht nach vorn anzutreten.

Wir haben alle eine Aufgabe im Leben zu erfüllen. Wenn wir dabei erfolgreich sind, tragen wir zur Vervollkommnung der Schöpfung bei. In der Bibel heißt es, daß Gott die Welt geschaffen hat, aber sie sagt auch, daß diese Schöpfung noch nicht vollendet ist: Jeder einzelne ist aufgerufen, sich nach seinen Kräften an dieser Vollendung zu beteiligen. Diese Aufforderung läßt sich in zwei englischen Worten zusammenfassen: »Do it.« Mach es. Weil du es kannst.

Gott hat uns nach seinem Bild geschaffen – diese Überzeugung hat mein Leben stark beeinflußt. Wir müssen die Welt mit seiner Hilfe neu erschaffen. Wir müssen von der Wichtigkeit unserer Arbeit überzeugt sein. Mir fällt da eine Anekdote ein: Als Kennedy Cape Canaveral besuchte, fragte er einen Straßenkehrer:

»Und Sie – was machen Sie hier? Welches ist Ihre Aufgabe?«

»Zum Mond fliegen«, antwortete er, von der Wichtigkeit seiner Arbeit überzeugt.

Die ganze Welt ist ein Projekt, bei dem jeder seine Aufgabe hat. Wenn ich an einem Projekt arbeite, macht meine Arbeit mich glücklich. Als wir vor Jahren das MTM-Verfahren entwickelten, war ich von meiner Arbeit begeistert. Und genauso in Amerika, in Deutschland und auch jetzt angesichts all der neuen Aufgaben, die meine eigene Gesellschaft mit sich bringt.

Die Schöpfung geht weiter; etwas fehlt in dieser Welt immer.

Das ist auch die Überzeugung eines Jesuiten namens Teilhard de Chardin*. Ich empfinde tiefe Bewunderung für die Jesuiten, die große Männer sind. Ich habe einmal den Mitgliedern meines Teams eine Videokassette des Films »Die Mission« geschenkt und ihnen eine Sequenz vorgespielt, die genau das aussagt, was ich meine. In dieser Szene besucht der Kardinal die jesuitischen Missionsstationen am Amazonas und staunt über ihre großartige Organisation. Es war ihnen sogar gelungen, die Bananenernte zu mechanisieren. Zum Empfang des Kardinals singen die Indios wie die Engel. Die Kamera hält dabei die Gesichter dieser Ureinwohner fest, die doch als arm und unkultiviert gelten. Aber sie hatten etwas Wunderbares geschafft: Sie hatten das Beste aus sich herausgeholt. Und der perfekteste Ausdruck dieses Wunders war ihr himmlischer Gesang. Das ist der Geist der Jesuiten.

Wenn wir uns als Einzelwesen betrachten, könnten wir zu dem Schluß kommen, daß wir zu nichts taugen. Aber in uns schlummert ein unendliches Potential, und wenn wir zusammenarbeiten, können wir das Wunder der Missionsstationen am Amazonas wiederholen. Das ist das potenzierte Wunder. Das ist der Geist, den wir einpflanzen möchten.

Es wird gelegentlich behauptet, ich hätte bei den Jesuiten studiert. Leider war mir dieses Glück nicht vergönnt. Es wäre schön gewesen, aber da es in Amorebieta kein Jesuitenkolleg gab, ging es nicht. Ich bewundere die Jesuiten sehr und glaube, daß ihr Denken eine große Kraft besitzt, heute mehr denn je, nicht nur für die Kirche, sondern vor allem für die Welt.

Der Arbeiter ist die Hauptperson

Erfolgreiches Arbeiten unter den Bedingungen der neuen Zeit setzt eines voraus: daß man sich über sein Ziel im klaren ist.

* Teilhard de Chardin, franz. Jesuit, 1881 – 1955.

Das heißt: sich konzentrieren, den entscheidenden Punkt anpeilen – Welches ist dein Projekt? – und das Ziel genau definieren – Wie sieht dein Plan aus? Und das so einfach und klar wie möglich. Mit einem festen Glauben.

Man sollte sich keine falschen Vorstellungen von den Grundsätzen der Unternehmensführung machen. Wie oft habe ich den Satz gehört: »Unser Unternehmensziel ist, Gewinn zu machen.« Oder in einer anderen Variante: »Wir wollen zufriedene Aktionäre.« Meiner Meinung nach gibt es nur einen angemessenen Standpunkt: Ein Unternehmen ist dazu da, den Kunden, den Verbraucher, zufriedenzustellen. VW ist unter den europäischen Autoherstellern die Nummer 1, General Motors ist der größte Automobilhersteller überhaupt, und das nur, weil überall auf der Welt Tag für Tag Menschen hingehen und Autos dieser Hersteller kaufen. Auf die Kunden kommt es an. Sie ermöglichen es uns, Tausenden von Menschen Arbeit zu geben. Ein zufriedener Kunde ist die beste Werbung – und die Voraussetzung dafür, daß wir auch in Zukunft Arbeit haben werden.

Vieles hängt davon ab, aus welcher Perspektive wir unsere Arbeit betrachten – nicht mehr und nicht weniger nämlich als unser Erfolg oder Scheitern. Wenn wir ein anderes Ziel als die Zufriedenheit des Kunden anpeilen, werden wir ein Desaster erleben.

Ich habe es immer als ein vorrangiges Ziel meiner Arbeit betrachtet, Teams zu bilden, die sich Gedanken über die einzuschlagende Richtung machen. Erst wenn die Richtung feststand, haben wir uns an die Arbeit gemacht. Zwei wichtige Bereiche mußten dabei in Betracht gezogen werden: einmal die innere Struktur der Firma, weil die Arbeiter die Hauptpersonen sind – im Laufe der Jahre habe ich rund 400 Teams damit beauftragt, interne Verbesserungsmöglichkeiten zu prüfen –, und zum anderen die Beziehungen zu den Zulieferfirmen, um unter allen Beteiligten einen Konsens in bezug auf das Ziel herzustellen.

197

Aber all diese Anstrengungen sind nutzlos, wenn die Geschäftsleitung falsche Vorstellungen von der Aufgabenverteilung innerhalb der Firma hat. Bisher war es üblich, daß von oben Befehle ergingen, die unten ausgeführt wurden. Aber genau umgekehrt wäre es richtig. Die großen Veränderungen in einem Unternehmen müssen von den Arbeitern kommen. Die Beteiligung der Arbeiter an den Entscheidungen wird in der Dritten Industriellen Revolution zu einem entscheidenden Faktor. Wenn eine Firmenleitung dieses Potential unberücksichtigt läßt, weil sie nicht einsehen will, daß die Arbeiter die Hauptpersonen sind, dann betreibt sie eine unverzeihliche Energieverschwendung. Ein solches Unternehmen wird den Kampf verlieren – und tausend Entschuldigungen erfinden, um die Schuld nicht bei sich selbst suchen zu müssen. Wir im Westen entwickeln nämlich eine erstaunliche Fertigkeit, wenn es darum geht, andere verantwortlich zu machen. Tatsache ist: Wenn ein Unternehmen untergeht, dann deshalb, weil die Geschäftsführung es an Klarsicht, Klugheit und Konzentration auf das Wesentliche hat fehlen lassen. Und weil sie den Mehrwert ignoriert hat, den ihre Arbeiter darstellen. Wir vergessen im Leben manchmal die einfachen, aber wesentlichen Wahrheiten – in unserem Fall ist das der Erfahrungsschatz und die Kreativität des Arbeiters.

Vortragsreisen rund um den Globus

Ich werde immer wieder aufgefordert, Vorträge zu halten und Workshops durchzuführen. Inzwischen habe ich solche Veranstaltungen schon in Japan, Korea, China, Indien, Mexiko, Argentinien, Brasilien, Australien, Island, Schweden, Dänemark, Holland, Österreich, Frankreich, Ungarn, Tschechien, Belgien, Großbritannien, Italien, Kanada, Südafrika, Ägypten, Israel durchgeführt und, was Spanien, die USA und Deutschland angeht, sogar in fast allen größeren Städten. In allen diesen Ländern habe ich mein Neues Paradigma erklärt: das Kundenwert-Paradigma.

Angesichts der großen Unterschiede zwischen den Kulturen und Mentalitäten ist es beeindruckend zu beobachten, daß die Reaktionen überall die gleichen sind und die Fragen sich in allen Städten wiederholen. Ich halte diese Veranstaltungen für sinnvoll, weil jeder davon profitiert, nicht zuletzt ich selbst. Es ist so etwas wie meine Schule, meine Universität daraus geworden; eine gute Gelegenheit, so viele Menschen wie möglich mit dem Neuen Paradigma bekannt zu machen, das die Lösung für das derzeit brennendste Problem der Menschheit darstellt: die Arbeitslosigkeit.

Ich bin jedesmal tief beeindruckt, welches Interesse mir entgegengebracht und wie klug gefragt wird. Ich staune über die mentale Kraft Indiens und die Stärke seiner Frauen, über den Pragmatismus der Chinesen, die Beharrlichkeit und den Teamgeist der Japaner, die Begeisterungsfähigkeit der Amerikaner, den Ehrgeiz der Koreaner, den Veränderungswillen der Mexikaner, die Fähigkeiten der Brasilianer, die Intelligenz der Argentinier, die Möglichkeiten, die sich in Australien bieten, die Fortschritte der skandinavischen Länder, die Ordnung in der Schweiz und Österreich, die Energie, mit der die Ungarn den Übergang von einem kommunistischen Regime zu einem fortschrittlichen System betreiben, die Rückkehr der Tschechen zu ihren industriellen Ursprüngen, die politische Großzügigkeit Südafrikas, die Disziplin der Deutschen, die methodische Vorgehensweise der Franzosen und Belgier, die Veränderungen in Großbritannien, die Flexibilität der Italiener, das Interesse der Portugiesen, die Entschiedenheit der Israelis, die Geschichte und Gelassenheit Ägyptens, die Ordnung und Schönheit in Kanada und die Kreativität der Spanier.

Ich habe versucht, mir alle diese Qualitäten anzueignen und sie mit meinen eigenen Erfahrungen und Überlegungen zu verschmelzen, um als Endprodukt das zu gewinnen, was ich das Neue Paradigma nenne: das Kundenwert-Paradigma.

6 **Das Neue Paradigma**

»In einer Stunde holen wir dich in Madrid ab«, Ignacio López spricht mit mir vom Autotelefon aus. Auf der Fahrt von Vitoria, wo er bis zum Nachmittag an einer Arbeitsbesprechung teilgenommen hat, korrigiert er die letzten Kapitel seines Buchs und führt Telefonate. Für die kommenden zwei Monate findet sich kaum eine Lücke in seinem Terminkalender.

»Du bist großartig, den Auftrag werden wir bekommen...«, ruft er gutgelaunt einem seiner Mitarbeiter am anderen Ende des Hörers zu – diese spontanen Ermunterungen für jeden, der mit ihm zusammenarbeitet, sind typisch für ihn.

Um halb sechs treffen wir in Toledo ein, wo er einen Vortrag halten soll. Im Festsaal der Sparkasse von Castilla-La Mancha bittet er darum, das Podium, das die Organisatoren für ihn aufgestellt haben, zu entfernen. Das Sprechen fällt Ignacio López leichter, wenn er sich auf gleicher Ebene mit seinen Zuhörern befindet. Da er noch nicht gegessen hat, bittet er um zwei Äpfel. Er stellt eine Flasche Wasser griffbereit hin und ordnet die Folien, die er zur visuellen Unterstützung seines Vortrags braucht.

Eine Viertelstunde vor Beginn ist der Zuschauerraum bis auf den letzten Platz besetzt. Im Halbkreis haben sich TV-Kameraleute um ihn herum aufgebaut. Ohne große Umschweife beginnt López zu sprechen.

»Auf einer Vortragsreise durch Amerika erklärte Einstein seine Relativitätstheorie. Sein Chauffeur, der ihn begleitete, nahm während dieser Vorträge stets in der hintersten Reihe Platz. Irgendwann hatte er diese Rede so oft gehört, daß er sie auswendig kannte. ›Ich verstehe die Amerikaner nicht‹, sagte er zu Einstein. ›Weshalb machen sie von einer so simplen Sache so viel Aufhebens?‹ Einstein wollte ihm eine Lektion erteilen und antwortete: ›Das nächste Mal hältst du den Vortrag.‹ Gesagt, getan. Der Chauffeur hielt einen großartigen Vortrag, während Einstein ihm von der letzten Reihe aus zuhörte. Als der Applaus verklungen war, meldet sich ein Zuhörer mit der Frage: ›Können Sie mir sagen, wie sich der Urknall mit der Relativitätstheorie vereinbaren läßt?‹ Der falsche Einstein antwortete: ›Schauen Sie, diese Frage ist so einfach, daß selbst mein Chauffeur dort hinten sie beantworten kann.‹ Und natürlich wußte der falsche Chauffeur die Antwort.

Nun gut – ich bin der Chauffeur, weshalb ich nach meinem Vortrag für einfache Fragen dankbar wäre. Die Weisen, die Einsteins, das sind die Leute, die in den Fabriken arbeiten.

Das Neue Paradigma:
der Kundenwert

Im ersten Teil werde ich die Faktoren untersuchen, welche die Gegenwart bestimmen und einen Wandel in der bisher üblichen Art der Unternehmensführung erzwingen. Im zweiten Teil werde ich erklären, wie dieser Wandel auszusehen hat. Und im letzten Teil werden wir gemeinsam spezielle Programme durchgehen, die uns in die Lage versetzen, unsere Aufgaben als Unternehmer zu bewältigen.

> - **Die großen Probleme kann man nicht lösen, wenn man bei ihrer Analyse von demselben Paradigma ausgeht, das diese Probleme hervorgerufen hat.**
> - **Wir brauchen ein Neues Paradigma.**

Eines der größten Probleme, denen sich die Gesellschaft heute gegenübersieht, ist die Arbeitslosigkeit. Selbst Japan leidet darunter. In Deutschland stellt die Arbeitslosigkeit die größte öffentliche Gefahr überhaupt dar. Dort gibt es 4,7 Millionen Arbeitslose. Dazu kommen 4 Prozent der über 55jährigen, die ebenfalls keine Arbeit haben, aber in keiner Statistik auftauchen, sowie noch einmal gut 3 Prozent der Bevölkerung, die auch nicht mitgezählt werden, weil sie sich permanent in Ausbildung befinden. Werfen wir auch noch einen Blick auf die aktive Bevölkerung in Spanien: Der Anteil der arbeitenden Bevölkerung beträgt hier 39,9 Prozent, das sind 16 Millionen von insgesamt 40 Millionen Einwohnern. In Japan arbeiten 53 Prozent der Bevölkerung.

Siehe Schaubild: Jugendarbeitslosigkeit.

> - **Die Arbeitslosigkeit beweist, daß das bisher gültige Paradigma heute versagt.**
> - **Arbeitslosigkeit ist ein Verbrechen!**

In vielen Teilen der Welt nimmt die Arbeitslosigkeit zu; in Spanien hat der Mangel an Arbeitsplätzen dramatische Dimensionen angenommen. Die Arbeitslosigkeit ist der unübersehbare Indikator dafür, daß die Gesellschaft an einer Krankheit leidet und ärztlicher Hilfe bedarf. Anders gesagt: Sie beweist, daß die Grundlagen, auf denen wir unsere Unternehmenspolitik aufbauen, veraltet sind. Die Grundlagen sind unangemessen und stehen im Widerspruch zu unserer Zeit, zu dem Wandel, den wir erleben, und zu der rasanten Entwicklung, deren Zeugen wir sind. Folglich müssen wir diese Grundlagen ändern.

Was ist ein Paradigma? Es ist die Seele, der Geist eines Unternehmens. Das Paradigma bestimmt das Verhältnis eines Unternehmens zur Außenwelt, seine Wahrnehmungsweise, seine Spielregeln. Es ist praktisch eine Straßenkarte, die uns hilft, zum vorgegebenen Ziel zu gelangen. Wenn unsere Karte veraltet ist und fehlerhafte Angaben enthält, werden wir die Orientierung verlieren. Egal, wie sehr wir uns anstrengen, wie viele Arbeitsstunden wir in unsere Firma investieren – wenn die Grundsätze, auf denen diese Arbeit beruht, überholt sind, wird der Erfolg ausbleiben.

Ein Paradigma ist:

- **die Seele eines Unternehmens**
- **das Wesen des Unternehmens**
- **die Weltsicht eines Unternehmens**
- **die emotionale und intellektuelle Wahrnehmung der Welt**
- **die theoretische Grundlage eines Unternehmens**
- **die Spielregel**
- **vergleichbar einer Straßenkarte für die Geschäftswelt**

Nichts ist so wichtig, wie dieses Paradigma – den Geist oder die Seele eines Unternehmens – der aktuellen Situation anzupassen. Eine Krise trifft ein Land oder ein Unternehmen nie als blindes Schicksal. Eine Krise ist immer eine Herausforderung und muß als solche verstanden werden. Ist der Kranke einmal auf dem Weg der Besserung, geht auch das Fieber zurück. Davon müssen wir uns zunächst einmal überzeugen lassen, das wäre der erste Schritt. Der folgende be-

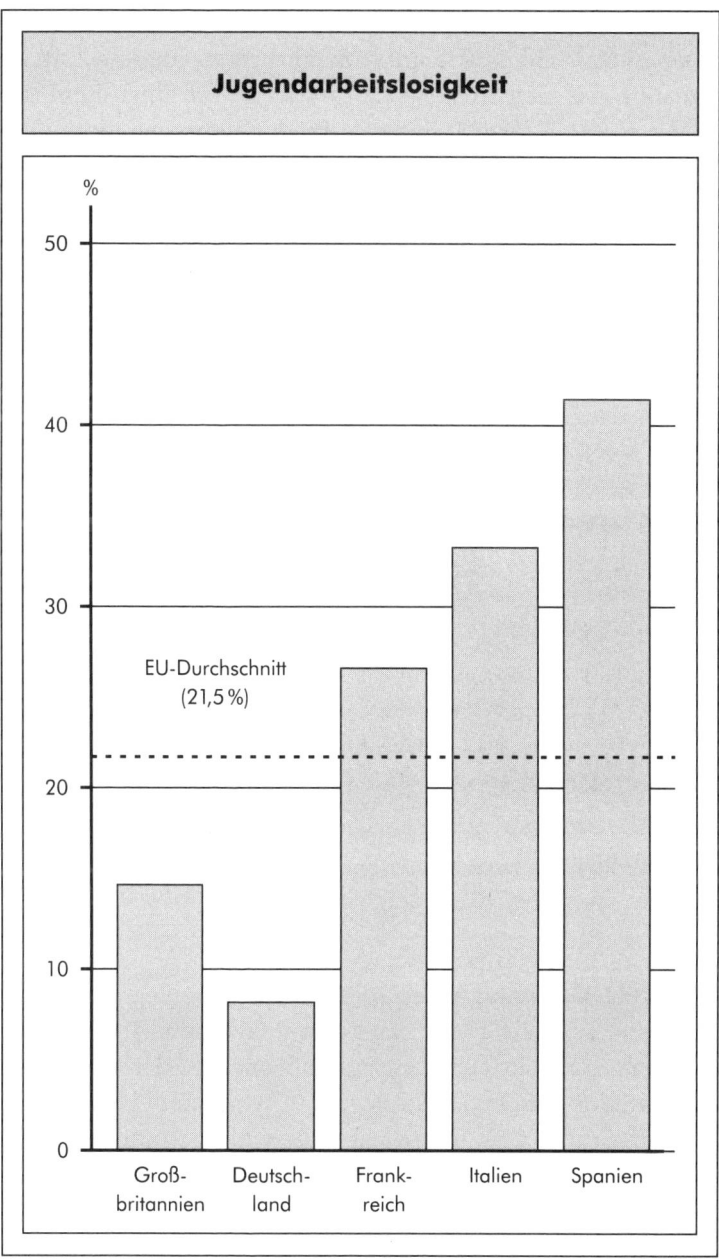

Jugendarbeitslosigkeit

%

50

40

30

EU-Durchschnitt
(21,5 %)

20

10

0

Groß-
britannien

Deutsch-
land

Frank-
reich

Italien

Spanien

steht dann darin, sich klarzumachen, welche Änderungen eingetreten sind und warum unsere Straßenkarte plötzlich nichts mehr taugt. Wer seinen Orientierungsplan nicht den neuen Gegebenheiten anpaßt, wird Schiffbruch erleiden. Erst wenn wir die richtige Einstellung gewonnen haben, können wir die Herausforderung annehmen und die ungeheuren Möglichkeiten erkennen, die diese Zeit mit ihren potenzierten Veränderungen bietet.

Ein Beispiel: In Deutschland hat die individuelle Mobilität in der Vergangenheit linear zugenommen, während sie sich in letzter Zeit potenziert hat.

Siehe Schaubild: Zunahme der Mobilität in Deutschland.

Das heißt also: eine rasante Beschleunigung in eine andere Richtung. Bisher haben sich Veränderungen immer linear oder arithmetisch vollzogen. Heute potenziert sich ihre Geschwindigkeit. Solange wir ein Paradigma benutzen, das der linearen Veränderung entspricht, führt unsere Interpretation der Realität ins Abseits. Dann erreichen wir den Markt nicht mehr und finden uns, zusammen mit den anderen Verlierern, in der Vergangenheit wieder.

> **Halte die Krise nicht für ein Verhängnis;
> sie ist eine Herausforderung, sie fordert <u>uns</u> heraus.**

Die Herausforderung ist heute für Unternehmen größer als jemals zuvor. Wer vor den neuen Tendenzen und Veränderungen und vor den Optimierungsmaßnahmen, die seine Konkurrenten ergreifen, zurückschreckt, wird unmöglich jemals wieder zu den Gewinnern gehören, weil sich der Transformationsprozeß zu schnell vollzieht. Wir sind von einer Zeit linearer Veränderungen zu einer Zeit potenzierter Veränderungen übergegangen. Ein Unternehmen, das heute in die

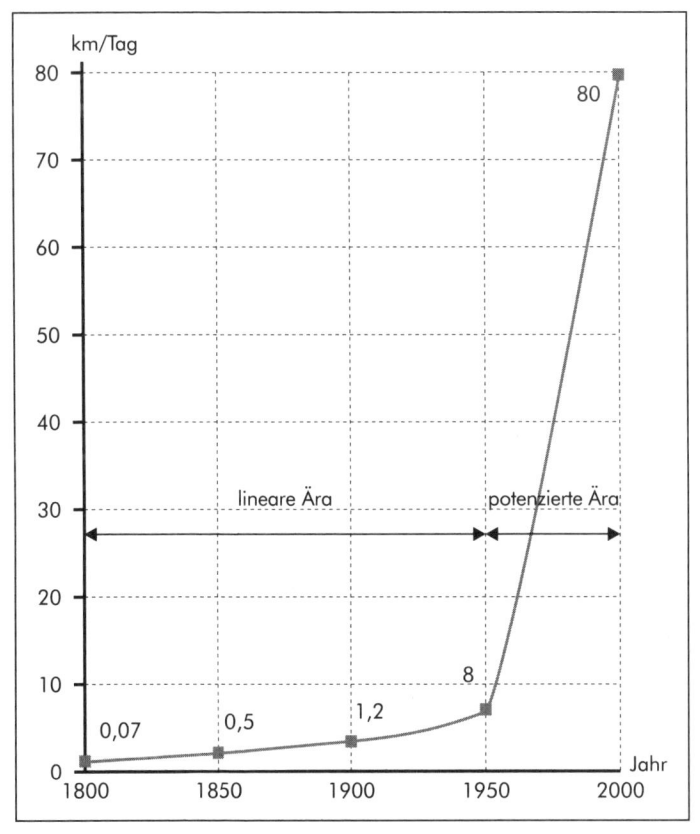

Zunahme der Mobilität in Deutschland

Fortbewegungsmittel beliebig

Schiff	Motorrad
Pferd	Auto
Eisenbahn	Flugzeug

km/Tag

80 — 80

70

60

50

40

30 — lineare Ära — potenzierte Ära

20

10 — 8

0,07   0,5   1,2

0

1800   1850   1900   1950   2000   Jahr

roten Zahlen gerät, wird keine Gewinne mehr machen, solange es nicht das Neue Paradigma, das potenzierte Verbesserungen verspricht, anwendet. Ich habe diese Erfahrungen in den letzten beiden Unternehmen, in denen ich gearbeitet habe, machen können. Durch Anwendung des Neuen Paradigmas haben wir aus großen Verlusten große Gewinne gemacht.

Wie bringt man diese Veränderung nun zuwege?

Siehe Schaubild: Nur Kreativität führt zu potenzierter Verbesserung.

> **Wir erleben den Beginn einer Zeit grundlegender, sich potenzierender Veränderungen.**

Wenn wir das Schema eines klassischen Reformprogramms aus der Zeit linearer Veränderungen betrachten, sehen wir, daß es die Form einer Parabel hat: Die Linie beginnt steil und flacht dann immer mehr ab – von einem bestimmten Punkt an gibt es keine Verbesserungen mehr. Was wir heute brauchen, ist ein Programm mit einem Kurvenverlauf, in dem sich eine Potenzierung ausdrückt.

In der vergangenen Zeit der linearen Veränderungen konnte es Gewinner geben wie C in der Grafik. C übertrifft die Verbesserungen des Marktes, die seiner Umgebung und seiner Mitbewerber A und B, obwohl sein Optimierungsprozeß linear verläuft. Auch B könnte durchschnittliche Verbesserungen erreichen und dann ebenfalls zu den Gewinnern zählen. Dieses Schema zeigt also, wie Optimierungsprozesse oder Strukturwandel bisher verliefen.

Siehe Schaubild: Potenzierte Veränderungen und keine linearen.

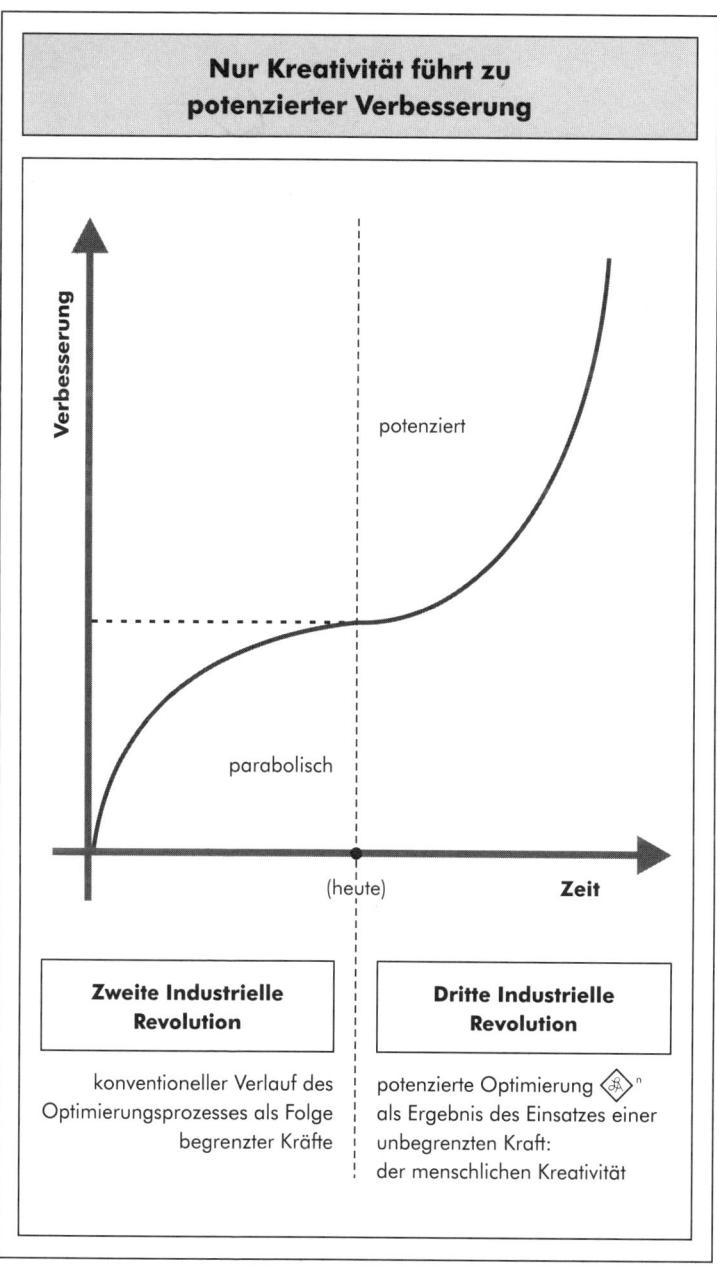

Nur Kreativität führt zu potenzierter Verbesserung

Verbesserung

potenziert

parabolisch

(heute)

Zeit

Zweite Industrielle Revolution

konventioneller Verlauf des Optimierungsprozesses als Folge begrenzter Kräfte

Dritte Industrielle Revolution

potenzierte Optimierung $\diamondsuit^n$ als Ergebnis des Einsatzes einer unbegrenzten Kraft: der menschlichen Kreativität

In einer Welt potenzierter Veränderungen werden alle diese Unternehmen, einschließlich C aus unserem klassischen Beispiel, zu den Verlierern gehören. Selbst wenn sie drastische Reformen durchführen sollten und den Winkel der Geraden, die den Rhythmus ihrer Optimierungsmaßnahmen angibt, noch vergrößern könnten – solange diese Verbesserungen linear verlaufen, könnten sie mit den Veränderungen, die sich in ihrer Umwelt abspielen, nicht Schritt halten. Unter ›Veränderungen seiner Umwelt‹ verstehen wir die Aktivitäten der Konkurrenten, das Auftauchen neuer Produkte oder einen Wandel der Nachfrage. In einer Umgebung, die durch potenzierte Veränderungen gekennzeichnet ist, wird nur der zu den Gewinnern gehören, der selbst in einem immer schnelleren Rhythmus immer durchgreifendere Verbesserungen realisiert.

Siehe Schaubild: Schneller verbessern als andere.

Um eine Beschleunigungskraft zu entwickeln, die zu potenzierten Verbesserungen führt, bedarf es eines starken Impulses, einer unbegrenzten Energie. Aber welche Energie auf diesem Planeten ist unbegrenzt? Die Antwort ist einfach: die menschliche Kreativität. Denn die Kreativität ist eine Kraft der Seele, die das Abbild ihres göttlichen Schöpfers ist. Alles, was wir auf der Basis des Neuen Paradigmas verwirklichen wollen, muß in Verbindung zum Menschen stehen, der die unerschöpfliche Potenz der Kreativität in sich trägt.
In diesem Zusammenhang müssen wir auf Prinzipien eingehen, die bereits lange Zeit vor Christi Geburt bekannt waren. Sokrates hat diesen Gedanken sehr treffend ausgedrückt. Er sagte: Wenn der Meister klug ist, dann lenkt er die Aufmerksamkeit des Schülers nicht auf den Weisheitsschatz, der seiner eigenen Erfahrung angehört, sondern er verweist ihn auf sich selbst, auf die Quelle der Kreativität, die sich in seinem eigenen Inneren befindet.

Früher verliefen Veränderungen linear

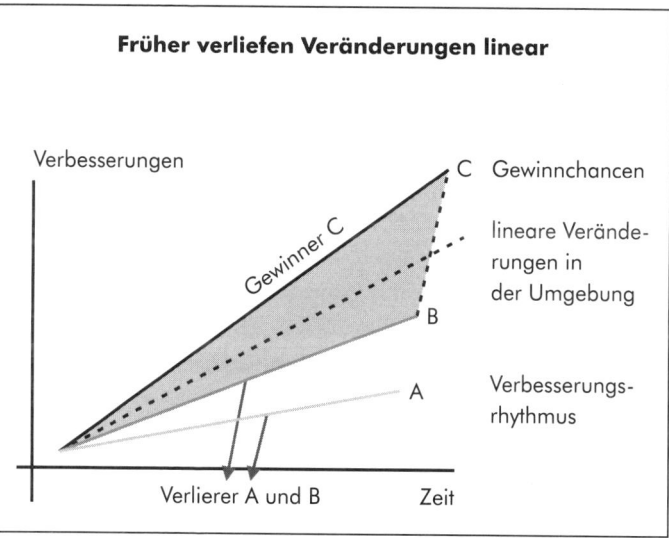

Verbesserungen

Gewinner C

C Gewinnchancen

lineare Veränderungen in der Umgebung

B

A Verbesserungsrhythmus

Verlierer A und B   Zeit

Heute potenzieren sie sich

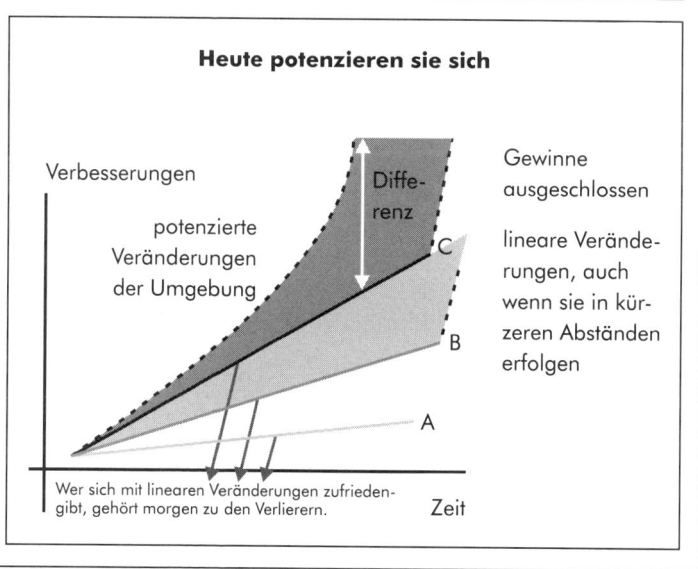

Verbesserungen

potenzierte Veränderungen der Umgebung

Differenz

C

B

A

Gewinne ausgeschlossen

lineare Veränderungen, auch wenn sie in kürzeren Abständen erfolgen

Wer sich mit linearen Veränderungen zufriedengibt, gehört morgen zu den Verlierern.

Zeit

211

Das ist die berühmte sokratische Art des Lehrens. Denn jeder Mensch beherrscht die Kunst, neue Ideen und Lösungen hervorzubringen. Die Kreativität ist der Rohstoff, der uns erlaubt, uns im globalen Wettbewerb, mit dem wir es heute zu tun haben, zu behaupten. Dieser ›Motor‹ erzeugt den Kundenwert, indem er Wege zu besserer Qualität, zu besserem Service und besseren Preisen eröffnet. Kreativität ist das Gegenteil von Bürokratie, sie steht in krassem Widerspruch zu den bisher gültigen Werten; sie ist der Schlüssel zu Wettbewerbsvorteilen auf dem globalen Markt, weil sie Ideen in Kundenwert verwandelt.

> **Wenn der Meister weise ist, wird er dich nicht auffordern, in das Haus seiner Weisheit einzutreten, sondern er wird dich an die Schwelle deines eigenen Geistes führen.**
>
> **Sokrates (469–399 v. Chr.)**

Die Kreativität löst einen Prozeß aus, der nur noch in die richtigen Bahnen gelenkt werden muß. Dieser Prozeß setzt Geist, Glauben und Leidenschaft voraus. Er stellt den größten Wert eines Unternehmens dar, weil er aus dem Unendlichen schöpft.

> **Kreativität ist:**
>
> - **die Kunst, Ideen und Lösungen hervorzubringen; sie führt zu potenzierten Verbesserungen**
> - **das Rohmaterial für den Wettbewerb auf dem globalen Markt**
> - **die Fähigkeit, schöpferisch zu sein**
> - **der Motor, der den Kundenwert erzeugt – durch bessere Qualität, besseren Service und besseren Preis**

Schneller verbessern als andere

potenzierte Verbesserung, um zu den Gewinnern zu gehören

Veränderungen in der Umgebung

- das Gegenteil von Bürokratie
- die Strategie, um sich Wettbewerbsvorteile auf einem globalen Markt zu sichern
- die Grundlage für Wachstum und Wohlstand
- die Fähigkeit, aus guten Ideen Kundenwert zu schaffen
- ein Prozeß, der professionell gelenkt werden kann
- ein Prozeß, der Geist, Glauben, Intuition und Leidenschaft voraussetzt
- der größte Vorteil eines Unternehmens: Ihr Potential ist unerschöpflich

Wenn die Kreativität der Schlüssel zur Zukunft ist – welche Länder werden dann diese Zukunft erleben? Alle diejenigen, die dieses Prinzip anerkennen. All jene Länder, in denen die Kreativität schon immer zu Hause war – und die heute neue Kreativität durch das Neue Paradigma freisetzen. Spanien wird, davon bin ich überzeugt, zu diesen Ländern gehören.

Die großen Probleme lassen sich nicht lösen, indem man sich an die Regeln hält, die diese Probleme hervorgebracht haben. Wir brauchen neue Regeln – ein Neues Paradigma, das auf die Gegenwart und die Zukunft, die uns erwartet, Antworten hat. Dieses Neue Paradigma besteht im wesentlichen aus drei Elementen: *Aufgabe, Vorbild* und *Glauben.*

Die *Aufgabe* beschreibt klar und deutlich, worauf wir hinauswollen, an was wir glauben, welchen Weg wir einschlagen und welches Ziel wir anvisieren.

Das *Vorbild* hilft uns, folgende Fragen zu klären: Zu welchem Zweck tun wir etwas? Was müssen wir tun? Und ganz besonders: *Wie* müssen wir es tun?

Und der *Glauben* schenkt uns den Geist und die Kraft, die wir zur Durchführung unserer Pläne brauchen.

Diese drei Elemente müssen zusammenkommen.

Siehe Schaubild: Vorbild und Fokus.

Vorbild und Fokus

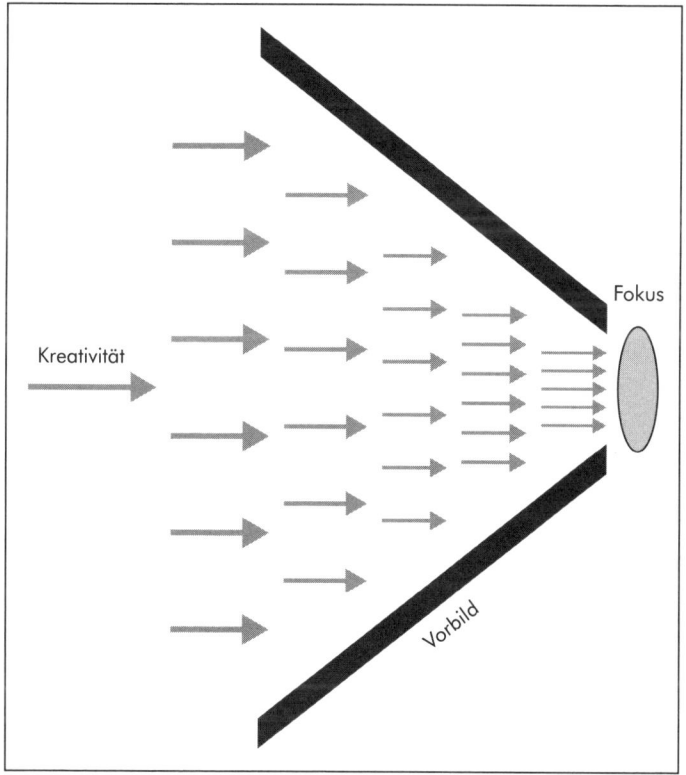

Fokus:		Ziel:
für Unternehmen		Begeisterung des Kunden
für Länder		Bürger
für Individuen		Familie

Aufgabe, Vorbild und Glauben sind die drei Säulen eines Gebäudes – fehlt eine, bricht das Gebäude zusammen. Egal, wie vortrefflich unsere Aufgaben und Vorbilder sind, ohne Glauben bricht alles zusammen. Und egal, wie gut unser Vorbild und wie stark unser Glauben ist – wenn wir keine Aufgabe haben, dann gelingt nichts.

Die drei Schlüsselbegriffe unseres Paradigmas sind:

- **Aufgabe**
  Die Aufgabe beschreibt unsere Werte und definiert, was wir sein wollen.

- **Vorbild**
  Das Vorbild zeigt uns, wie wir eine Aufgabe lösen können.

- **Glauben**
  Der Glauben gibt die Kraft zu handeln.

Es ist klar: Wenn wir uns auf die menschliche Kreativität stützen, wird unsere Aufgabe eine humanistische sein. Denn der Mensch ist der Mittelpunkt, um den sich die Arbeitswelt, um den sich die ganze Unternehmenswelt dreht. Er ist die Hauptperson, der Herr über den Arbeitsprozeß, der durch ihn ausgelöst und in Gang gehalten wird. Jeder Mitarbeiter muß sich auf jeder Ebene an seinem Arbeitsplatz als Eigentümer fühlen – nicht im herkömmlichen Sinne von Eigentum, sondern in dem Sinne, daß er im Arbeitsprozeß seine Ideen und Vorstellungen wiedererkennt. Das Unternehmen muß den einzelnen unterstützen und ihm die Handlungsfreiheit geben, die er braucht.

Siehe Schaubild: Die Aufgabe – eine humanistische Vision.

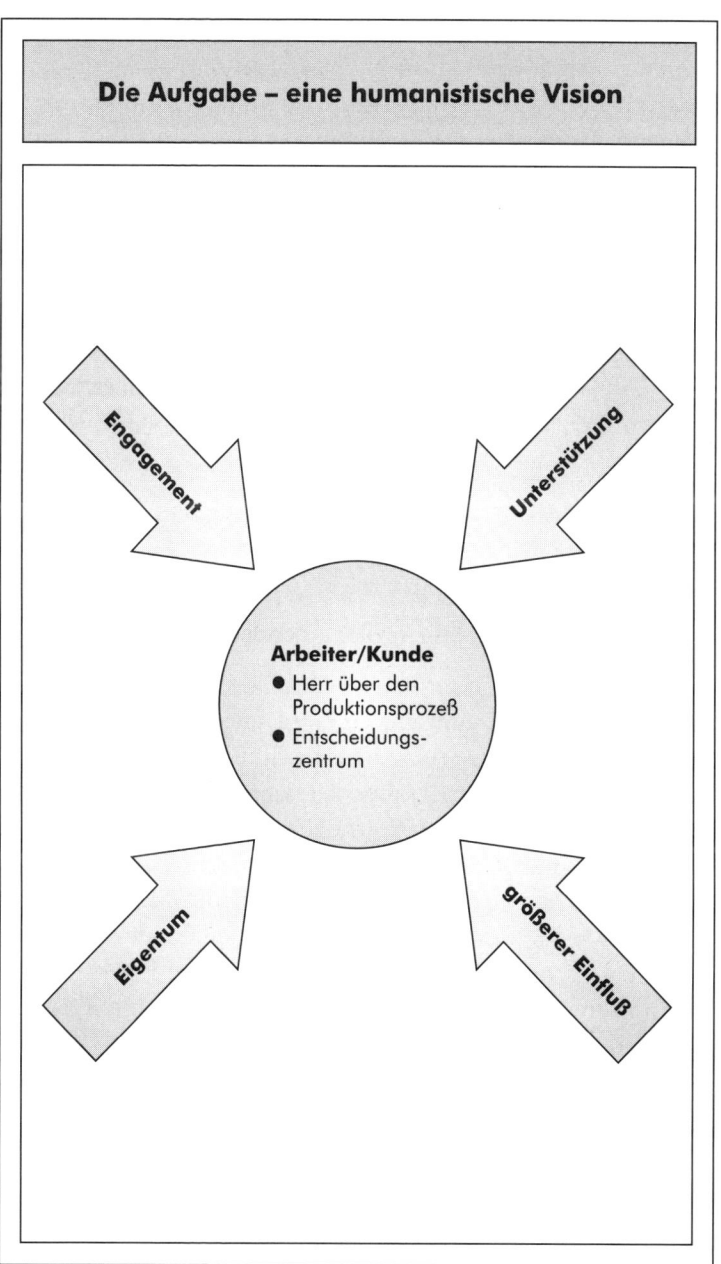

Die Aufgabe – eine humanistische Vision

Engagement

Unterstützung

Arbeiter/Kunde
- Herr über den Produktionsprozeß
- Entscheidungszentrum

Eigentum

größerer Einfluß

Das Vorbild bezeichnet eine bestimmte Form der Arbeit innerhalb eines Unternehmens. Es fungiert als Katalysator und bewirkt, daß alle menschliche Kreativität auf einen Punkt ausgerichtet wird – das Ziel, auf das es ankommt. In einem Unternehmen darf dieses Ziel nichts anderes sein als die Begeisterung des Kunden.

Und schließlich der Glauben, der Kraft verleiht und das Bewußtsein der eigenen Fähigkeiten vermittelt. Der Glauben kennt kein ›Nein‹. In allen Ländern mit Ausnahme Japans lautet die übliche Antwort auf einen Änderungsvorschlag: ›Nein.‹ Die intelligentere Version dieser Antwort ist: ›Ja, aber...‹ Das muß sich grundlegend ändern. Denn alle Vorschläge verdienen zunächst einmal ein bedingungsloses ›Ja‹. Der Glauben ist der Treibstoff. Mit Hilfe des Glaubens schaffen wir es. Mit einem starken Glauben ist nichts unmöglich.

Glauben:

- **Der Glauben ist der dritte Schlüsselbegriff und die wichtigste Voraussetzung für den Erfolg.**
- **Wenn wir eine Aufgabe mit Hilfe des Vorbilds bewältigen wollen, schafft der Glauben die nötige mentale Voraussetzung dafür.**
- **Der Glauben öffnet die Augen für Möglichkeiten.**
- **Der Glauben eliminiert das »Nein«, das »Ja, aber...« und alle Ausreden.**

Was will das Neue Paradigma erreichen? Es will im Endeffekt Wohlstand für alle – also sichere Arbeitsplätze und neue Arbeitsmöglichkeiten. Es bedeutet Reichtum und Solidarität, Ökologie und Freiheit, Gegenwart und Zukunft.

Siehe Schaubild: Das Kundenwert-Paradigma.

218

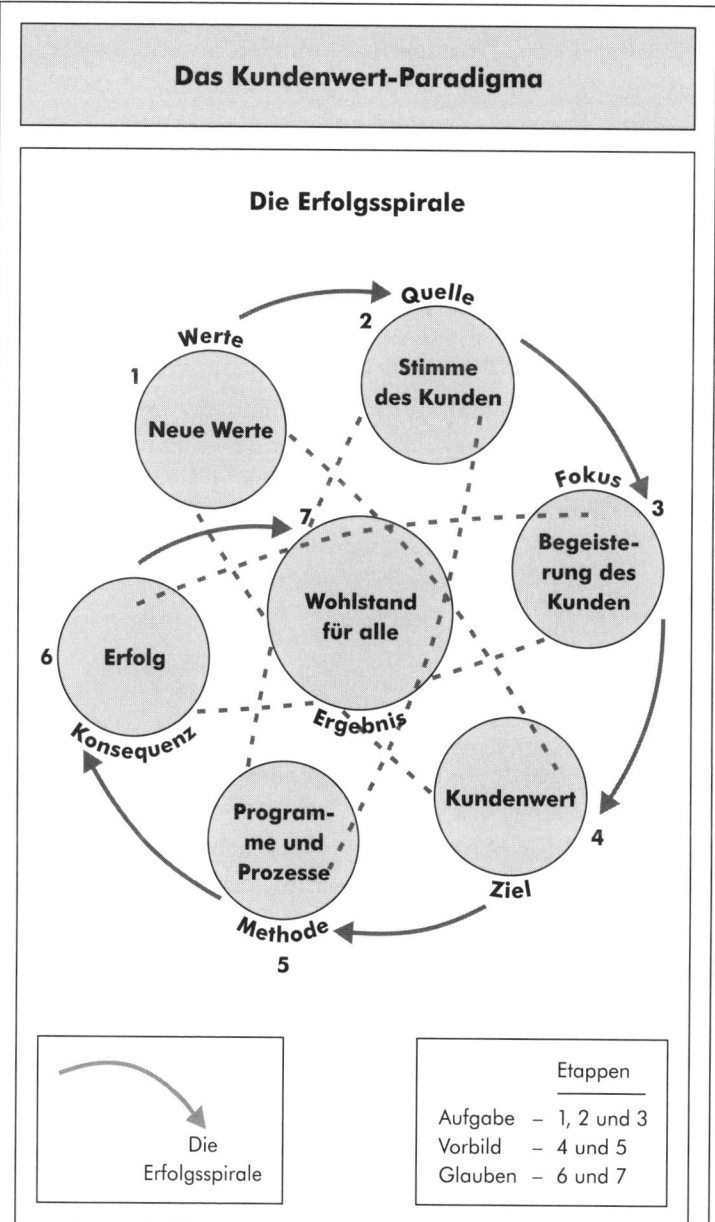

Das Kundenwert-Paradigma

Die Erfolgsspirale

Quelle

Werte

1 **Neue Werte**

2 **Stimme des Kunden**

Fokus

3 **Begeisterung des Kunden**

7 **Wohlstand für alle**

6 **Erfolg**

Konsequenz

Ergebnis

Kundenwert 4

Ziel

Programme und Prozesse

5 **Methode**

Die Erfolgsspirale

	Etappen
Aufgabe	– 1, 2 und 3
Vorbild	– 4 und 5
Glauben	– 6 und 7

Wohlstand für alle kann es nur mit erfolgreichen Unternehmen geben. Wenn Firmen bankrott gehen, muß Wohlstand eine Illusion bleiben.

Siehe Schaubild: Ergebnis.

Und wann kann man von einem erfolgreichen Unternehmen sprechen? Wenn es auf den wichtigen Gebieten führend ist. Das heißt: wenn Teams den Ton angeben, wenn es eine Spitzenposition auf dem Markt hat, wenn es Produkte anbieten kann, die über die fortschrittlichste Technik verfügen, und ganz besonders dann, wenn die Arbeitsprozesse nach den neuesten Erkenntnissen organisiert sind. Selbstverständlich soll es auch bei Gewinn und Rentabilität an der Spitze liegen. Ein Unternehmen ist führend, wenn es Jahr für Jahr genauso viele neue Produkte auf den Markt bringt wie alle seine Konkurrenten zusammengenommen. Marktführung kann ein Unternehmen für sich beanspruchen, wenn es einen doppelt so hohen Marktanteil wie der nächstbeste Konkurrent besitzt. Führend auf dem Gebiet der Technologie und des Arbeitsprozesses ist es dann, wenn es innovative Systeme einsetzt. Spitzengewinne einzufahren heißt, daß der *Cash-flow* mehr als 25 Prozent des Umsatzes beträgt. All dies gilt vor allem für die acht Schlüsselindustrien des 21. Jahrhunderts.

Die acht Schlüsselindustrien des 21. Jahrhunderts:

- **Automobilbau**
- **Elektronik**
- **Kommunikation**
- **Biotechnologie und Medizin**
- **Neue Werkstoffe und Recycling**
- **Luftfahrt**
- **Maschinenbau und Automatisierung**
- **Computer, Programme, Informatik**

In allen diesen Industrien spielen Wissen und Kreativität eine entscheidende Rolle.

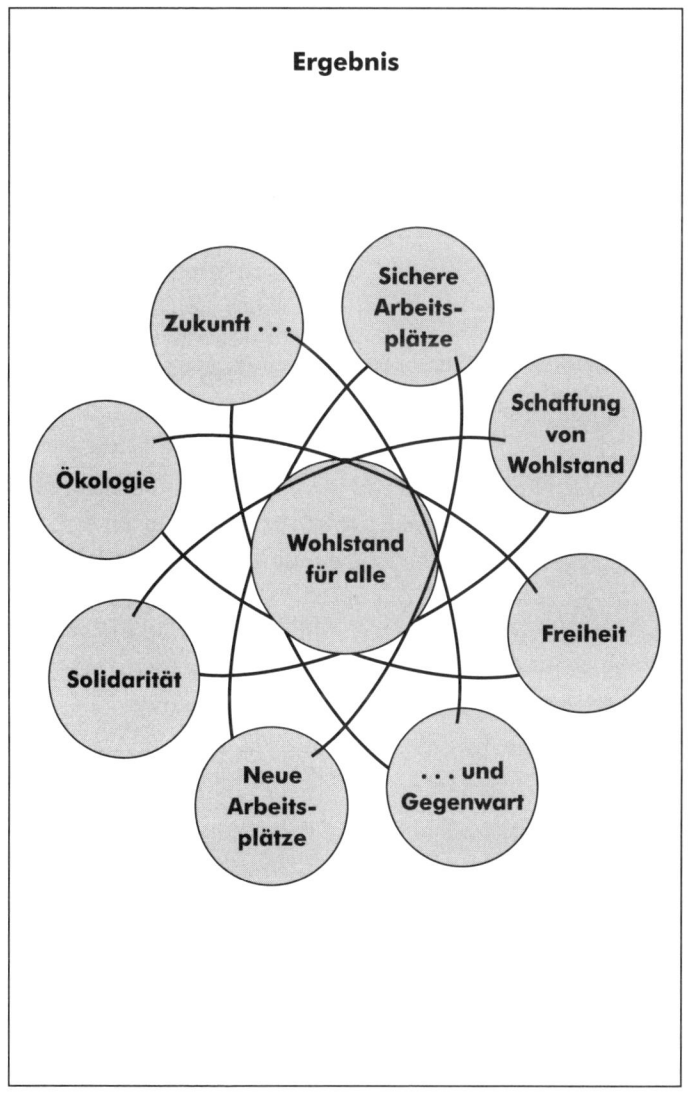

Kundenwert 7

Ergebnis

Sichere Arbeits-plätze

Zukunft . . .

Schaffung von Wohlstand

Ökologie

Wohlstand für alle

Freiheit

Solidarität

Neue Arbeits-plätze

. . . und Gegenwart

Siehe Schaubild: Konsequenz.

Geschäftserfolg stellt sich ein, wenn man die Entscheidung für eine adäquate Aufgabe und das richtige Vorbild in die Tat umsetzt. Was die Aufgabe angeht, so sind hier drei Faktoren ausschlaggebend: Werte, Quelle und Fokus.
Welches sind die Werte, um die es sich bei diesem Paradigma handelt? Ganz ohne Zweifel jene neuen Werte, die den Menschen zum Mittelpunkt eines Unternehmens machen, damit sich seine Kreativität entfalten kann.
Und die Quelle? An wen sollen wir uns mit unseren Fragen wenden? Wer kann unsere Zweifel ausräumen? Niemand anders als der Kunde! Die Werte leiten sich also von den beiden Hauptpersonen ab: dem Kunden und dem Arbeiter.

Siehe Schaubild: Werte.

Der Kunde wird zum alleinigen Herrscher. Von ihm leitet jedes Unternehmen seine Existenzberechtigung ab, also müssen sich alle Blicke eines Unternehmens auf ihn richten. Die Stimme des Kunden räumt alle unsere Zweifel aus, sie beantwortet alle unsere Fragen – der Kunde ist die Quelle unserer Inspiration. Es gibt Techniken, die uns ermöglichen, die Stimme des Kunden zu vernehmen und zu verstehen, was er uns sagen möchte. Diese Techniken bilden den Ausgangspunkt für einen Prozeß, in dem sich die Stimme des Kunden in ein Produkt, in Service und in Produktionsabläufe verwandelt.

Siehe Schaubild: Quelle.

Die Begeisterung des Kunden, der ersten Hauptperson, ist der Fokus, in dem sich die ganze Aufmerksamkeit eines Unternehmens sammeln muß. Wenn wir es schaffen, den Kunden zu begeistern, werden wir mehr Produkte absetzen. Und Un-

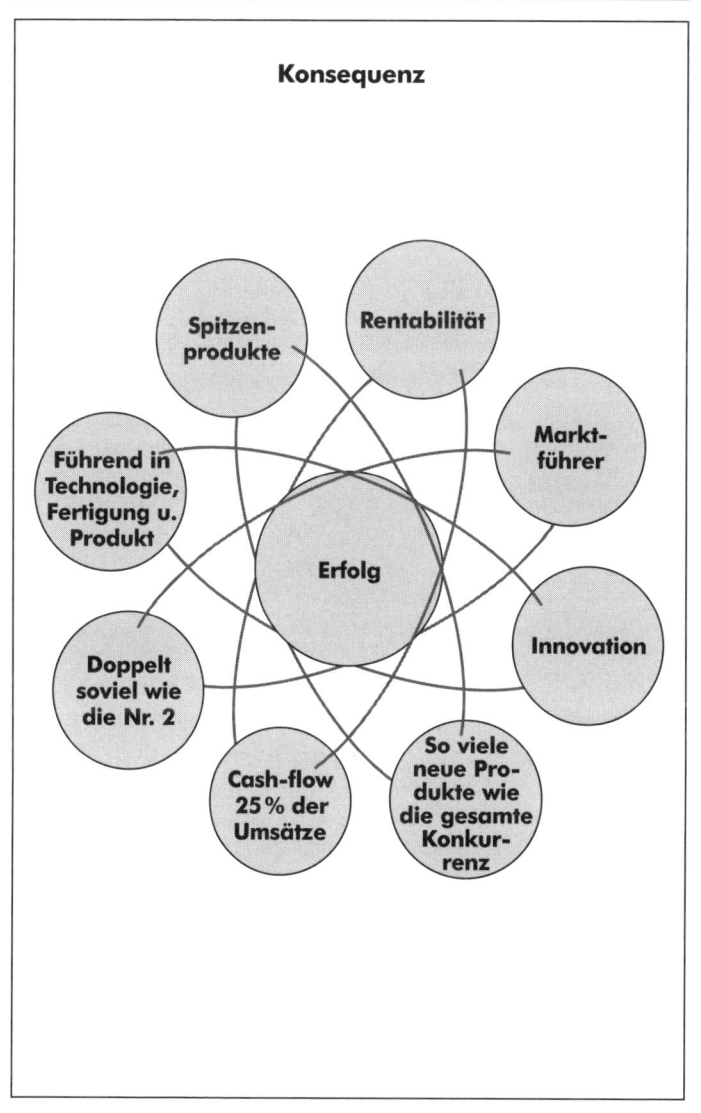

Kundenwert 6

Konsequenz

- Spitzen-produkte
- Rentabilität
- Markt-führer
- Führend in Technologie, Fertigung u. Produkt
- Erfolg
- Innovation
- Doppelt soviel wie die Nr. 2
- Cash-flow 25 % der Umsätze
- So viele neue Pro-dukte wie die gesamte Konkur-renz

Kundenwert 1

Werte

- Mitglied des Teams: interne Hauptperson
- Kunde: externe Hauptperson
- Team: Herr des Produktionsprozesses
- Potenzierte Verbesserungen, um die potenzierten Veränderungen zu übertreffen
- Neue Werte
- Schlanke Organisation
- Stärkung der Teammitglieder
- Der Kunde steht im Mittelpunkt aller Aktivitäten
- Engagement der Teammitglieder

Quelle

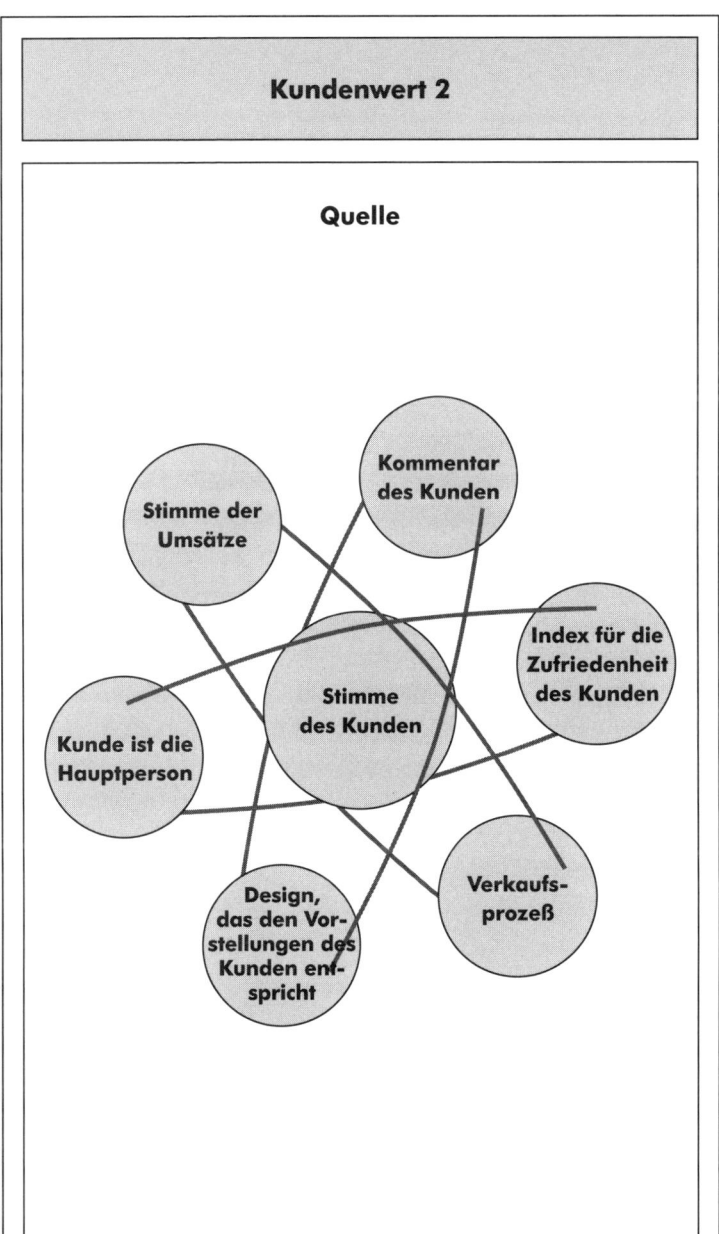

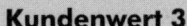

Kundenwert 3

Fokus

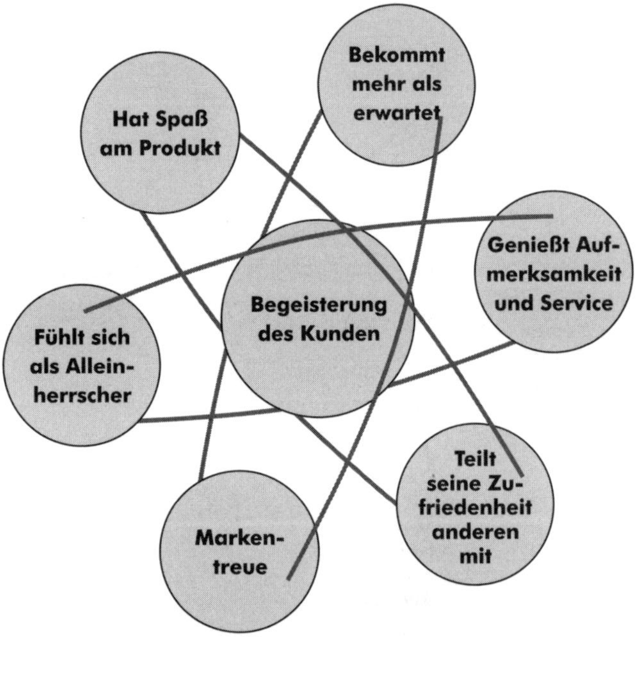

Bekommt mehr als erwartet

Hat Spaß am Produkt

Genießt Aufmerksamkeit und Service

Begeisterung des Kunden

Fühlt sich als Alleinherrscher

Teilt seine Zufriedenheit anderen mit

Markentreue

Kundenwert 4

Ziel

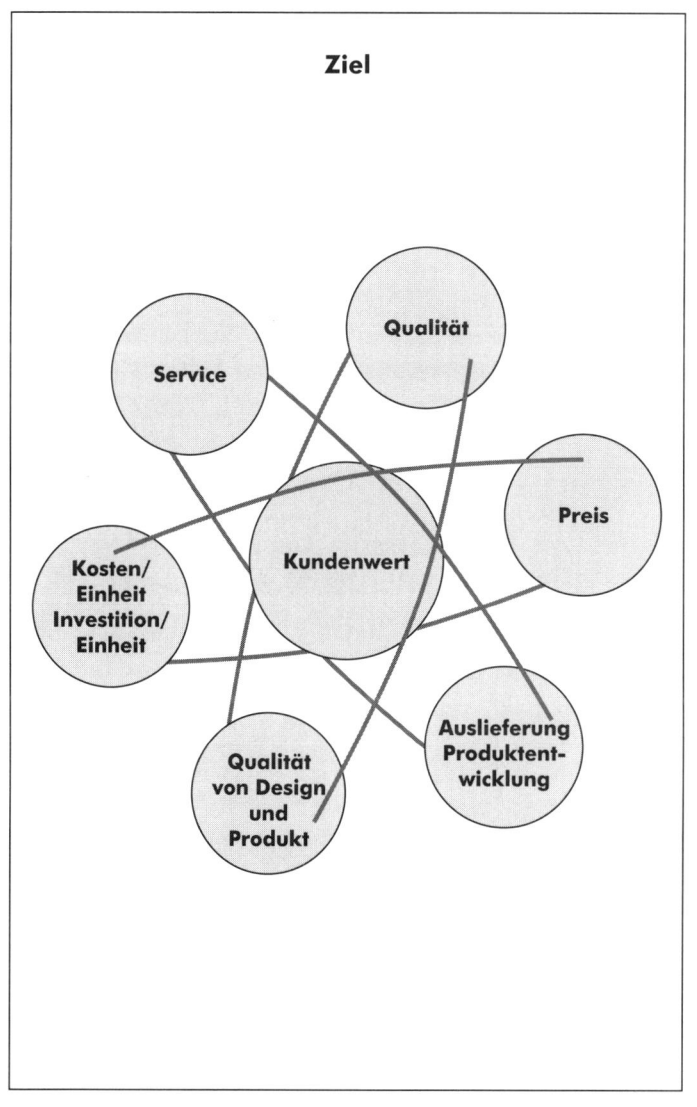

227

ternehmen, die ihren Absatz steigern, tragen zum Gemeinwohl bei.

Siehe Schaubild: Fokus.

Wie gelingt es uns, den Kunden zu begeistern? Indem wir ihm einen höheren Wert anbieten, der sich mit drei Worten beschreiben läßt: Qualität, Service und Preis. Diese drei Faktoren garantieren zufriedene Kunden.

Siehe Schaubild: Ziel.

Dieses Ziel erreichen wir nur, indem wir uns der richtigen Methode bedienen. Diese Methode besteht aus zehn Programmen für potenzierte Optimierungserfolge, die alle auf dem Einsatz der Kreativität unter Berücksichtigung der beiden Hauptpersonen beruhen: des Kunden und des Arbeiters. Es beginnt mit dem Marketing, das uns zu einem besseren Verständnis der Kundenwünsche verhilft, und geht dann über die innere Struktur eines Unternehmens bis hin zum Einsatz von Mitarbeitern, die mit den neuen Methoden vertraut sind und diese außerhalb des eigenen Unternehmens, bei Kunden oder Zulieferern, anwenden. Es ist enorm wichtig, einen Kreis von Zulieferern und direkten Kunden zu haben, mit denen man sich über die Arbeitsphilosophie einig ist.

Siehe Schaubild: Methoden.

Folgendes sind die zehn Programme, die zu einer Potenzierung des Kundenwerts führen:
1. Optimierter Einsatz von Marketing und Verkauf mit dem Ziel, mehr über die Wünsche des Kunden zu erfahren
2. Optimierung des Designs
3. Optimierung der Komponenten und Systeme, aus denen sich das Endprodukt zusammensetzt

Kundenwert 5

Methoden

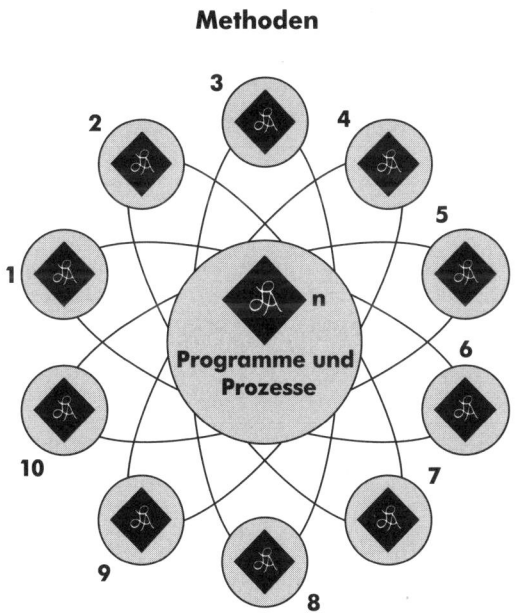

Programme	Bereich
◆ 1	Optimierung von Marketing und Verkauf
◆ 2	Optimierung des Designs
◆ 3	Optimierung der Komponenten und Systeme
◆ 4	Modulbauweise
◆ 5	Kontinuierliche Verbesserung

Programme	Bereich
◆ 6	Optimierung des Arbeitsprozesses
◆ 7	Schlanke Organisation
◆ 8	Optimierung des Einkaufs
◆ 9	Optimierung der Mehrwertkette
◆ 10	Externer Einsatz der Mitarbeiter

4. Herstellung kompletter Module
5. Kontinuierlicher und schrittweiser Verbesserungsprozeß
6. Optimierung der Fertigung, auf der Basis der Arbeitsabläufe und in Zusammenarbeit mit allen Beteiligten
7. Einfache und transparente Strukturen; höchstens drei Entscheidungsebenen
8. Optimierung des Einkaufsverfahrens
9. Optimierung der gesamten Wertekette
10. Einsatz eigener Mitarbeiter in fremden Unternehmen mit dem Ziel, auch dort das gesamte Optimierungsprogramm einzuführen

Jedes dieser zehn Programme führt dazu, die Schaffung von Kundenwert zu potenzieren. Bei systematischer und aufeinander abgestimmter Anwendung dieser Programme stellt sich der Geschäftserfolg ein.

Siehe Schaubild: Potenzierte Optimierung des Kundenwerts als Programm.

Welches Verhalten wird also von der Unternehmensführung erwartet?

- **Als erste bereit sein, Veränderungen einzuführen.**
- **Alle Anstrengungen müssen der Unterstützung der einzelnen im Team gelten.**
- **Pragmatisch und schnell handeln.**
- **Zur innerbetrieblichen Rotation bereit sein.**
- **Verhandlungsstärken ausspielen.**
- **Den mikroökonomischen wie den makroökonomischen Prozessen dieselbe Aufmerksamkeit schenken.**
- **Ziele sowohl kurz- als auch langfristig umsetzen.**
- **Gewinne machen.**

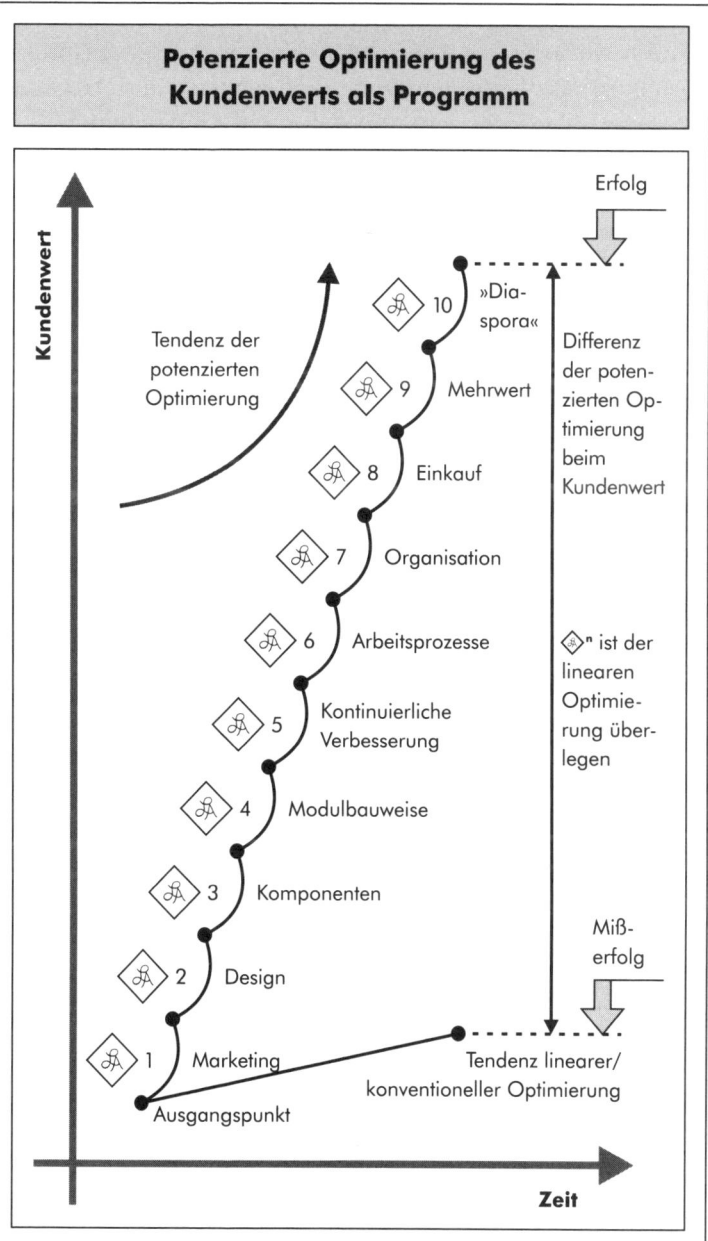

Potenzierte Optimierung des Kundenwerts als Programm

Kundenwert

Erfolg

Tendenz der
potenzierten
Optimierung

10 »Dia-
spora«

9 Mehrwert

8 Einkauf

7 Organisation

6 Arbeitsprozesse

5 Kontinuierliche
Verbesserung

4 Modulbauweise

3 Komponenten

2 Design

1 Marketing

Ausgangspunkt

Differenz
der poten-
zierten Op-
timierung
beim
Kundenwert

$\diamondsuit$ⁿ ist der
linearen
Optimie-
rung über-
legen

Miß-
erfolg

Tendenz linearer/
konventioneller Optimierung

Zeit

Dies also ist unser Paradigma. Es gibt jetzt zwei Möglichkeiten: Entweder man sucht nach Ausreden und tut nichts – so verhalten sich Verlierer. Oder umsetzen, handeln und arbeiten – dem, der loslegt, eröffnen sich viele Wege. Machen wir uns auf, arbeiten wir zusammen – dann werden wir in unseren Unternehmen Erfolg haben und zum Wohlergehen aller beitragen. Das ist meine Botschaft.«

Zusammenfassung

Alternativen:
- Erneut Ausflüchte suchen und zu den Verlierern gehören – oder unsere Kreativität gemeinsam entfalten.

Lösung:
- Den Kunden und den Mitgliedern der Arbeitsgruppen die Hauptrolle zugestehen, durch potenzierte Optimierung mehr Kundenwert schaffen – und so unsere Vision verwirklichen.

Vision:
- Eine Gemeinschaft von Menschen, die technisch hochwertige Produkte anbietet, für die sich Kunden begeistern können – Produkte, die von den Hauptpersonen im Teamgeist entwickelt und hergestellt wurden mit dem Ziel, den Erfolg des Unternehmens zu garantieren und zum Wohlergehen der Allgemeinheit beizutragen.

Kaum hat er seinen Vortrag beendet, prasseln die Fragen der Teilnehmer auf Ignacio López nieder. Er beantwortet sie mit der Sicherheit eines Menschen, der dieselbe Lektion zum hundertsten Mal erteilt.

»Mit Ihrer Einschätzung bin ich einverstanden«, geht er auf einen Diskussionsbeitrag ein. »Die Arbeitslosigkeit ist gegenwärtig das größte gesellschaftliche Problem. Sie beweist, daß das bisherige Paradigma nicht mehr funktioniert. Wenn alles in der Welt auf Wachstum hinausläuft, dann müssen wir ein

Wirtschaftsmodell finden, das allen Arbeit garantiert – ganz besonders Jugendlichen, die in Unternehmen eintreten oder ihre eigenen Unternehmen gründen wollen.

Wie motiviert man Arbeiter? Durch Teamarbeit. Dadurch, daß man ihnen Verantwortung überträgt. Wenn sie merken, daß sie an den großen Aufgaben des Unternehmens persönlich beteiligt sind, engagieren sie sich auch. Die Revolution, die einschneidenden Veränderungen in den Unternehmen müssen von oben kommen; die Geschäftsleitung muß die Richtung angeben. Aber die Impulse, die für den Erfolg entscheidend sind, gehen von der Basis aus, von den Arbeitern und ihrer Motivation, ihrer Kreativität.«

»Wenn Sie nicht auf die Stimme des Kunden hören«, antwortet er einem anderen, »werden Sie nie Erfolg haben. Der Kunde sollte die Zentralfigur Ihrer Unternehmensstrategie sein. Vorschriften, Bürokratie und falsche Einstellung drohen viele Unternehmen zu ersticken. Vergessen Sie den ganzen Papierkram, arbeiten Sie, analysieren Sie die Arbeitsprozesse, eliminieren Sie überflüssige Arbeitsgänge, motivieren Sie Ihr Team, arbeiten Sie weiter, hören Sie Ihren Kunden, die immer das letzte Wort haben sollten, aufmerksam zu – und erleben Sie, daß Sie Erfolg haben werden. Kennen Sie eine schlichtere und effektivere Methode?

In Südafrika etwa reagiert der Markt, nach meiner Erfahrung, sehr empfindlich auf Preise. Seinerzeit verkaufte Volkswagen dort weniger als Toyota und Nissan, lag also auf dem dritten Platz. Meine Strategie zielte darauf ab, VW in Südafrika zum Marktführer zu machen. Also stellten wir einen Maßnahmenkatalog auf: Die Kosten des ›Golfs‹ sollten um 10 Prozent gesenkt und die Einsparung über den Preis an den Kunden weitergegeben werden. Daraufhin setzten wir doppelt so viele ›Golfs‹ wie vorher ab. Der Markt war auf unser Angebot eingegangen, und wir hatten unser Ziel, Marktführer zu werden, erreicht. Wenn man auf die Stimme des Kunden hört, eröffnen sich unzählige Möglichkeiten.

Ob man mein System auch auf die Landwirtschaft anwenden kann? Mit dieser Frage sprechen Sie mir aus dem Herzen. Ich bin ja vor allem Bauer; ein Mensch, der fast alles, was er weiß, auf einem Bauernhof gelernt hat. Wir müssen unbedingt dafür sorgen, daß sich die Jugend nicht aus der Landwirtschaft zurückzieht. Natürlich ist die Kreativität auch auf diesem Gebiet der Schlüssel zum Erfolg. Phantasie entfalten und gescheite Ideen wohlüberlegt in den Arbeitsprozeß einführen – das ist wichtiger als Dünger. In Holland gibt es 39 Millionen Schweine, da ist eine Grenze erreicht. Diese Zahl kann man nicht mehr überschreiten, weil die Gülle Boden und Grundwasser gefährdet. Und nun haben zwei vorbildliche Unternehmer ein Verfahren entwickelt, das Gülle in Dünger verwandelt – ein entscheidender Impuls für die Schweinezucht der Zukunft.

Noch ein Fall. Heute wird bei der Anlage und Pflege von Olivenplantagen ein Verfahren angewandt, das als Tröpfeltechnik bekannt ist. Und bei der Olivenernte kommen inzwischen Maschinen zum Einsatz, die den Baum nicht mehr durchschütteln. Kombiniert man diese beiden Techniken, kann man bis zu 500 Olivenbäume auf einem Hektar anpflanzen und die Produktivität in einem bisher nicht für möglich gehaltenen Maß steigern. Aus der alten Landwirtschaft, die man mit Armut in Verbindung bringt, sollten wir eine Landwirtschaft der kreativen jungen Leute machen.

Natürlich kann man absolut fehlerfreie Produkte herstellen. In meinem Buch erzähle ich, daß mein Lehrer Don Marcelo schon 1948 eine Null-Fehler-Methode kannte, mit der er uns zu Orthographie-Experten gemacht hat. Warum soll man das nicht auf ein Unternehmen übertragen können?

Für alle, die ein Unternehmen leiten, ist Intuition von größter Bedeutung. Sie ist der Motor, der die Kreativität über die Hürden der Bürokratie trägt. Mit Hilfe der Kreativität entdecken wir neue, unbekannte Wege zum Erfolg und grenzenlose Horizonte. Das Autoritätsprinzip ist tot; das neue Prinzip entspringt der Phantasie und der Erfahrung des Arbeiters, also der kreativen Vorstellungskraft.«

»Wir haben die Grenzen des Wachstums keineswegs erreicht«, wendet er sich an einen anderen Teilnehmer. »Ganz im Gegenteil: In einer Welt, die am Anfang einer neuen industriellen Epoche steht, potenzieren sich die Möglichkeiten. Nur ein Beispiel. Das Auto gibt es jetzt seit hundert Jahren – und einige behaupten, der Markt sei inzwischen gesättigt. Dieser Ausdruck gefällt mir nicht. Wenn wir die Motorisierung von Ländern wie Indien, Taiwan, Malaysia und des ganzen asiatischen Pazifikraums auf den Stand bringen wollen, wie Südkorea ihn heute erreicht hat, wäre dazu die Kleinigkeit von 501 Millionen Autos nötig. Mit anderen Worten: das Zehnfache der weltweiten Jahresproduktion. In Europa wird die Nachfrage nach Autos von heute 14 Millionen jährlich auf 18 Millionen anwachsen. Ich glaube nicht, daß ein Markt gesättigt ist, solange es Länder wie Indien gibt, die unseren Lebensstandard noch lange nicht erreicht haben. Und Indien wird im Jahr 2005 mehr Einwohner haben als China. Die Hauptaufgabe heutiger Unternehmen besteht darin, Arbeitsplätze für junge Menschen zu schaffen, die ja viel besser ausgebildet sind als früher. Wenn wir die Jugend zum Zug kommen lassen, werden wir unschlagbar sein. Der Betrug der 90er Jahre war das sogenannte Gesundschrumpfen, auf englisch *downgrading* oder *resizing*. Damit schaufeln wir uns unser eigenes Grab. Auf diese Weise wird jede Kreativität abgewürgt. Wir sollten genau das Gegenteil tun, nämlich uns auf die globalen Märkte hinorientieren, die Herausforderungen des internationalen Wettbewerbs annehmen, uns auf unsere Aufgaben als Unternehmer konzentrieren und die junge Generation an diesem großartigen Projekt beteiligen. Qualität, Service und Kosten bzw. Preis müssen in einem ausgewogenen Verhältnis zueinander stehen. Das sind die drei Säulen, auf denen sich das Gebäude stützt. Der Markt bestimmt dann die Höhe des Daches.

Kann man das Gleichgewicht von Qualität und Preis ungestraft stören? Nein. Früher hätte man nichts dabei gefunden: Wenn man in einem Marktsegment führend war und bei Service oder Produkt eine überragende Qualität bieten konnte, durfte man ruhig teurer sein als seine Konkurrenten. Im globalen Wettbewerb kann man sich das nicht mehr leisten. Denn sobald ein Mitbewerber auftaucht, der dieselbe Qualität zum niedrigeren Preis anbietet, ist es aus.

Wir haben nie versucht, die Zulieferer zu erledigen, das hätte uns gar nichts gebracht. Wir respektieren alle Verträge. Wir prüfen die Kosten unserer Zulieferer gründlich und akzeptieren niemals Angebote, bei denen der Zulieferer zulegen müßte, weil wir wissen, daß solche Angebote nicht aufrechtzuerhalten sind. Von Anfang an strengen wir uns gemeinsam an, die Kosten zu senken, vor allem die Rohstoffkosten, damit auch der Zulieferer profitiert und lieferfähig bleibt. Daß es Konkurrenz gibt, ist ja selbstverständlich, auch wir müssen überleben – es geht uns ja allen wie dem Löwen und der Gazelle, die beide losrennen, kaum daß sie aufgestanden sind – aber das wichtigste ist, daß wir zusammenarbeiten. Angebote holen wir bei allen ein – und wer möchte, dem helfen wir, Kosten zu senken.«

Abends um neun ist die Veranstaltung beendet. Weiter geht es nach Madrid. Noch einmal sehen wir die Korrekturfahnen für dieses Buch durch. Eine Sorge quält ihn: Haben wir das Neue Paradigma so erklärt, daß es jeder versteht? Handschriftlich setzt er noch einen Satz hinzu:

»Ich bin sicher, mein verehrter Arbeiter, daß du auf das Neue Paradigma gewartet hast: das Paradigma, das uns in die Lage versetzt, Kundenwert zu schaffen. Deswegen soll dieses Buch den Titel haben: Du kannst es! Also los!« Morgen früh um neun Uhr wird Ignacio López in Guernica den nächsten Vortrag halten. Nächste Woche will er in Brasilien sein, danach in Brüssel. Und mit ihm reist das Neue Paradigma – in alle Städte Spaniens und in alle Länder der Welt.

Register

ABB 161 f.
Ablaufoptimierung 87, 108, 135, 154, 172
A.C.G. 119 f.
Amorebieta 33-36, 144 ff.
Amorebieta-Projekt 145, 163, 166
Amores, Rafael 78, 84
Arbeiter 19, 22, 64, 70 f., 74, 86 f., 151, 198, 223, 228, 233
Arbeitslosigkeit 58, 175 f., 199, 203, 232
Arbeitsmethoden 78, 84, 86 f., 152
Arriortúa, Eugenia 26, 49 f.
Aufgabe 14, 20, 95, 179, 214, 216 f., 223
Autolatina 156
Automobilindustrie 20, 144, 155, 176, 185
Automobilindustrie, spanische 94, 185

Baskenland *siehe* Euzkadi
Becker, Gary 70
Bedaux-System 78, 85
Bergareche, Juan Luis 79
Berufserfahrung 18, 63, 164
Booker, Waine 156
Brasilien 23, 27, 42, 156 f., 175, 182, 185, 188 ff.

Canales, Félix 84, 112
Cardoso, Fernando Enrique 42, 157, 175, 189
Chrysler 124 f.
Correa, Mario 84

Detroit 52, 69, 87, 124 ff., 128, 133, 134, 146, 160
Deutschland 100 f., 151, 158 f., 203, 206 f.

Eaton, Bob 116-120, 124 f., 144, 165
Einkauf 90 ff., 152
Einkaufspraxis 115
-system 133 f.
Entwicklung, industrielle 171, 185
Ernährungsparadigma, neues 142
Etxano 33 ff.
Europa, vereinigtes 158
Euzkadi 43 ff.

Faktoren, entscheidende 89, 93
Fiat 90, 165
Firestone 34, 70, 78 f., 82 ff., 86, 183
Fisher 133 f., 136-139
Fisher Body 133-136, 138
Fokus 215, 226
Ford 156 f., 165
Ford, Henry 128, 157, 171
Führungskräfte 88 f., 131, 184

Geheimpapiere 163 f.
General Motors 18, 22 f., 26, 41 f.,
    51 f., 69, 71, 84, 87, 90 ff., 95,
    97-100, 109, 115-120, 124-129,
    132 ff., 141, 144, 146 f., 149,
    159 ff., 163 ff., 167 ff., 178
Glauben 14, 18, 20, 66, 95, 179 f.,
    195, 214, 216, 218
Grundregel 14, 18, 88
Gruppen, multifunktionale 186 f.

Han, Carl 132
Hartz, Peter 154, 176
Hega, Javier 173
Herrera, Benito 41
Hitachi 184
Hogan, Mark 145
Hughes, Lou 124 f., 144 f., 166,
    168 f
Hüskes, Hans 91, 98

Iacocca, Lee 128, 132, 194
Idom 72
I.E.O.S. 93
Indien 188 f.
Intuition 183, 234

Japan 110, 114 f., 120-124, 177,
    184, 193 f., 203
Jugend 57 f.
Jugendarbeitslosigkeit 204

Kaizen 109, 111, 114 f.
Kapital 18
Kaufkraft 86 f.
Kindheit 28 f.
Kommunikation 112, 139 ff.
Konkurrenz, globale 180
Konsortium, baskisches 42, 144,
    163, 169
Kooperation 112, 177 f., 192
Kostenreduzierung 188
Kreativität 14, 18, 28 f., 35, 63, 88 f.,
    151, 172, 179, 181, 188, 191, 198,
    209 f., 210 ff., 212, 233 f.

Krise 151, 205, 207
Kunde 14, 69 ff., 151, 186 f., 197,
    222, 228, 232 ff.
Kundenwert 87, 133, 179, 202,
    212 f., 220, 223, 224-227, 229 ff.,
    232, 236
-Paradigma 199, 219
Kunhert 118
KVP^2 20, 153

LA^2 20, 57, 87
Lamiquiz, Don Marcelo 34-37
Larrea, Maria Angeles 37 f.
Lebensstandard 86 f.
Lernen, praxisnahes 103
Löhr, Fritz 99, 116 f.
López de Arriortúa, José Ignacio
    17-27, 32, 41 f., 44, 51 f., 57,
    65 ff., 69 ff., 127 ff., 165-168,
    171-175, 201, 232
López, José Antonio 26
López, Maria Jesús 49, 65

MacDonalds, Jim 90 f.
Märkte, internationale 156
Management 74, 88, 171
Marktführung 153
Materialkosteneinsparung 96
Matriarchat 47 f.
McCabe, Marc 119 f.
Mehrwert 184, 198
Mobilität 206
Modulbauweise 27, 42, 157
-prinzip 183
-system 144
Moreno, Maria Carmen 78 f.
MTM 78, 84, 90

Ökologie 181, 218
Opel 51, 71, 84 f., 97-100, 102 f.,
    108, 119 f., 123 ff., 142, 145, 188
Optimierung, potenzierte 151, 153,
    209, 230 f., 232
Organisation, industrielle 92
Ormazábal, Jesús 44

Paradigma 175, 204
Paradigma, Neues 14, 18 f., 57, 64,
  89, 95, 172, 175 f., 179, 198 f.,
  201 ff., 208, 214, 216, 218, 232,
  236
Paradigmawechsel 171, 193
PICOS 20, 87
Piëch, Ferdinand 41, 71, 150,
  155 f., 160, 167
Pierce, Harry 148 ff., 167
Potential, kreatives 88
Preis 89, 93, 95
Preiserhöhung 104-108, 120-124
Produktion 152
Produktionssystem, revolutionäres
  19
-verfahren, innovatives 157
Produktivität 84, 86 f., 94 f., 173
PROMIG 20, 87
Prozeß, industrieller 89

Qualität 89, 93, 95
Qualitätsverbesserung 139

Refa-System 85
Reifenentwicklung 79-83
Resende (Brasilien) 42, 157, 167,
  183
Revolution, Dritte Industrielle 42,
  57, 143, 171-174, 187, 198, 209
Rochester 116-119

Schlüsselbegriffe 216
-industrien 220
Seat 79, 155
Service 74, 88 f., 95, 184
Siemens 51, 115-119
Škoda 155, 161
Smith, Jack 23, 41, 51, 98 ff., 102 f.,
  125, 128, 130 ff., 141 f., 146 ff.,
  150, 159, 178
Smith, Roger 116, 119, 132
Solidarität 176, 192
Spanien 94, 179 f., 185, 203
Stempel, Robert 128

Strategie, globale 151
Strategieplan 137 f.
Südafrika 158, 233

Taylor, Jim 133, 142
Toyota 110 f., 178

Umdenken 171
Unternehmen 18, 20, 58, 69 f., 86,
  184, 197 f., 220, 223, 233 ff.
Unternehmensführung 18, 171,
  197, 202, 230
-konzept 19, 151
-organisation 172
Unternehmer 180 f., 186, 202
Urquiza, Margari 21, 61 ff.
USA 130, 178, 193 f.

Veränderungen, potenzierte 151,
  207, 208-211
Verbesserung, potenzierte 208 ff.,
  211 f.
Verbesserungsprozeß 20, 153
Viertagewoche 167, 177
Vision, humanistische 179, 217
Volkswagen 19, 23, 26 f., 41, 71,
  139 f., 146 f., 150-169, 176, 190 f.
Vorbild 14, 95, 179 f., 214 ff., 218

Wagoner, Rick 149
Werte 89, 172, 175, 184, 222
Westinghouse 18, 70, 72-75, 86
Wettbewerb 18, 177 f., 183, 188,
  192, 213, 235 f.
Wettbewerbsfähigkeit 93
Wirtschaft, globale 18
Wohlstand 58, 86, 88, 174 f., 218,
  220

Zaragoza 51, 84, 87, 90, 92, 95,
  97-100
Ziele 196 f., 218, 227 f.
Zulieferer 52, 93 f., 102-106, 187 f.,
  191
Zusammenarbeit 74, 77, 92, 178

López de Arriortúa & ASOC. S.A.
Unternehmensberatung

für große Unternehmen:
Colón de Larreategui, 30
E 48 001 Bilbao
Tel.: 0034 - 4 - 41 83 22
Fax: 0034 - 4 - 6 87 00 28
e-mail: atc logiccontrol.es

für mittlere und kleine Unternehmen:
Carlos Gangoiti, 28
E 48 300 Guernica
Tel.: 0034 - 4 - 6 25 75 18
Fax: 0034 - 4 - 6 25 80 07

für Seminare und Veranstaltungen:
Luis Urrengoechea, 3
E 48 340 Amorebieta
Tel.: 0034 - 4 - 6 30 00 14
Fax: 0034 - 4 - 6 30 84 07